いっきに読める史記

島崎 晋

PHP文庫

○本表紙図柄＝ロゼッタ・ストーン（大英博物館蔵）
○本表紙デザイン＋紋章＝上田晃郷

序　『キングダム』と『史記』〜文庫版に寄せて〜

原泰久の漫画『キングダム』の人気はいまだ上昇中。アニメ化と実写映画化の成功により、読者層がさらに広がったからだ。

物語の舞台は中国大陸、時は紀元前三世紀の後半で、時代区分でいえば戦国時代終盤にあたる。項羽《こうう》と劉邦《りゅうほう》がまだ少年の頃の話である。

ここ四十年余、日本人の中国史に対する関心は三国志にばかり集中する珍現象が続いたが、『キングダム』の成功により状況は一変。三国志の独壇場は崩れ、戦国時代終盤にも熱い視線が注がれるようになった。

原泰久『キングダム』が単純な歴史漫画であれば、ここまでヒットすることはなかったはず。大筋では史実をなぞりながら、細部では史実一割、フィクション九割くらいの比率で、主人公とその関連人物たちの成長、興亡を丹念に描いている。少年漫画の王道と史実の見事なまでのミックス。原泰久によるストーリー構成と絵柄が多くの読者を引き付けてやまないのである。

作品の舞台は今から二千年以上前だから、その時代のことを知ろうにも、史料は自ずと限られる。原泰久が主に頼っているのは前漢・武帝時代（前一四一〜前八七年）の司馬遷《しばせん》により著わされた『史記《しき》』と、前漢末の劉向《りゅうきょう》により編纂された『戦国策』の二つのはず。『戦国策』が権謀術数の羅列であるのに対し、『史記』は神話伝説の時代から司馬遷の生きた時代までを網羅した紀伝体の歴史書。中国で最初の正史である。

正史とは公式に編纂された歴史書のこと。唐代（六一八〜九〇七年）以降は徹頭徹尾、国家事業として推進されるが、『史記』の編纂はあくまで宮廷の史官（記録係）を代々務める司馬家の個人事業として行われ、のちに最初の正史として数えられるようになった。

司馬遷の『史記』より前にも歴史書は存在した。それにもかかわらず、『史記』が別格の扱いをされたのは、構成と内容の両面で画期的な仕上がりとなったからである。

司馬遷以前の歴史書はすべて編年体で記されていた。各王の在位期間に起きた出来事を時系列順に並べるという単純なものだった。

記録を残すという観点に立てば、これはこれでありかと思うが、司馬遷はそれに飽き足らぬものを感じ、前例のない紀伝体に踏み切った。

後でも触れるように、『史記』は「本紀《ほんぎ》」十二巻、「書」八巻、「表」十巻、「世《せい》家《か》」三十巻、「列伝《れつでん》」七十巻の全百三十巻からなり、「本紀」は王者、「世家」は諸侯、「列伝」は傑出した個人および異民族の記録。「書」は制度史、「表」は年表を指す。

「書」と「表」はともあれ、「本紀」「世家」「列伝」の内容もまた独特だった。古代ギリシアの歴史家ヘロドトスがそうであったように、司馬遷も現地取材を欠かさず、古老からの聞き取りを熱心に行った。

司馬一族はもともと周《しゅう》王朝の史官の家系で、周の衰退に伴い、周の都から晋《しん》の国へ移住。そこから衛《えい》や秦《しん》、韓《かん》、魏《ぎ》、趙《ちょう》などへ散らばった経緯があるため、司馬遷は取材に出るたび、各地の司馬一族に便宜を図ってもらった可能性がある。

宮廷書庫にある文献上の記述と取材での成果を摺り合わせ、歴史上の人物の性格と生涯を再構築する。気の遠くなるような作業だが、司馬遷は父の司馬談《だん》が始めたそれを引き継ぎ、見事に完成させた。

中国の正史といえば、『史記』や後漢時代（二五〜二二〇年）に編纂された『漢《かん》書《じょ》』から清の時代（一六四四～一九一二年）に編纂された『明史』までの「二十五史」を指すのが一般的で、『史記』で採用された「本紀」「世家」「列伝」「書」「表」からなる構成は、「本紀」と「列伝」および天文・地理・礼楽《れいがく》・政刑などを記した「志」の三本立てに変更されながら、紀伝体の形式は踏襲された。

極端に単純化すれば、『史記』以前の歴史書は「本紀」と「表」を足して二で割ったようなもので、司馬遷はそれでは言及できないことが多すぎるとの判断から紀伝体を選び、なおかつ「世家」と「列伝」という二つの枠組みを考案したのだろう。

司馬遷の工夫はこれに留まらず、現在の歴史学の基準で見るなら、明らかに不合格とされる手法で執筆にあたった。その人物を取り上げた理由を端的に示す象徴的なエピソードを多用したのである。

その中には宮廷での上奏もあれば、戦地での献策《けんさく》、さらには一対一の密談や親しい者との雑談もある。公の場で語られたことは記録に残されただろうが、密談や雑談の中身はその場にいた当事者しか知りえないはず。司馬遷はどういうルートでそれらの情報を入手したのか。

一つや二つであれば、当事者の回顧が情報源とも考えられるが、あまりに多いと、何者かの創作ではないかと疑わざるをえない。

これらの事情から、現在の歴史学の世界では、『史記』の記述に絶対的な「信」を置けないとの見方が定着しているが、そのことは『史記』という古典の価値をいささかも貶《おとし》めるものではない。

史実の探求を必須とする現代歴史学の基準で見るからおかしいだけで、歴史と神話伝説、歴史と説話が不可分の時代の作品であれば、ヘロドトスの『歴史』や日本の『古事記』がそうであるように、何もおかしくはない。

司馬遷の文章が、客観的な事実を淡々と並べたものであれば、「二十五史」の一番手にはなれても、現在まで読み継がれることはなかっただろう。非常に高い文学性、物語性に富んでいるからこそ、『史記』は読みやすく、かつ面白い古典として、時空を超え愛され続けているのである。

善悪は別として、司馬遷の『史記』が後世の歴史観に大きな影響を及ぼしたことは疑いえない。

われわれは、殷《いん》から西周、春秋《しゅんじゅう》戦国、秦、前漢という中国史の流れを当然のごとく受け入れているが、この図式を作ったのは司馬遷である。『史記』が最初の正史とされたことで、司馬遷の歴史認識が客観的な事実であるかのように、後世の読

故郷に建てられた司馬遷祠墓（陝西省韓城県）

者の脳裏にも刷り込まれた。

中国のあるべき姿、中国の枠組みについても同じことが言える。東方六国の併合により天下統一を果たした秦の版図、東西に大きく拡大した前漢・武帝時代の版図を固有の領土のごとく捉える認識も、司馬遷の筆による刷り込みである。

後世のわれわれは、多分に司馬遷の手のひらの上で転がされていると言えるが、司馬遷にも悪意があったわけではなく、彼には自分の労作が長く読み継がれることを第一とした節がある。異国の庶民から愛読されようとは、思ってもいなかったであろうが。

二〇二三年三月

島崎　晋

はじめに

「鳴かず飛ばず」「要領を得ず」「呉越同舟《ごえつどうしゅう》」

これら日常よく使用する言葉は、すべて同一の古典を出典とする。その出典とは、紀元前の東アジアが生んだ偉人、司馬遷《しばせん》の著作『史記《しき》』である。

司馬遷の『史記』は故事成語の源泉であるにとどまらず、人類の英知《えいち》の詰まった、知の宝庫といってもよい。そこには人間の喜怒哀楽、生き抜くための権謀術策、とことん名を惜しむ生き方など、人間のあらゆる面が描かれている。

一般に、『史記』は歴史書とされている。文学書ととらえるべきとする意見もある。だが、実際のところ、そういったジャンル分けにさしたる意味はない。要は読者がどう受け止めるかが問題なのだ。面白い、ためになると思われたからこそ、二千年以上のときを越えて読み継がれてきたのである。学問的価値などは二の次なのだ。

言うまでもなく、『史記』は漢文で書かれている。江戸時代の教養人ならともかく、現代人がそれを読むのは苦痛以外のなにものでもない。そのためいくつもの翻訳が出されている。

しかし、『史記』は全百三十巻に及ぶ超大作である。全訳をするとなると、とうてい一冊では収まらない。ゆえに各出版社から刊行されている『史記』は、いずれも何巻にも及んでいる。

仕事やら何やらで、何かと忙しく、心の余裕もない現代人には、何巻にも、場合によっては十巻以上にも及ぶ活字本を読むのは難しいことであろう。原典のおもしろさを失わず、それでいて全時代をカバーしている本、しかも一冊にまとまっているものがあればよいのだが。そう思っている読者は、少なくないのではなかろうか。本書は、そうした読者の要望にこたえるべくして生まれた企画である。

ご存じのように、『史記』は「本紀《ほんぎ》」「世家《せいか》」「列伝《れつでん》」などからなり、純粋な編年体の書物ではない。たとえば、項羽《こうう》と劉邦《りゅうほう》の時代について知りたいと思ったら、項羽本紀と劉邦本紀、呂后《りょこう》本紀に加えて、なおかついくつかの「世家」と「列伝」を読まなければならない。これはけっこう大変な作業である。

だが、本書ではそういう手間が省ける。たとえば、項羽と劉邦の時代について知りたいと思えば、その章だけを読めば、全体がつかめるようになっている。すなわち、「本紀」「世家」「列伝」を一体と化しているのだ。

本書は、神話から殷《いん》・周《しゅう》の時代、春秋《しゅんじゅう》時代、戦国時代、秦《しん》の始皇帝《しこうてい》の時代、項羽・劉邦の時代、文《ぶん》帝・景《けい》帝の時代、武《ぶ》帝の時代の七章構成をとっている。どこから読んでもよく、また一部だけを読んでもいいようになっている。それぞれの興味と都合に合わせて読んでもらえればいいのだ。

冒頭にも記したように、『史記』は名言、故事成語の宝庫である。その由来がどこにあるのか、本来はどういう意味なのか、それがわかるように、本書ではそれぞれの初出箇所で、注を加えている。また、特殊な用語については、［　］を付して注記した。

なお、本書を執筆するにあたっては、中華書局から刊行されている『史記』を底本とし、『史記　簡体白話本』（新世紀出版社）、『白話史記』（吉林文史出版社）をその補助として使い、さらに岩波書店、平凡社、徳間書店、筑摩書房から出ている訳本を参考にした。

二〇〇九年二月

島崎　晋

いっきに読める史記

目次

第二章　春秋時代

第三章 戦国時代

第四章 秦の始皇帝の時代

第五章 項羽・劉邦の時代

第六章　文帝・景帝の時代

第七章　武帝の時代

本文写真　島崎　晋

第一章

神話から殷・周の時代

●殷・周時代の中国

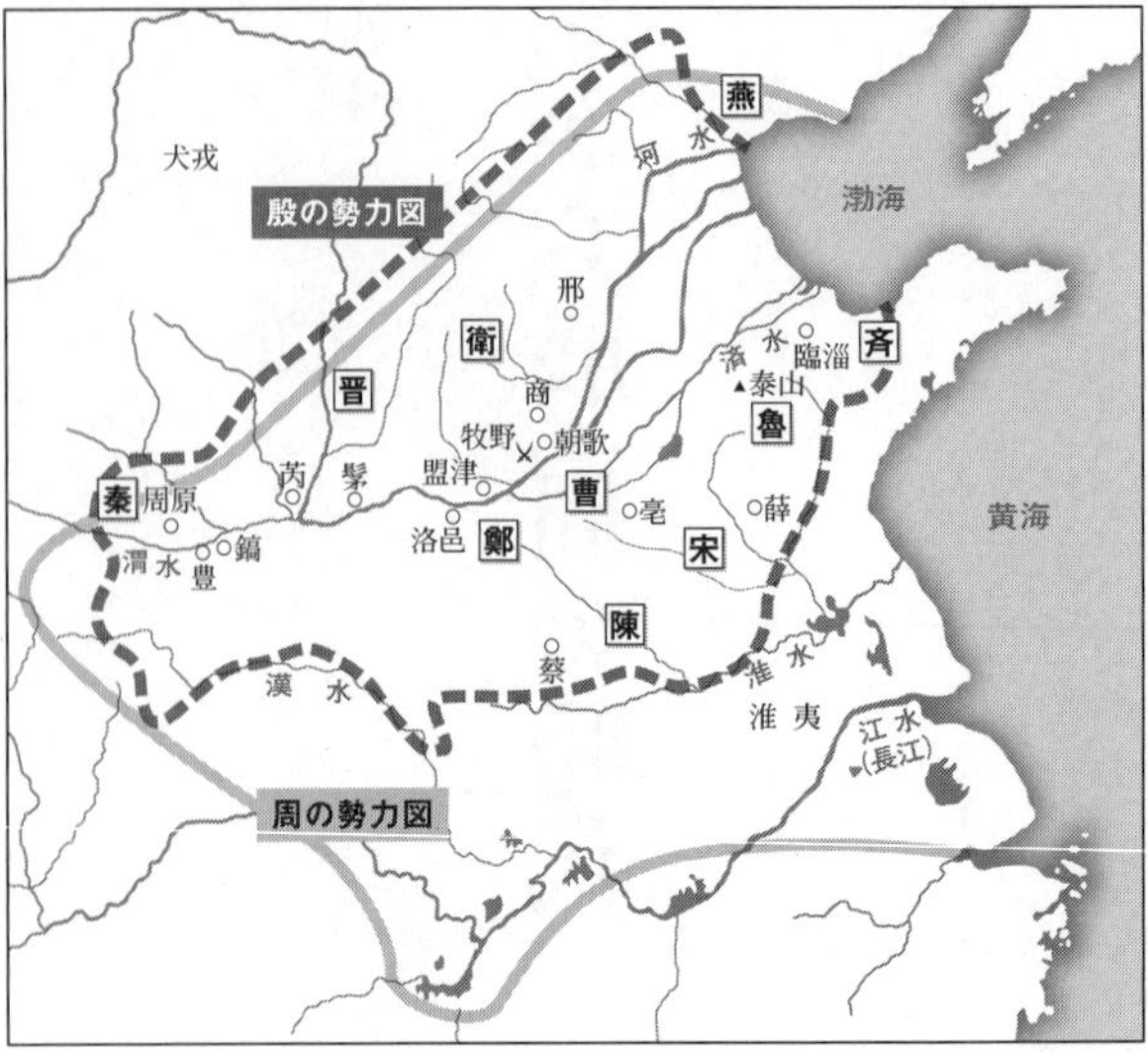
燕
河　水
犬戎
殷の勢力図
渤海
邢
衛
斉
済　水
臨淄
▲泰山
晋
商
魯
牧野
朝歌
芮
盟津
秦
周原
曹
亳
薜
黄海
洛邑
鄭
鎬
宋
渭　水
豊
陳
蔡
淮　水
漢　水
淮　夷
江　水
(長江)
周の勢力図

I　神話から夏王朝へ
――中国の歴史のはじまり

中国最初の帝王・黄帝

黄《こう》帝は名を軒轅《けんえん》といった。生まれてすぐに口をきき、幼年の頃には利口ですばしこく、少年時代には落ち着いていて敏捷《びんしょう》であり、成年になると、すこぶる聡明だった。

ときに神農《しんのう》氏が世を治めていたが、しだいに徳が薄れ、諸侯が互いに攻めあう事態となり、人民は困窮《こんきゅう》した。神農氏にこれを鎮める力はなく、代わって軒轅が従わない諸侯の討伐にあたった。

これより、ほとんどの諸侯が神農氏に服するようになったが、ただ蚩尤《しゆう》だけがあくまで抵抗をつづけた。この動乱に乗じて、炎《えん》帝が諸侯の領域を侵した。

そこで軒轅は軍備を整え、まず阪泉《はんせん》の野で炎帝を破り、ついで涿鹿《たくろく》の野で蚩尤を破り、これを捕らえて殺した。この一件により、諸侯が軒轅を尊んで天子としたので、軒轅が神農氏に代わって位についた。これが黄帝である。

黄帝には二十五人の男子があり、そのうち正妃の産んだのは青陽《せいよう》と昌意《しょうい》の二人で、昌意には高陽《こうよう》という子がいた。黄帝が没すると、高陽が後を継いだ。これが帝顓頊《せんぎょく》である。

顓頊が没すると、青陽の孫の高辛《こうしん》が後を継いだ。これが帝嚳《こく》である。嚳が没すると、子の摯《し》が後を継いだ。摯が没すると、弟の放勲《ほうくん》が後を継いだ。これが帝堯《ぎょう》である。

堯の仁慈《じんじ》は天と同じく、知識は神のようで、富んで驕《おご》らず、貴《たっと》くして怠《おこた》らず、徳を第一とする善政をおこなったことから、天下は平和を満喫することができた。

即位して七十年目、体力の衰えを感じた堯は、誰か徳のある者に政治を補佐してもらおうと考えた。そこで名のあがったのが重華《ちょうか》だった。重華に政治を代行させること二十年、すこぶるよい政治をおこなったので、堯は重華を摂政《せっしょう》に任じた。

それから八年後に堯は没した。三年の喪《も》が明けると、重華は堯の子の丹朱《たんしゅ》に位を譲ったが、丹朱が不肖《ふしょう》の息子であったことから、天下の人心は重華に帰し、かくして重華が正式に後を継ぐことになった。これが帝舜《しゅん》である。

舜の子の商均《しょうきん》も不肖の息子だった。ゆえに舜はあらかじめ、禹《う》を後継者にする

五帝と夏王朝の系譜

【五帝】

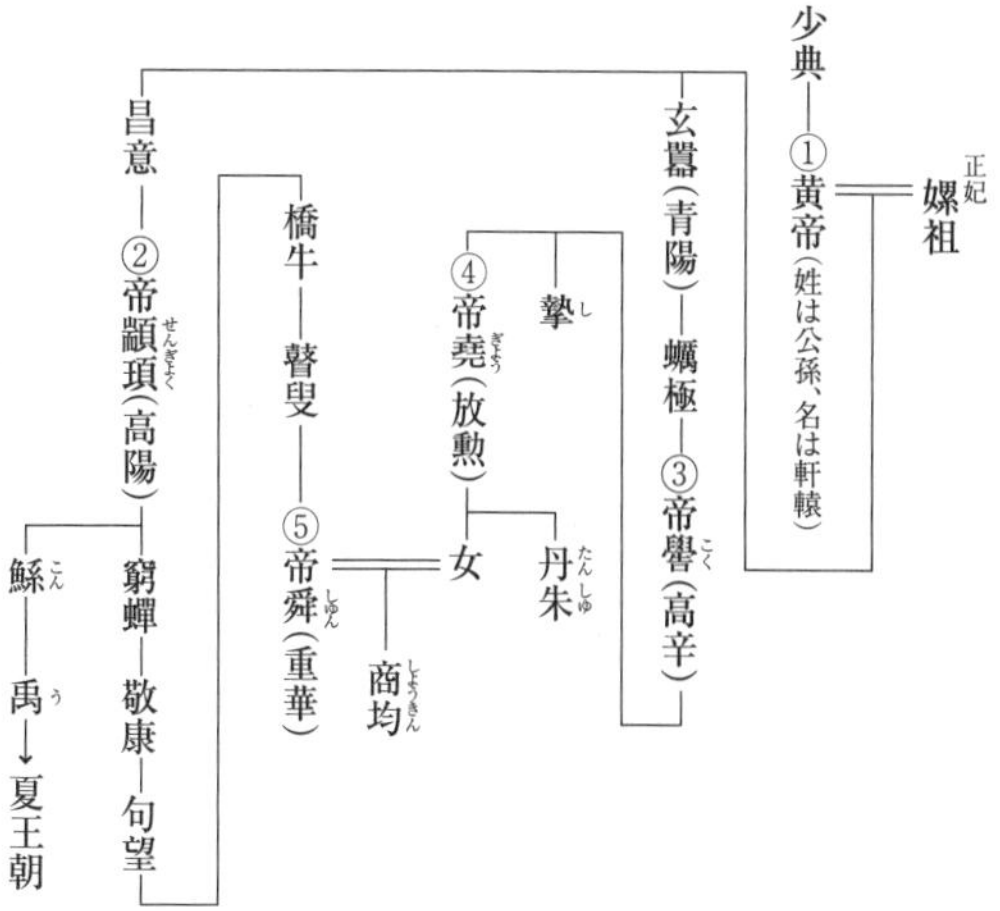

【夏王朝】

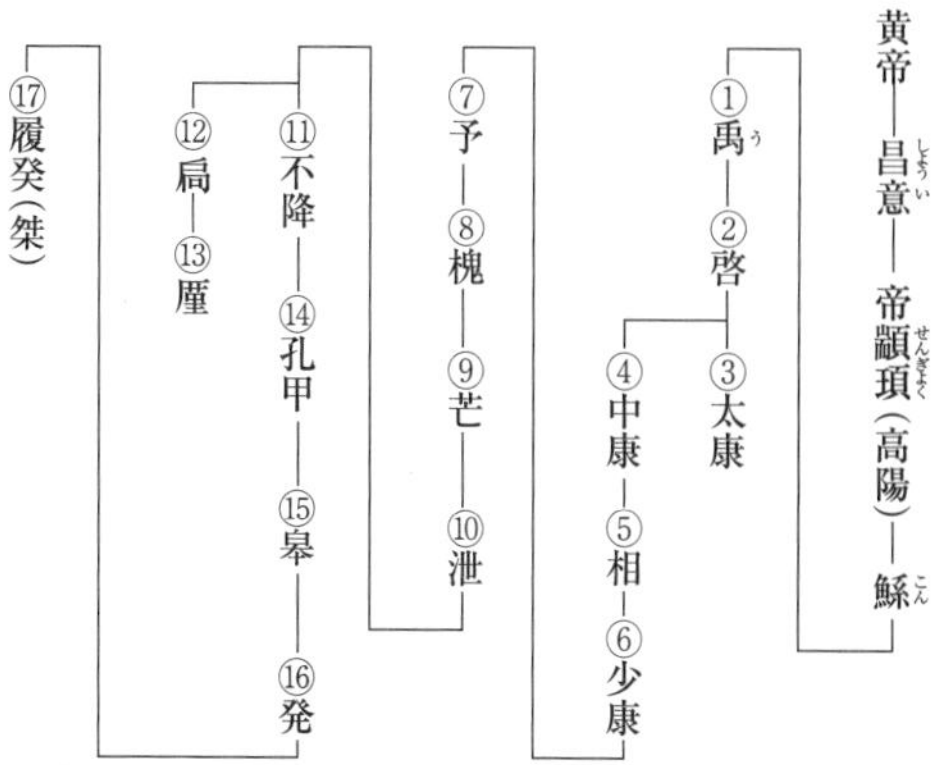

参照:『史記8』（久米 旺生+丹羽 隼兵+竹内 良雄・編／徳間書店）

ことを天に告げていた。

故事成語1▼鼓腹撃壌《こふくげきじょう》

帝堯《ぎょう》は自分の政治が人びとに幸福をもたらしているかどうか、自分の目で確かめたく思い、あるときおしのびで外出した。すると、一人の老人が食べ物を口に含んで、腹鼓《はらづつみ》をうち、土をたたきながら、歌をうたっている現場に出くわした。老人の歌は、「日が出ると働き、日が沈むと休息する。井戸を掘って水を飲み、田を耕して食べる。天子の力なぞ、われわれには何の関係もない」という内容だった。すなわち天子の支配力を意識しないほど、社会が穏やかで安定しているということである。ここから、太平を喜ぶことを「鼓腹撃壌《こふくげきじょう》」と言うようになった。これは『史記《しき》』にはなく、『十八史略《じゅうはっしりゃく》』に見られる故事である。

夏王朝の出現

禹《う》は昌意《しょうい》の末裔《まつえい》である。父の鯀《こん》は、治水事業をまかされながら、成功を収められず、流刑《るけい》にされた。禹はその事業を引き継ぎ、みごと治水に成功したので、司空《しくう》

禹の陵墓（浙江省紹興市）

に抜擢《ばってき》された。司空とは治水を含んだ、土木事業のいっさいを管理する要職である。禹は十三年ものあいだ、自分の家の前を通っても入らず、ひたすら職務に専念した。そのかいあって、天下は大いに治まった。

帝舜《しゅん》が没し、三年の喪《も》が明けると、禹は舜の子の商均《しょうきん》を位に立てたが、天下の人心は禹に帰し、かくして禹が正式に後を継ぐことになった。禹は国号を「夏《か》」とした。

禹は自分の後継者に重臣の皐陶《こうよう》を指名しようとしたが、皐陶はその前に死んでしまった。その後、重臣の益《えき》に政治を任せて十年目、禹は東方巡狩《じゅんしゅ》［天子が諸国を巡視すること］中、会稽《かいけい》で没した。三年の喪が明けてのち、益は禹の子の啓《けい》を帝位に立てた。啓は賢く、天下の者は啓に期待して心を寄せた。また益が禹を補佐した年数が浅く、その徳が天下に広まっていなかったこともあって、人心は啓になびき、かくして、これより王位は世襲《せしゅう》されることとなった。

禹から数えて十四代目の王を孔甲《こうこう》という。孔甲は荒唐《こうとう》無責任な性格で、鬼神［幻術や妖術の類］のことを好み淫乱《いんらん》だった。そのため多くの諸侯が離反をはじめた。孔甲から数えて四代目の王を桀《けつ》という。桀は徳を修めず、気分にまかせて百官《ひゃっかん》を殺傷した。殷《いん》の湯《とう》も一時期、牢獄に捕らわれたことがあった。

夏王朝の滅亡

のちに殷《いん》の初代の王となる湯《とう》は帝嚳《こく》の末裔《まつえい》である。嚳の次妃は名を簡狄《かんてき》といった。彼女が一族の婦人三人といっしょに川へ行って水浴びをしていると、玄鳥《げんちょう》（ツバメ）が卵を落としていった。簡狄がそれをひろって呑み込んだところ、たちまち身ごもった。こうして生まれたのが契《せつ》である。

契は成長してから、禹《う》を助けて治水に功績をあげた。そのため舜《しゅん》より、商《しょう》の地に封じられた。

商の湯王を記念する衣冠塚（安徽省亳州市）

契から数えて十四代目の子孫が湯である、それまでに殷は八度も都を変えた。湯は亳《はく》に都を置いたが、ここはかつて嚳が都を置いたところでもあった。

湯は大いなる徳の持ち主だった。たとえば、こんな話がある。湯が野に行くと、四面に網を張り、「上下四方の鳥よ、みな、わが網にかかれ」と祈っている者がいた。これを見た湯は、「ああ、それでは鳥に逃げ場がない」と言って、網の三面を取り除き、「左に行こうと思うものは左に飛べ、右に行こうと思うものは右に飛べ。命に従わぬものはわが網に入れ」と祈らせた。この話を聞いた諸侯は、「湯の徳は禽獣《きんじゅう》にまで及んでいる」と言って、尊敬の念を深めたという。

湯には伊尹《いいん》という有能な家臣がいた。早くから湯に仕えたいと思っていたが、つてがないので、まず有莘氏《ゆうしん》（湯の夫人の父）の下僕となった。そこで腕のいい料理人として認められ、湯に接近すると、料理の話からはじめて、ついには王道に説きおよび、ここにおいて湯からその才を認められ、用いられることとなった。

また一説によると、伊尹は処士《しょし》〔知識・教養がありながら官途につかない者〕で、湯が人を派遣して招聘《しょうへい》しようとしたが、なかなか応じず、使者が五回往復してやっと腰をあげ、湯に歴代の有徳の君主について説き、国政を任せられることになった。一度、湯のもとを去り、夏《か》の都に赴《おもむ》いたことがあったが、夏の無道なのを見て醜悪《しゅうあく》とし、また亳に戻ってきたのだと言われている。

有徳の君主に有能な家臣を得て、殷は大いに国力を増した。ときに夏の桀《けつ》は虐政《ぎゃくせい》をおこない、私生活でも荒淫《こういん》をきわめるといった具合で、ついには有力諸侯の昆吾《こんご》氏が乱をおこすにいたった。

このとき湯は軍をおこして諸侯を率い、まず昆吾氏を討ち、平らげた。ついで桀の討伐を旗印に軍をすすめ、有娀《ゆうじゆう》の戦いで夏の軍を破った。桀は鳴条《めいじょう》に逃《のが》れて抵抗をつづけたが、そこでも敗れ、ついに三嵕《さんそう》の地で死んだ。桀は死ぬ間際に、「わしは湯を牢獄で殺さなかったばかりに、こんなことになってしまった。悔やまれてならない」と言い残していた。

伊尹の墓付設の祠内にある伊尹の像
（河南省虞城県）

II　殷王朝――徳のあった湯、恐怖政治をおこなった紂

「妖は徳に勝たず」

湯《とう》は夏《か》の暦《こよみ》を改め、朝服《ちようふく》［朝廷に参内するときに着用する礼服］の色も変えて白色とした。殷《いん》王朝のはじまりである。

湯が没すると、子の外丙《がいへい》が後を継いだ。本来、長子の太丁《たいてい》が太子であったが、即位前に亡くなっていたので、その弟の外丙に後を継がせたのである。外丙が即位後三年にして没すると、伊尹《いいん》は太丁の子の太甲《たいこう》を立てた。伊尹は太甲のためにあれこれ指南書をつくってやったが、太甲は暴虐《ぼうぎやく》な性格で、湯の定めた法に従わず、徳に背《そむ》くおこないをくりかえした。それゆえ、伊尹は太甲を離宮に押し込め、三年間、幽閉した。そのあいだ、伊尹が政治の一切を取り仕切った。

幽閉されること三年、太甲が過ちを悔い、善道に立ち返ったので、伊尹は太甲を迎えて、政治の実権を譲った。その後、太甲が徳を修め、善政につとめたことか

殷王朝系譜

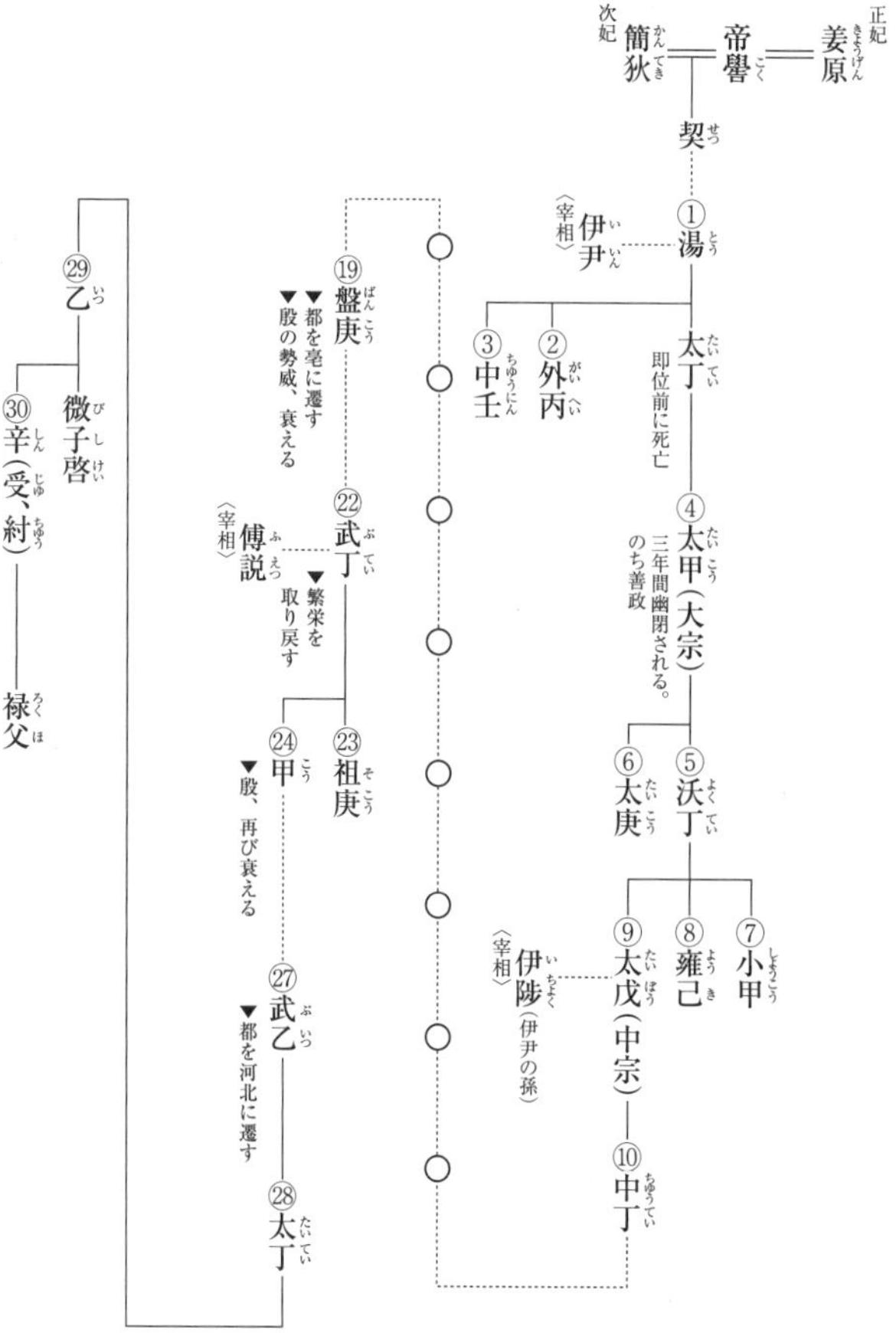

正妃
姜原《きょうげん》
帝嚳《こく》
次妃
簡狄《かんてき》
契《せつ》
①湯《とう》
伊尹《いいん》〈宰相〉
太丁《たいてい》
即位前に死亡
②外丙《がいへい》
③中壬《ちゅうにん》
④太甲《たいこう》(大宗)
三年間幽閉される。のち善政
⑤沃丁《よくてい》
⑥太庚《たいこう》
⑦小甲《しょうこう》
⑧雍己《ようき》
⑨太戊《たいぼう》(中宗)
伊陟《いちょく》(伊尹の孫)〈宰相〉
⑩中丁《ちゅうてい》
⑲盤庚《ばんこう》
▼都を亳に遷す
▼殷の勢威、衰える
㉒武丁《ぶてい》
傅説《ふえつ》〈宰相〉
▼繁栄を取り戻す
㉓祖庚《そこう》
㉔甲《こう》
▼殷、再び衰える
㉗武乙《ぶいつ》
▼都を河北に遷す
㉘太丁《たいてい》
㉙乙《いつ》
微子啓《びしけい》
㉚辛《しん》(受《じゅ》、紂《ちゅう》)
禄父《ろくほ》

ら、諸侯はみな帰伏し、人民は太平の世を謳歌《おうか》することができた。

太甲が没すると、子の沃丁《よくてい》が後を継いだ。この王のときに伊尹が没した。湯から数えて八代目の雍己《ようき》の代になると、殷の徳が衰えて、諸侯のなかに入朝《にゅうちょう》［属国の使者が来て、朝廷に参内すること］をしないものがでてきた。

雍己が没すると、弟の太戊《たいぼう》が後を継ぎ、伊陟《いちょく》（伊尹の孫）が宰相《さいしょう》となった。ときに都の亳《はく》で、桑と穀《こうぞ》の木が抱き合って朝廷の庭に生え、一夜で両手で握るほどの大きさになるという奇怪な現象がおきた。太戊が恐れて、伊陟に問うと、伊陟は、「『妖《よう》は徳に勝たず』と言われております。この現象は帝の政治と関係があるのかもしれません。帝には徳を修められますように」と言った。太戊がその言葉に従い、徳による政治をおこなうと、果たして、桑と穀の木は枯れてしまった。

太戊が没すると、子の中丁《ちゅうてい》が後を継いだ。中丁以降、頻繁《ひんぱん》に遷都《せんと》がおこなわれ、そのたびに殷の勢威は浮き沈みを繰り返した。

中丁から数えて十代目の盤庚《ばんこう》は、都を最初の亳に遷《うつ》した。

盤庚から数えて四代目の武丁《ぶてい》が即位したとき、殷の勢威はひどく衰えていた。武丁は再興を念じたが、補佐にすぐれた人物を得ることができなかった。それゆえ三年間、口もきかず、政治を宰相に任せ、みずからはもっぱら風俗の観察につとめた。すると、ある夜、夢で聖人に出会った。名を説《えつ》という。目覚めてから、群臣《ぐんしん》百官《ひゃくかん》を集めて探してみたが、そのなかに求める顔は見当たらなかった。そこで似顔絵を描かせ、四方に人をやって探させたところ、傅《ふ》という巌窟《がんくつ》（岩屋）でようやく目当ての人物を見つけることができた。その人物は食を得るために、囚人《しゅうじん》に代わって道路の修理をしていた。都に連れてきて武丁に謁見《えつけん》させたところ、間違いなくこの男だという。試しに語りあってみたところ、果たして聖人だったので、武丁はこの者を抜擢《ばってき》して国政を委《ゆだ》ねることにした。このため殷は繁栄を取り戻すこととなった。この男は傅巌の傅を姓とし、傅説《ふえつ》と呼ばれた。

武丁が没すると、子の祖庚《そこう》が後を継ぎ、祖庚が没すると、弟の甲《こう》が後を継いだ。甲は淫乱《いんらん》な性格だったことから、殷はまた衰えることとなった。

甲から四代目の武乙《ぶいつ》は都を亳から河北《かほく》に遷した。武乙は無道で、異常な性格の持ち主だった。人形をつくり、これを天神と呼んで、人と博打《ばくち》をさせた。もちろん、天神のほうは人が代理でおこなったのだが、天神が負けると、武乙は人形を侮《あなど》り、辱《はずかし》めた。また革の袋をつくって血を入れ、高いところにかけて矢を放ち、これを天を射るといった。

こんな人物がろくな最期を遂げるはずはない。果たして、武乙は狩猟のさなか、落雷によって死亡した。

これを受けて、子の太丁《たいてい》が後を継いだ。太丁が没すると、子の乙《いつ》が後を継いだ。乙が即位した頃には、殷の衰えは隠しようのないものとなっていた。

乙の長子は微子啓《びしけい》といったが、母の出自が賤《いや》しかったことから、後を継ぐことができず、乙が没すると、正后の産んだ辛《しん》が後を継いだ。辛はまた受《じゅ》とも、紂《ちゅう》とも呼ばれた。

酒を注いで池をつくる

紂《ちゅう》はうまれつき口が達者で、行動も敏捷《びんしょう》、頭の回転も早くて腕っ節も強く、素手で猛獣を倒したこともある。悪知恵が働き、諫言《かんげん》する者がいれば、反対にやりこめ、黒を白と言いくるめることなど朝飯前だった。このようであるから、紂は自分に能力のあるのを誇り、天下に誰も及ぶ者はいないと自負していた。

紂は酒と色に目がなく、酒を浴びるように飲み、色では妲妃《だっき》という女に溺れ、彼女の言うことなら何でも聞いてやった。賦税《ふぜい》を高くして、集めた銭を鹿台《ろくだい》というところに蓄え、同じようにして集めた粟《あわ》を鉅橋《きょきょう》という倉に蓄えた。また珍獣を集められるだけ集めて、離宮の沙丘《さきゅう》に放した。

そして、この沙丘でとんでもない遊びをした。酒を注いで池をつくり、木々に肉をつるして林とし、男女を裸にして、無礼講《ぶれいこう》の宴《うたげ》を楽しんだのである。この天をも畏《おそ》れないおこないに、天下の者はあきれはて、諸侯のなかには背《そむ》く者も現われた。すると紂は、炮烙《ほうらく》という刑を設けるなど恐怖政治をしいた。それは、銅の柱に油を塗って空中に横たえ、下から炭火を焚《た》き、罪人にその上を渡らせるという刑だった。

ときに人臣の最高位である三公《さんこう》の職〔殷時代の三公が何という官名だったかはわかっていない〕には、九侯と鄂《がく》侯と姫昌《きしょう》（のちの周《しゅう》の文王《ぶんおう》）があった。九侯には美人の娘があり、紂の宮室に入っていたが、淫行を好まなかったことから紂の怒りを買い、殺されてしまった。九侯も罪に問われ、殺されたうえ、死体を塩漬けの肉にされた。これに対し、鄂侯が諫言したところ、鄂侯もまた殺され、死体は乾し肉にされた。

こうなると、姫昌も無事にはすまず、崇侯虎《しゅうこうこ》が、「昌は善を積み、徳を重ね、諸侯はみな彼に心を向けています。これでは、そのうち帝に背くことになりましょう。それに九侯と鄂侯の最期を聞いて嘆息しているといいます」と讒言《ざんげん》をしたことから、捕らえられ、羑里《ゆうり》というところに幽閉されてしまった。

故事成語2▼酒池肉林《しゅちにくりん》
紂《ちゅう》が離宮の沙丘《さきゅう》でおこなった「酒をもって池となし、肉をかけて林となす」おこないに由来する語。非常に贅沢《ぜいたく》な酒宴の意味で使われる。

わたし個人のためには戦わず

ここに周《しゅう》の家系について少し説明しよう。その家は帝嚳《こく》の末裔《まつえい》である。嚳の正后である姜原《きょうげん》がある日、野原に出たところ、巨人の足跡を見つけた。心に動かされるまま、それを踏んだところ、たちまち胎内《たいない》に感じるものがあった。妊娠したのである。一年後に一人の男子が生まれた。

姜原はこれを不吉とし、狭い小道に捨てたが、そこを通る馬や牛は、みな赤ん坊をよけて踏まなかった。そこで溝の中の氷の上に捨てたところ、鳥が来て、翼で覆《おお》い、温めた。これを見た姜原は、この赤ん坊を神童であると思い、捨てるのをやめ、育てることにした。何度も捨てようとしたことから、名を弃《き》とつけた。

弃は幼い頃から大人びたところがあり、遊びも麻や菽《まめ》を植えたりすることが好きだった。成人してからも農耕が好きで、その出来がまたよかったことから、人びとはみな彼のまねをするようになった。天下の者が大いに恩恵を受けたことから、帝舜《しゅん》は、「おまえは后稷《こうしょく》（農耕を司る長官）となって百穀《ひゃっこく》をまき、民を救え」と褒《ほ》め称《たた》え、弃を邰《たい》の地に封じた。

弃は堯《ぎょう》・舜・禹《う》の三代の王に仕えて、名声を博した。弃が没すると、子の不窋《ふちゅつ》が後を継いだ。ときに夏《か》王朝が衰え、農政が疎《おろそ》かにされたので、不窋は逃げて、戎狄《じゅうてき》［戎は西方、狄は北方の異民族のこと］の地域に入った。

不窋が没すると、子の鞠《きく》が後を継ぎ、鞠が没すると、子の公劉《こうりゅう》が後を継いだ。公劉は農業に励むかたわら、林業にも精を出し、そのため家は大いに栄えた。公劉の徳を慕って他国から移ってくる者も多かった。周朝の起源はここにあるといってもよい。

公劉が没すると、子の慶節《けいせつ》が後を継ぎ、豳《ひん》に国を立てた。慶節から数えて九代目の子孫を古公亶父《ここうたんぽ》という。古公亶父は弃や公劉の道にならい、徳を積み、義をおこなったので、人びとはみな彼を君主として愛戴《あいたい》した。ときに戎狄の薫育《くんいく》が侵入し、財物をかすめようとしたので、古公亶父は彼らにいくらかの財物を分け与えた。薫育はこれに味をしめ、しばらくするとまた攻めてきた。人びとは怒って戦おうとしたが、古公亶父は、「民が君主を立てるのは、それが自分たちの利益となると判断したためである。いま戎狄が攻めてくるのは、わが土地と人民を手に入れるためだが、戎狄でも民の利益をはかるなら、民がわが下にあるのと彼の下にあるのとで、なんの違いがあろう。わたし個人のために民が戦うというのは避けなければならない。人の父子を殺して、わたしはどうして人の上に立っておられよう」と言って、一族を率いて豳を去り、岐山《きざん》の麓《ふもと》へ移住した。すると、豳の人びとは国をあげて、老いも幼きもみなことごとく古公亶父を慕って岐山の麓へ移住した。さらに、隣国からも、古公亶父が慈悲深いとの噂を聞いて、移住してくる者が少なくなかった。

そこで古公亶父は、それまでなじんでいた戎狄の風俗を卑《いや》しいとして退け、はじめて城郭や家屋を築き、邑《ゆう》を区画して、そこに人びとを住まわせ、五官有司《ごかんゆうし》［官僚組織］を設けて人びとを治めさせた。そのため人びとは歌をうたい、古公亶父の徳を称揚《しょうよう》した。

古公亶父には何人もの男子がいた。長子を太伯《たいはく》といい、次子を虞仲《ぐちゅう》といい、末《ばつ》子《し》を季歴《きれき》といった。季歴は太任《たいにん》という婦人を娶《めと》り、男子をもうけた。この子が昌《しょう》である。昌が生まれたとき、赤い雀が丹書《たんしょ》をくわえて産屋にとまるという瑞祥《ずいしょう》［めでたいしるし］があったことから、古公亶父は、「わが子孫に大事をなす者が出るのであろう。おそらく昌の代であろうか」と予言をした。

回 周王朝の系譜①

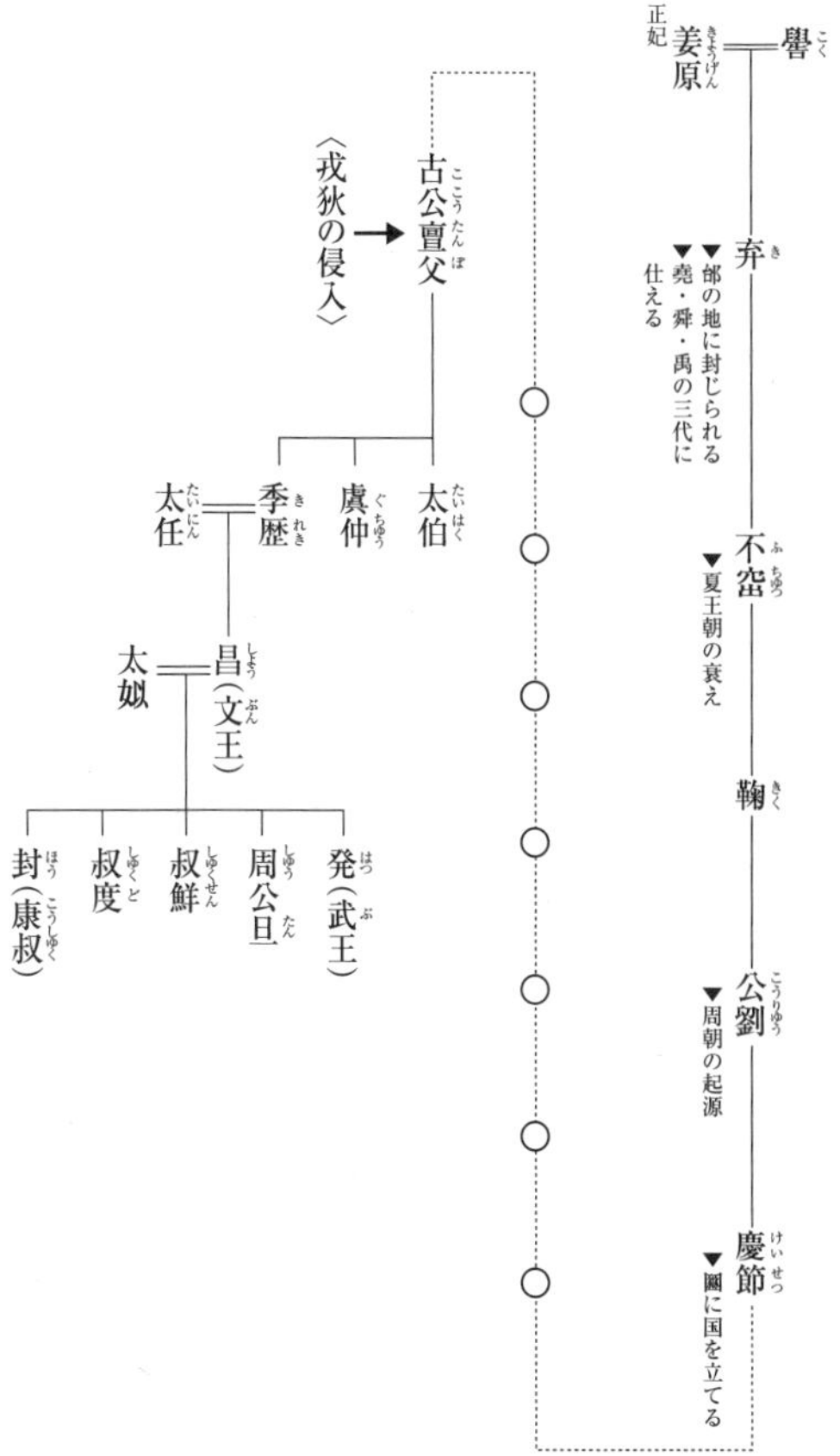
嚳《こく》
姜原《きょうげん》
正妃
弃《き》
▼邰の地に封じられる
▼堯・舜・禹の三代に仕える
不窋《ふちゅう》
▼夏王朝の衰え
鞠《きく》
公劉《こうりゅう》
▼周朝の起源
慶節《けいせつ》
▼豳に国を立てる
古公亶父《ここうたんぽ》
〈戎狄の侵入〉
太伯《たいはく》
虞仲《ぐちゅう》
季歴《きれき》
太任《たいにん》
昌《しょう》（文《ぶん》王）
太姒
発《はつ》（武《ぶ》王）
周公旦《しゅうこうたん》
叔鮮《しゅくせん》
叔度《しゅくど》
封《ほう》（康叔《こうしゅく》）

太伯と虞仲は、古公亶父が後継ぎとして季歴をたて、ついで昌に伝えたい意向であると知ると、二人で国を出て、荆蛮《けいばん》の地に行き、身に入《い》れ墨《ずみ》をして髪を切り、帰国する意思のないことを明らかにした。

かくして古公亶父が没すると、季歴が後を継いだ。季歴が義をおこなうことが篤《あつ》かったので、多くの諸侯が服従した。季歴が没すると、昌が後を継いだ。昌は仁《じん》に篤く、老いを敬い、幼きを慈しみ、賢者を礼遇《れいぐう》し、太陽が中天にさしかかる頃まで食事のいとまもないほどよく士を遇したので、士は多く昌に帰服した。

太公望との出会い

こうして人望を集める昌《しょう》に、疑いの目を向ける者がいた。当時、ともに殷《いん》の紂《ちゅう》に仕えていた崇侯虎《しゅうこうこ》がそれである。殷の紂は昌に対しとくに怨《うら》みもないので、すぐには処分を決めず、とりあえず幽閉の身とした。

しかし、気分屋の紂のもとにあっては、いつ命を奪われるかわからない。そこで昌の重臣、散宜生《さんぎせい》と閎夭《こうよう》は呂尚《りょしょう》とともに知恵を絞った。この呂尚について少し説明しておこう。

それまでの呂尚についてはいくつかの説がある。一説によると、呂尚は貧乏で、

太公望が昌と出会ったとされる釣魚台付近（陝西省宝鶏市）

年老いたとき、魚釣りをしていて、昌と知り合うことになった。そのいわくはこうである。ある日、昌は猟に出ようとして、占いをたてた。すると、「猟の獲物は龍でもなく、彲《みずち》［水に棲む龍］でもなく、虎でもなく羆《ひぐま》でもなく、その獲物は覇王《はおう》の輔《たすけ》である」という結果がでた。そして猟に出向き、渭水《いすい》の北で呂尚に出会った。語り合ってみると、類まれなる才能の持ち主であることがわかった。昌は大いに喜び、「わが祖父太公から『ある聖人がやがて周に来られ、周はその力で飛躍するであろう』との言葉が伝えられている。そなたこそまことにその人であったか。わが太公はそなたを待ち望まれること久しかった」と言って、呂尚に

「太公望《たいこうぼう》」の称号を与え、車に同乗させて連れ帰り、師と仰ぐことにした。

また別の説では、呂尚は博学で知られ、紂に仕えたこともあった。しかし、紂が無道であったことからそこを去った。諸侯を説いてまわったが、認められることなく、最後に西に赴《おもむ》いて周の昌に身を寄せたのだ、ともいわれる。

また別の説では、呂尚は学問・徳行にすぐれるが誰にも仕えない処士《しょし》であって、市井《しせい》に隠れて住んでいた。昌が幽閉されたとき、もとから知り合いだった散宜生と閎夭に招かれ、それがきっかけで昌に仕えるようになったのだとも言われている。

どの説が史実であれ、呂尚が昌の救出に知恵を絞ったことに変わりはない。呂尚が散宜生、閎夭と相談のうえ考えだした策、それは贈り物攻勢だった。彼らは美女や珍獣およびその他の珍奇な物をできるだけ集め、それを紂の寵臣《ちょうしん》の費仲《ひちゅう》を通して、紂に献上した。

この効果は絶大だった。紂は、「この一つでも昌を許すに十分なのに、ましてこんなにたくさんあっては……」と言っていたく喜び、昌を釈放したうえに、弓・矢・斧・鉞《まさかり》を与え、「西伯《せいはく》」と称することを許した。これは西方に征伐の兵を起こす権限を与えられたことを意味していた。

故事成語3▼覆水盆《ふくすいぼん》に返らず

まだ周《しゅう》に仕える前のこと、呂尚《りょしょう》は働きもせず読書にふけるばかりで、生活は貧しかった。そのため妻の馬《ば》氏は愛想を尽かして実家に帰ってしまった。のちに呂尚が大出世を遂げたとき、馬氏は復縁を迫ってきた。これに対し呂尚は、盆の水を地面にぶちまけ、「この水をもとに戻せたなら、復縁に応じよう」と言った。馬氏はやってみたが、そんなことができるはずもない。そこで呂尚は言った。

「いったん離別した夫婦は覆水盆に返らずで、もういっしょにはなれないのだよ」

この故事から、取り返しがつかないことのたとえとして「覆水盆に返らず」が使われるようになった。出典は南北朝時代に成立した『拾遺記《しゅういき》』。

天命を受けた天子

西伯《せいはく》（昌）は紂《ちゅう》の機嫌がよいのに乗じて、炮烙《ほうらく》の刑を廃止するよう訴えた。すると紂はこれを許した。これより西伯はますます善行を重ねたので、諸侯は争い事があると、みな西伯に訴えて曲直《きょくちょく》を判断してもらうようになった。

周《しゅう》では誰もが譲りあい、何事も年長の者に譲る風が根付いていた。これを知った諸侯は、「西伯こそ天命を受けた天子である」と言いあった。

しかし、西伯はただ徳に徹していたわけではなく、自分に従わない者には武力の行使を辞さなかった。そして、崇侯虎《しゅうこうこ》を討伐したのち、豊邑《ほうゆう》に都をつくり、岐山《きざん》からそこに都を遷《うつ》した。

一方、紂はその後も恐怖政治をつづけていた。新たに登用された費中《ひちゅう》はへつらいが上手で、欲に目がない男であったため、人気がなかった。そこで紂は、新たに悪来《おらい》を重用するようになったが、悪来が讒言《ざんげん》ばかりするものだから、諸侯の心はますます殷《いん》から離れていった。王族の比干《ひかん》が諫《いさ》めたが、紂は聞く耳をもたない。賢人で知られ、人望もあった商容《しょうよう》も、罷免《ひめん》されてしまった。

西伯が飢《き》の国を滅ぼしたと聞いて、重臣の祖伊《そい》がたまりかねて意見をした。

「天はもはやわが殷に降した天命を終えようとしています。賢者の言うところも、亀卜《きぼく》の占い［亀の甲羅を焼いて吉凶を占った］もみな凶です。王の淫虐《いんぎゃく》なおこないが、みずから天命を絶たせたのです。いまはわが民は誰も殷が滅びるのを願わない者はなく、『天はどうして威力を降し、殷を滅ぼす大命を出さないのか』と言っております。王は、いったいどうなさるおつもりですか」

しかし、紂は、「わしが生まれたのだって天の命があるからではないのか」と言うばかりで、全く反省の色はない。祖伊は引き下がり、これ以降、諫言をするのをやめてしまった。

ときに周では西伯（文王《ぶん》）が没し、子の発《はつ》（武王《ぶ》）が後を継いだ。太公望《たいこうぼう》が師、周公旦《しゅうたん》が輔《ほ》となり、召公《しょう》・畢公《ひつ》らが王の軍を司り、昌の政治を継いだ。

後を継いで九年目、武王は兵を率いて盟津《めいしん》に出向いた。すると、期日の約束もしていないのに、八百もの諸侯はそこに集まってきた。みなが口をそろえて、「紂をを討たなくてはならない」と主張したが、武王は、「おまえらはまだ天命が殷を去らないのを知らないのだ。まだ時期ではない」と言って諸侯を帰らせ、みずからも豊邑に引き返した。

殷の滅亡

それから二年後、紂《ちゅう》の恐怖政治はますますひどくなった。比干《ひかん》は、「人臣として命にかえても争わなければならない」と言って、強く諫言《かんげん》したが、それが紂の感情を逆なでし、殺されることとなった。紂は、「聖人の心臓には七つの穴があるということだが、本当だろうか」と言って、比干の胸を切り裂き、殺したのである。

同じく王族の箕子《きし》は、だいぶ前からこのような状況を予測していた。最初に危惧《きぐ》の念を抱いたのは、紂が象牙《ぞうげ》の箸を使いはじめたと聞いたときからである。このとき箕子は言った。

「象牙の箸をつくったからには、つぎには必ず玉《ぎょく》の杯をつくるにちがいない。玉の杯をつくれば、つぎには必ず遠方の珍奇な食べ物を取り寄せたくなるだろう。それから車馬や宮殿が贅沢《ぜいたく》にすすむのは目に見えている。なのに、それを救う術《すべ》がない」

箕子はたびたび紂を諫《いさ》めたが、まったく聞き入れてもらえない。「この殷《いん》を去ったほうがいいでしょう」と言う人もいたが、箕子は嘆息まじりにこう答えるのみだった。

「人の臣下でありながら、諫言が聞き入れられないからという理由で国を去るのは、主君の悪をあからさまにし、自分は世間から喝采《かっさい》を得ようとする行為そのものになる。わしはそんなことをするのは忍びない」

それから箕子は発狂を装い、奴僕《ぬぼく》に身を落としたが、紂は疑いを解かず、箕子を投獄した。

また紂の庶兄《しょけい》の微子《びし》も、「父と子には骨肉のつながりがあり、臣下と主君とは義によって結ばれている。それゆえに、臣下たる者は三度諫めても聞き入れられなければ、君臣の義として去ってもよいのだ」と言って、殷から逃げ出した。ここに及び、宮廷の祭祀《さいし》に欠かせぬ楽官たちが楽器を持って、こぞって周《しゅう》に逃げ出した。

これを知るや、武《ぶ》王の心は動いた。念のため亀甲《きっこう》で占いをたてたところ、不吉と答えが出たうえ、突然大雨や大風がおこった。群臣は恐れおののいたが、太公望《たいこうぼう》がそれらをすべて迷信と切り捨て、たって出陣を主張したことから、武王はついに殷討伐に立ち上がることとなった。

武が西伯《せいはく》（文《ぶん》王）の後を継いで十一年目の十二月戊午《ぼご》の日。周《しゅう》軍が盟津《めいしん》で黄河《こうが》を渡ると、多くの諸侯が馳せ参じた。兵車にして四千乗《じょう》ある。武王は誓いを立てたのち、全軍に進撃を命じた。

これに対し紂は七十万人の軍勢を繰り出して迎え討った。まだこれだけの人数を集められる威光はあったのである。両軍は牧野《ぼくや》というところで相まみえた。

武王は太公望に命じて全軍の士気を煽《あお》ったのち、真正面から突撃を図った。紂の軍は数こそ多かったものの戦意に乏しく、心中では早くに寝返りを考えている者が多かった。そのため、武王が突撃してくると、武器をさかさまにして道を開く者が続出した。それに乗じて、武王がさらに深く突撃すると、紂の軍はたちまち総崩れになり、多くの者が寝返った。紂はなんとか都の朝歌《ちょうか》まで帰り着くが、形勢を逆

比干の墓（河南省衛輝市）。紂王の怒りを買い、生きたまま胸を裂かれた

転させるのは不可能と悟ったか、鹿台《ろくだい》の上に登って、宝玉で飾った着物を着て火中に飛び込み、みずから命を絶った。

一方、勝利を博した武王は、諸侯を率いてゆっくりと朝歌に入った。まずおこなったのは紂の遺体の捜索である。遺体が見つかると、剣で斬《き》りつけ、鉞《まさかり》で頭を斬りおとし、その頭を旗の先にかかげた。ついで妲妃《だっき》を殺して、その首も旗の先にかかげた。

翌日、武王は諸侯の前で、天下の王となることを宣言するとともに、多くの命令を発した。まず紂の子の禄父《ろくほ》を封じて殷の遺民を与え、武王の弟の叔鮮《しゅくせん》と叔度《しゅくど》にこれを補佐して治めさせることにした。ついで召《しょう》公奭《せき》に命じて箕子を釈放させた。また畢公に命じて、その他の捕らわれている群臣を釈放させるとともに、商容の郷里の里門を飾って表彰させた。また閎夭《こうよう》に命じて比干の墓を整備させた。また南宮括《なんきゅうかつ》に命じて、鹿台に蓄えられていた銭を分かち、鉅橋《きょきょう》に蓄えられていた穀物を出して貧民に配らせた。それから南宮括と史佚《しいつ》に命じて、九鼎宝玉《きゅうていほうぎょく》「九つの鼎と上等の玉。権力の象徴とされた」を殷の都から周の都へと移させた。

武王はまた、歴代の聖王の事績を追慕《ついぼ》して、神農《しんのう》・黄《こう》帝・堯《ぎょう》・舜《しゅん》・禹《う》の子孫にそれぞれ土地を与えて封じた。論功行賞では、太公望を第一とし、営丘《えいきゅう》に封じて斉《せい》の公とした。また弟の周《しゅう》公旦《たん》を曲阜《きょくふ》に封じて魯《ろ》の公とし、召公奭を燕《えん》に、弟の叔鮮を管《かん》に、叔度を蔡《さい》に封じたのをはじめ、その他の臣下もそれぞれ功によって封を授けた。

故事成語4 ▼天道、是か非か

殷《いん》の滅亡後、伯夷《はくい》と叔斉《しゅくせい》は義を貫いたあげく餓死して果てた。この出来事に対して、司馬遷は、「天道、是か非か」という問いかけをなした。

Ⅲ 周王朝——諸侯に崇められた盟主

天地の気が正常なら秩序は失わない

殷《いん》を滅ぼしてから二年後、武《ぶ》王は箕子《きし》に殷の滅んだわけを尋ねた。箕子は殷を悪く言うのに忍びず、ただ古来、国が存亡した経緯と、国を治める者のつとめを説いた。それを聞くと、武王も心に恥じるところがあったので、詳しく天道について教えを請《こ》うた。

それから武王は箕子を朝鮮《ちょうせん》に封《ほう》じた。のちに箕子は、朝鮮から周に入朝《にゅうちょう》するにあたり、かつての殷の都のあとを通りかかり、宮殿が倒れ伏し、稲や黍《きび》などが生えているのを見て、胸を痛めた。このとき箕子は大声で泣きたくても周りをはばかって実行できず、かといって忍び泣くのは女々しいと考え、一編の詩をよんだ。

麦秀でて漸漸《ぜんぜん》たり

禾黍《かしょ》油油《ゆうゆう》たり
かの狡童《こうどう》
われとよからず

ここでいう「かの狡童」とは紂《ちゅう》のことである。殷の遺民はこの詩を聞くと、誰しも涙を禁じえなかった。

さて、しばらくして武王は病気になった。周《しゅう》公は自分の身を供え物とし、武王の身代わりになろうと祈った。すると武王は回復をみせたが、それも一時的にすぎず、まもなく武王は没した。

太子の誦《しょう》が立って後を継いだ。これが成《せい》王である。成王は若年なうえ、周が天下をとってからまだまもない。周公は諸侯が背《そむ》くのを恐れ、みずから摂政《せっしょう》となり国事にあたった。叔鮮《しゅくせん》や叔度《しゅくど》は周公を疑い、紂の子である禄父《ろくほ》とともに、淮夷《わいい》（東方の異民族）を引き連れ、反乱をおこした。周公は成王の命を奉じ、禄父と叔鮮を殺し、叔度を追放したうえ、微子開《びしかい》を殷の祭祀《さいし》の後継者として宋《そう》に国を立てさせた。また多くの殷の遺民を集めて衛《えい》の地に移し、武王の末弟の封《ほう》（康叔《こうしゅく》）を公に封じた。

摂政をつとめること七年、成王が一人前に成長したのをみて、周公は成王に政治の全権を返し、北面して群臣の列に戻った。成王は召《しょう》公を補佐役、周公を師とし、東方の淮夷を討伐して、奄《えん》の国を滅ぼした。こうして天下が安定すると、成王は豊邑《ほうゆう》において官制や礼楽《れいがく》［おこないを慎ませる礼儀と心をなごませる音楽］を整えた。

成王が没すると、子の釗《しょう》が後を継いだ。これが康《こう》王である。武王から数えて十代目が厲《れい》王である。厲王は貪欲な性格の栄《えい》の夷《い》公を重用するなど、失政が目立った。「民の口をふさぐのは川の流れをふさぐより危険です」と諫《いさ》める臣下がいたが、聞き入れられなかった。それどころか、そしる者がいれば、巫《ふ》を使って捜し出し、見つけ次第殺したので、誰も厲王を諫める者はいなくなった。しかし、諸侯は厲王を見限り、誰も入朝してこなくなった。召公が諫めたが、厲王は聞く耳を持たなかった。

やがて、国中の民がいっせいに背いた。厲王は逃《のが》れて、彘《てい》の地に身を隠した。厲王の太子、静《せい》は召公の家に逃れた。それを知った群衆が召公の家を囲んだが、召公が自分の子を身がわりにしたので、静は生き延びることができた。

その後、召公と周公が協力して政治をおこない、号して「共和《きょうわ》」といった。共和の十四年に、厲王が死んだ。そこで召公と周公は静を立てて王とした。これが宣《せん》

周王朝の系譜②

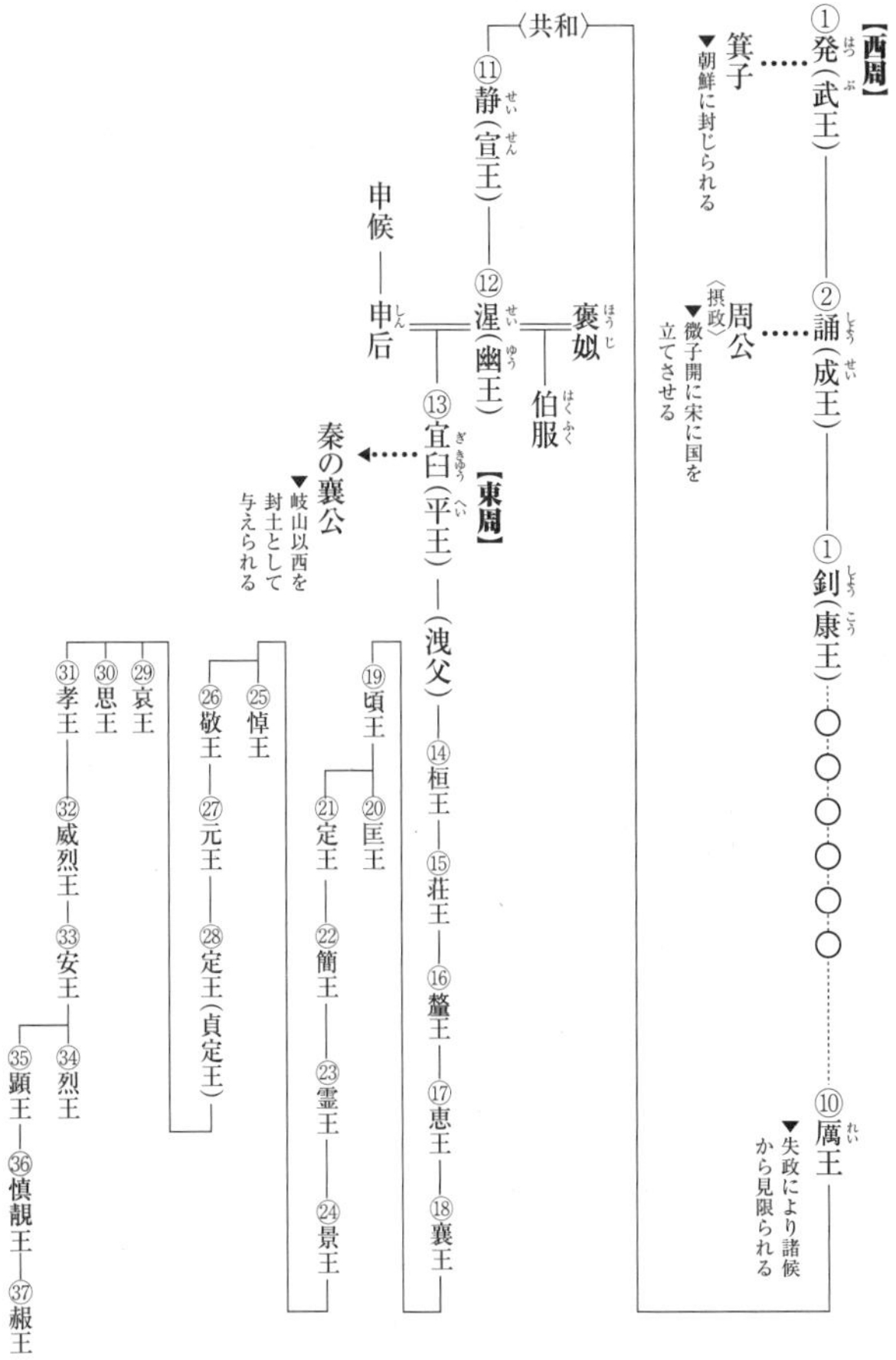
【西周】
①発《はつ》（武《ぶ》王）
箕子
▼朝鮮に封じられる
②誦《しょう》（成《せい》王）
周公
〈摂政〉
▼微子開に宋に国を立てさせる
③釗《しょう》（康《こう》王）
⑩厲《れい》王
▼失政により諸侯から見限られる
〈共和〉
⑪静《せい》（宣《せん》王）
⑫涅《せい》（幽《ゆう》王）
褒姒《ほうじ》
伯服《はくふく》
申候
申后《しん》
⑬宜臼《ぎきゅう》（平《へい》王）
【東周】
秦の襄公
▼岐山以西を封土として与えられる
（洩父）
⑭桓王
⑮荘王
⑯釐王
⑰恵王
⑱襄王
⑲頃王
⑳匡王
㉑定王
㉒簡王
㉓霊王
㉔景王
㉕悼王
㉖敬王
㉗元王
㉘定王（貞定王）
㉙哀王
㉚思王
㉛孝王
㉜威烈王
㉝安王
㉞烈王
㉟顕王
㊱慎靚王
㊲赧王

王である。宣王は召公と周公の補佐のもと善政をおこなったので、諸侯はまた周を宗主国《そうしゅこく》として仰ぎ、入朝するようになった。

宣王が没すると、子の湦《せい》が後を継いだ。これが幽王《ゆう》である。幽王の二年、都から三川地方〔涇水《けいすい》、渭水《いすい》・洛水《らくすい》の3つの川の流域〕にかけて大きな地震があった。すると太史《たいし》（記録官）の伯陽《はくよう》がこんなことを口にした。

「周は滅びようとしている。天地の気が正常なら秩序は失われない。山が崩れ、川が尽きるのは亡国の兆候である。もし国が滅びるとすれば十年のうちだろう」

果たしてその年、涇《けい》・渭《い》・洛《らく》の三つの川が涸《か》れてしまった。

故事成語5 ▼麦秀《ばくしゅう》の嘆《たん》

亡国の悲哀をあらわす言葉。箕子《きし》が殷《いん》の宮殿跡の惨状を見て詠んだ詩に由来する。詩の意味は、「麦の穂はどんどんのび、稲や黍《きび》も盛んに生い茂っている。あのずる賢い小僧がわたしの諫《いさ》めを聞かなかったばかりに、こんなことになってしまった」。

二匹の龍

ときに幽王《ゆう》は褒姒《ほうじ》という女性を寵愛《ちょうあい》した。褒姒が伯服《はくふく》を産むと、幽王は申后《しん》の産んだ太子の宜臼《ぎきゅう》を廃そうとした。

ときあたかも、伯陽《はくよう》はある史書を読んで、「周《しゅう》は滅びるだろう」と予言した。その史書には、つぎのようなことが記されていた。

「昔、夏《か》王朝が衰えると、二匹の神龍があらわれ、王宮の庭にとどまって、『われは褒《ほう》の二君である』と口にした。夏の王が、これを殺そうか、捨てようか、とどめておこうかと占ったところ、どれも不吉と出た。ついで龍の吐く精気を請《こ》うて貯蔵しようと占ったところ、吉と出た。そこで供え物をそなえ、書をつくって龍に告げたところ、龍は泡状の精気を残して姿を消した。王はそれを器物にいれ、保管させた。この器物は殷《いん》に伝わり、殷が滅ぶと、また周に伝わった。誰も開く者がなかったが、厲《れい》王の末頃、これが開かれてしまった。すると精気は流れて庭を満たし、どうにも処理できなかった。そこで女官を裸にして、大声で叫ばせたところ、精気は玄黿《げんげん》（トカゲ）と化して王の後宮に入り込んだ。そして後宮に仕える童妾でまだ歯も抜け替わったばかりの少女の体内へと消えていった。彼女はかんざしを挿《さ》す年頃になると、まだ男も知らない身であるにもかかわらず身ごもり、子供を産んだ。彼女は恐れて赤ん坊を捨てた。宣《せん》王のとき、町の童女たちが、『山桑でつくった弓と箕《き》でつくった矢で周が滅びるだろう』という童謡をうたっていた。それを知った宣王は、山桑でつくった弓と箕を売る者をことごとく殺すよう命令を下した。そのときたまたま難を逃《のが》れた夫婦がいた。逃げる途中、彼らは捨て子をひろった。かの童妾が捨てた赤ん坊である。二人は赤ん坊をあわれみ、いっしょに連れて、ついに褒《ほう》へ逃れた。その後、褒の国が周に対し罪を犯したことがあった。そのとき、女子を献上することで罪を贖《あがな》いたいと申し入れ、かの女子が幽王の後宮に入れられることになった。この女は褒の国出身なことから、褒姒と呼ばれた」

幽王は申后と宜臼を廃して、褒姒を后に、伯服を太子とした。伯陽は、「禍《わざわい》はすでにおきてしまった。もはやどうすることもできない」と言った。

褒姒は人とは大きく変わったところがあった。まったく笑みを見せないのである。幽王はなんとか笑わせようと、いろいろやってみたが、どれもうまくいかなかった。そんなとき、誤って烽火《のろし》があげられたことがあった。諸侯が急ぎ全国から馳せ参じたが、いざ来てみれば、敵の姿などどこにも見えない。一同が啞然《あぜん》としているのを見て、褒姒ははじめて声を立てて笑った。これより幽王は褒姒を笑わせようと、たびたび烽火をあげさせた。諸侯は、来てみれば何事もないので、しだいに出兵をやめるようになった。

幽王が虢石父《かくせきほ》を卿《けい》として政治をおこなわせると、国中の人びとはみな怨《うら》みを抱くようになった。虢石父が上によくへつらい、性格のねじ曲がった、貪欲《どんよく》な男だったからである。

さて、申后と宜臼を廃したことで、申后の父の申侯は怒り心頭に発していた。申侯は繒《そう》の国や西戎《せいじゅう》・犬戎《けんじゅう》などとともに周の都に攻め入った。幽王は烽火をあげさせたが、どの諸侯もまたかと思い、一人として救援に駆けつけようとはしなかった。申侯は幽王を驪山《りざん》の麓《ふもと》で殺し、褒姒を虜《とりこ》とし、周の財宝をことごとく奪った。

その後、諸侯は宜臼を立てて平《へい》王とし、周の祭祀《さいし》を奉じさせた。平王は西戎や犬戎の脅威《きょうい》から逃れるため、東の洛邑《らくゆう》（のちの洛陽《らくよう》）に遷《うつ》った。このとき秦《しん》の襄《じょう》公が兵を出して平王を護衛した。平王はその功績に報いるため、襄公を諸侯の列にくわえ、岐山《きざん》以西の地を封土《ふうど》［天子が臣下に与えた領地のこと］として授けた。

故事成語6 ▼殷鑑《いんかん》遠からず

殷《いん》が鑑《かがみ》とすべき手本は、遠い時代に求めなくても、同じく悪政で滅んだ前代の夏《か》にある。そこから転じて、戒《いまし》めとすべき例がごく身近にあるものだというたとえとして使われる。出典は五経の一つに数えられる『詩経《しきょう》』。

故事成語7 ▼百発百中

仕事・計画などが確実で、必ず実現するたとえ。蘇厲《それい》という人物が周《しゅう》王を説得するのに用いた言葉に由来する。

『史記』Q＆A

【第一章】

■『史記』とはどんな史書か

前漢《ぜんかん》の武帝《ぶ》（在位前一四一～前八七年）の時代に、司馬遷《しばせん》（前一四五頃～前八六年頃）によって著わされた歴史書で、正しくは『太史公書《たいしこうしょ》』という。三世紀頃から、『史記《しき》』の名で呼ばれるようになった。その構成は「本紀《ほんぎ》」十二巻、「表」十巻、「書」八巻、「世家《せいか》」三十巻、「列伝《れつでん》」七十巻からなり、合計で百三十巻である。

「本紀」は黄《こう》帝から前漢の武帝までの歴代王朝の編年史で、主に政治的な事柄が記されている。

「表」は年表、「書」は制度史で、儀礼、音楽、天文、暦法、祭祀《さいし》、治水問題、経済政策など、文化のさまざまな分野に関することが記されている。

「世家」は諸侯の歴史、「列伝」は個人の伝記および諸外国、異民族の地誌、歴史、民俗について記したものである。

■司馬遷とはどのような人物か

『司馬遷《しばせん》』は歴史家とされることが多いが、これには若干の誤解がある。司馬家は代々、史官《しかん》という役職にあったが、その仕事は記録をとることにある。天体の状況と地上の出来事とのあいだにどのような関係があるか、それを調べるため日々、天体観測につとめるとともに、地上の出来事を丹念に記録していく。それが史官の仕事だった。いうなれば、歴史家である以前に、天文学者であり、また統計学者でもあったのである。

司馬遷自身が語るところによれば、『史記《しき》』は「私」の書物であるという。しかし、なかにはこれを疑問視している研究者もあり、実際は国家プロジェクトによってつくられた「公」の書物ではないかという説も出されている。

■最初の王朝は何か

『史記《しき》』の「本紀《ほんぎ》」は五帝本紀にはじまる。王朝としては、夏《か》にはじまり、殷《いん》、周《しゅう》とつづいているが、考古学上の発見により、殷王朝の実在が確認されたのは、ほんの百余年前のことにすぎない。すなわち、夏王朝が実在したかどうかは、まだ確認されていないのだ。

夏王朝が実在したとすれば、それは前二〇〇〇年から前一六〇〇年くらいのあいだ。黄河《こうが》中流域からはその時代の都城跡がいくつか発見されているが、それが国家と呼びうるものであったかどうか、いまだはっきりしたことはわかっていない。

■どんな世界観を有していたか

古代の中国人は、自分たちの住む地域を中国、ないしは夏《か》、華夏などと呼んでいた。そして東に住む異民族を夷《い》、北に住む者を狄《てき》、西に住む者を戎《じゅう》、南に住む者を蛮《ばん》と呼び慣らわしていた。

中国人であるか否かの区別は人種的な相違ではなく、その文化を受け入れるか、どうかにかかっていたようである。すなわち、百パーセント異民族の血が流れていようと、漢字文化を受け入れれば、同族とみなされたのである。

第二章

春秋時代

●春秋時代の中国

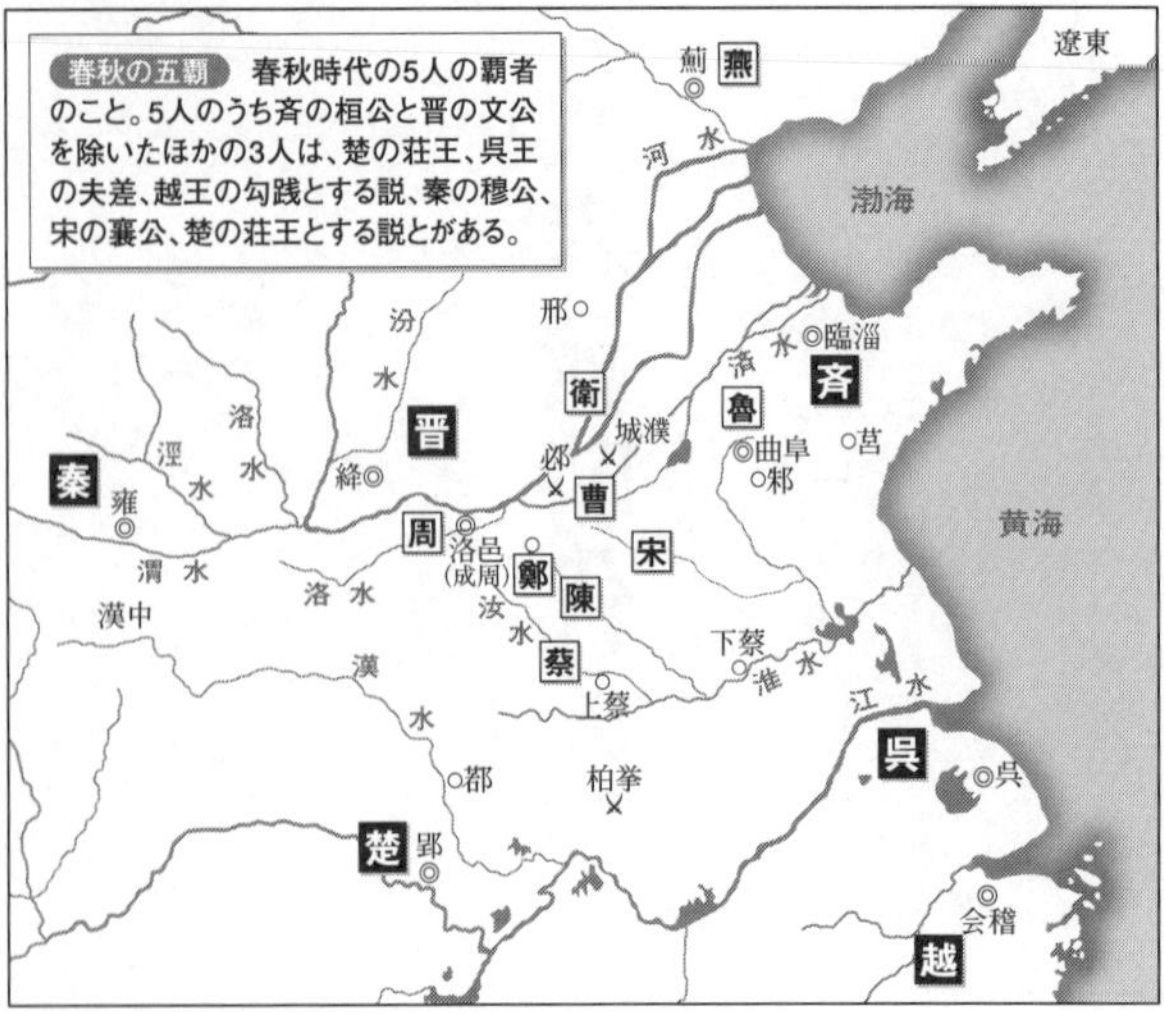

●春秋五覇が活躍した時期

前400	前500	前600	前700	前800	
			前759 西周滅ぶ　平王(前770-720)東周	前770 周の東遷　携王(前772-759)西周　幽王(前781-772)　宣王(前826-781)	周(中原)
	前481 田成子が君主弑殺		——•桓公(前685-643)　●葵丘の会盟 前651	太公望(呂尚)が周から封建された	斉(山東)
前401 三晋分裂	前451 韓・魏・趙3氏が実権掌握		——•文公(前636-628)　●城濮で楚を大破 前633	周王族が封建された	晋(山西)
		——•荘王(前613-591)　●邲の戦いで晋を破る 前597		王を名乗り、南から中原諸侯を圧迫	楚(湖北)
滅亡	夫差(前496-473)•—•——•闔廬(前515-496)　●楚都を陥落させる 前506			周一族ともいわれるが、王を名乗る	呉(江蘇)
	——•勾践(前496-461)　●夫差を殺害し呉を滅亡させる 前473			南方系民族ともいわれ、王を名乗る	越(浙江)

参照:『歴史群像シリーズ78 争覇 春秋戦国』(学習研究社)

I　斉の桓公
――管仲と鮑叔牙に支えられた覇者

桓公、管仲を許す

平王《へい》の代より、周《しゅう》の力は衰え、諸侯のあいだでは弱肉強食の争いがはじまった。周王にかわって、諸侯の大なるものが天下をまとめるようになった。最初に強大化したのは、斉《せい》・楚《そ》・秦《しん》・晋《しん》の国々だった。

斉の国は太公望《たいこうぼう》こと呂尚《りよしょう》を祖とする。十四代目の襄公《じょう》は女色に溺れたうえ、恐怖政治をおこなった。弟の糾《きゅう》と小白《しょうはく》は難を逃《のが》れるため、それぞれ魯《ろ》と莒《きょ》に亡命した。糾には守り役として管仲《かんちゅう》と召忽《しょうこつ》が、小白には鮑叔牙《ほうしゅくが》がついていた。

やがて斉で政変がおこり、襄公は従兄弟の無知《むち》によって殺された。その無知も殺され、君主の座が空席となると、卿《けい》の高《こう》氏と国《こく》氏は莒の小白に招聘《しょうへい》の使者を送った。

一方、魯の国は糾に後を継がせて斉を影響下に置くべく、兵を出して、糾を斉へ送らせた。糾は帰国を急ぐかたわら、管仲に命じて、莒から斉へ通じる道で待ち伏せをし、小白を襲撃させた。

小白は矢を受けて倒れた。矢は帯の留め金にあたったが、小白は死んだふりをした。すると管仲は暗殺に成功したと勘違いして兵を引き、急使を出して、そのことを魯に知らせた。魯ではこれに安心して、糾を送る者たちの歩みも遅くなった。

それを見越して、小白は温車《おんしゃ》（霊柩車）に乗って道を急ぎ、糾より一足早く斉に着くことができた。小白は高氏と国氏に擁立《ようりつ》され、即位した。これが桓《かん》公である。

同年秋、斉は乾時《けんじ》の地で魯の軍を破り、魯軍の退路を絶ったうえで、つぎのような書簡を送った。

「糾とは兄弟の間柄ゆえ、わが手で死刑に処すにはしのびない。ついては魯のほうで処刑されたい。また管仲と召忽は仇《かたき》である。わが手で心ゆくまで切り刻み、塩漬けの肉にすることを望む。もしこちらの要求を拒むなら、わが軍は魯の都を包囲する」

魯の人びとは思い悩んだあげく、糾を殺した。召忽は辱《はずかし》めを受けるのを潔しとせずみずから命を絶った。管仲はおとなしく縛《ばく》につき、斉へ送還された。

これよりさき、桓公は管仲を殺すつもりでいた。自分を殺そうとした相手であるから当然である。しかし、鮑叔牙の進言が桓公の心を動かした。鮑叔牙は言った。

「わが君が斉だけを治め給うのであるならば、人材は高氏とわたくしとで足ります。わが君がいずれ覇王《はおう》になろうとの志があるならば、どうしても管仲が必要になります。彼を失ってはなりません」

これに心を動かされた桓公は、管仲を許したうえ、大夫《たいふ》［周の社会は王を最高位とし、以下諸侯、卿・大夫、士、庶人というように階層化していた］に取り立て、国政を委ねた。

管仲の才能を見抜いた鮑叔牙

ここで少し、管仲《かんちゆう》と鮑叔牙《ほうしゆくが》の関係について触れておこう。二人は若い頃からの親友で、鮑叔牙は管仲が類《たぐい》まれなる才能の持ち主であると気づいていた。ゆえに管仲に対し、常に寛容な態度で接した。管仲は家が貧しく、いつも鮑叔牙を騙《だま》していたが、鮑叔牙はいっさいとがめだてようとしなかった。

管仲はのちにこう述懐《じゆつかい》している。

「わたしが貧乏であったとき、鮑叔牙といっしょに商売をしたことがある。儲けを分配するのに、自分の取り分を多くしたが、鮑叔牙はわたしを貪欲《どんよく》だと非難するようなことはなかった。わたしが貧乏だと知っていたからだ。そのあげく、わたしはますます窮《きゅう》していったが、鮑叔牙はわたしをおろかだとは言わなかった。時に利・不利があることを知っていたからだ。わたしは三人の主人に仕えて、三度とも追い出された。鮑叔牙はわたしが世渡り下手だとは言わなかった。わたしに運がなかったと知っていたからだ。わたしは三度の戦で三度も逃げたことがある。鮑叔牙はわたしを臆病者とも言わなかった。わたしに老いた母がいることを知っていたからだ。公子糾《きゅう》が敗れたとき、召忽《しょうこつ》は殉死した。わたしは投獄の辱《はずかし》めを受けたが、鮑叔牙はわたしを恥知らずとは言わなかった。わたしが小さな節義にこだわらず、功名が天下にあらわれないことを恥としているのを知っていたからだ。わたしは父母に生を享《う》けたが、わたしを本当に知っているのは鮑叔牙である」

鮑叔牙は管仲を桓《かん》公にすすめたのち、自分はその下位にあっても、まったく不平の色を見せなかった。かれの子孫は斉の禄《ろく》を食《は》んで領地を保つこと十代あまり、つねに名のある大夫《たいふ》だった。天下の人びとは、管仲の賢明さを称えるよりも、鮑叔牙によく人を知る目があることのほうを称賛した。

故事成語8 ▼管鮑《かんぽう》の交わり

管仲《かんちゅう》と鮑叔牙《ほうしゅくが》の故事から生まれた言葉。利害によって変わることのない親密な交際をいう。

管仲の遺言

さて、国政を任された管仲《かんちゅう》は、富国強兵を図るため、さまざまな改革に着手した。まず五家を一軌《き》、十軌を一里《り》、四里を一連《れん》、十連を一郷《ごう》とする、五軒の家を単位とする兵員登録制度を定めた。経済面では物価の均衡《きんこう》と漁業、製塩業、交易に力をいれた。

管仲の政治は非常にわかりやすかった。貧しい者には救いの手をさしのべ、大衆の欲するものはそのとおりに与え、欲しない物事は取り除いた。また、すぐれた人物、才能のある人物は身分にかかわらず取り立てたので、斉《せい》の民で喜ばない者はなかった。

桓《かん》公が即位して二年目、斉は郯《たん》を滅ぼした。かつて莒《きょ》へ亡命するのに、郯を通過したとき、郯の彼に対する扱いが礼に外れていたから懲《こ》らしめの意味を込めて懲《ちょう》罰《ばつ》したのだった。

五年目、斉は魯《ろ》に戦勝した。魯の荘《そう》公は遂邑《すいゆう》の地を献上するから和睦したいと申し入れてきた。桓公は同意して、柯《か》の町で誓約を結ぶことになった。まさに調印がおこなわれようとしたとき、魯の将軍、曹沫《そうばつ》が短刀を手に桓公に近づき、「斉が侵略した魯の土地を返されよ」と脅迫《きょうはく》した。桓公がそれを承知すると、曹沫は短刀を捨て、臣下の席に戻り、北向きに控えた。桓公は後悔して約束を撤回しようとしたが、その前に管仲が桓公に進言した。

「脅迫されて承知したものであるとはいえ、それを撤回するのは、ちっぽけな満足を得るにすぎません。諸侯の信頼をなくし、天下の信頼を失うことになるでしょう。それは絶対になりません」

そこで桓公は約束どおり、戦勝して獲得した土地をすべて魯に返還した。これを聞いて、諸侯の斉に対する信頼は高まり、こぞって斉を盟主と仰ぐようになった。

七年目、諸侯は衛の鄄《けん》で桓公が主宰した会合に参加した。ここに桓公は最初の覇《は》者《しゃ》となったのだった。

二十三年目、山戎《さんじゅう》（北方の異民族）が燕《えん》を攻め、燕が斉に救援を求めてきた。桓公はただちに兵をおこし、山戎を討伐して孤竹の地まで行って引き返した。燕の荘《そう》公は桓公を送っていき、国境を越えて斉の領内に入った。とんだ失態をやらかした

斉と魯の国境にあった錦陽関（山東省莱蕪市）

わけだが、桓公はそれをとがめることなく、かえってつぎのように言った。

「周《しゅう》の天子だけは別として、諸侯が諸侯を送る場合、自分の国の国境を出ないものです。燕に対して礼を失うことはわたくしにはできません」

そこで桓公は燕の荘公が入り込んだところまでを割譲《かつじょう》し、溝を掘って隔《へだ》てとした。諸侯はこのことを聞いて、ますます桓公に敬意を抱くようになった。

二十八年目、衛《えい》の国で内乱がおきた。桓公は諸侯を率いて衛に乗り込み、文《ぶん》公を位につけた。

三十年目、桓公は諸侯を率いて蔡《さい》を攻めた。ついで楚《そ》を攻撃した。楚が周の王に朝貢《ちょうこう》の品を奉《たてまつ》らなかったからである。

三十五年目、桓公が主宰して、諸侯を葵丘《ききゅう》の地で会合させた。周の襄王《じょう》は卿《けい》の宰孔《さいこう》を遣《つか》わして、文《ぶん》王と武《ぶ》王を祀った折のお供えの肉と赤色の弓矢と馬車を桓公に授けた。

同年秋、桓公は再び諸侯を葵丘の地で会合させた。このとき、桓公に驕《おご》りの色が見えたことから、諸侯のなかには離反する者もあらわれた。

同じ年、晋《しん》では献《けん》公が没するとともに内乱がおきた。桓公は混乱を鎮めるために兵を出し、夷吾《いご》を君主の位につかせたうえで引き上げた。

こうした功績を鼻にかけ、桓公は自画自賛してこう言った。

「わしは九回も諸侯を会合させ、天下の秩序を正した。古《いにしえ》の三代（夏《か》・殷《いん》・周）の君が天命を受けて天子になったのと、いったいどんな違いがあろうか。わしは泰山《たいざん》と梁父山《りょうほざん》で封禅《ほうぜん》［特別な業績を残した天子が泰山で天を、梁父山で地を祀る儀式］の儀式をやりたいと思う」

管仲は反対して強く諫《いさ》めたが、桓公は聞き入れようとしない。そこで管仲は説得の仕方を変えた。封禅は、遠方の珍奇な物が到来してはじめておこなわれるものだと説いて聞かせたのである。ここにいたり、ようやく桓公は思いとどまった。

斉の略年譜

紀元前	周	斉	関連事項
697	桓王 3	襄公元	釐公の太子・諸児が斉公となる（襄公）。
694	荘王 3	4	魯の桓公が夫人をともなって斉を訪問。その際、襄公が夫人と通じ桓公を謀殺する。
690	7	8	紀を討つ。
686	11	12	襄公が従兄弟の無知に殺害される。
685	12	桓公元	無知が殺害され、小白が斉公につく（桓公）。
684	13	2	桓公、郯を討って滅ぼす。
681	釐王元	5	魯軍を破り､和を請う魯の荘公と柯で会盟する。この折、魯将の曹沫が桓公を脅かす。
679	3	7	諸侯と衛の鄄で会盟し、覇者となる。
672	恵王 5	14	陳の厲公の子の完が斉に亡命する。
663	14	23	桓公、燕を救うため山戎を討つ。
659	18	27	魯湣公の母・哀姜（桓公の妹）が、湣公謀殺に絡んで斉に召喚され、殺される。
658	19	28	衛の危急を知り、諸侯を率いて楚丘に築城。
656	21	30	桓公、諸侯を率いて蔡を討つ。また、楚を討ち和平条約を結ぶ（招陵の盟）。
651	襄王元	35	桓公、諸侯と葵丘に会盟する。
648	4	38	桓公、管仲を派遣して、周に侵入してきた戎翟を平定させる。
647	5	39	周の襄王の弟・帯が斉に亡命。
645	7	41	管仲が病没する。
644	8	42	晋の重耳が斉に来て、桓公の公女を娶る。
643	9	43	冬10月、桓公が没する。内乱が勃発。

参照:『歴史群像シリーズ78 争覇 春秋戦国』(学習研究社)

三十八年目、周の襄王の弟の帯《たい》が戎《じゆう》や翟《てき》と共謀して周に侵攻した。桓公は管仲を派遣して、戎と周を和睦させた。

四十一年目、管仲が没した。桓公は病《やまい》の床に駆けつけ、「群臣のうちで誰を宰相《さいしょう》にするのがよいだろうか」と後事について尋ねた。管仲は答えた。

「『臣を知るは君に如くはなし』です」

桓公が、「易牙《えきが》はどうか」と尋ねると、管仲は、「わが子を殺してご主君に取り入ろうとした者です。人の心に反しています。よくありません」と答えた。

ついで、「開方《かいほう》はどうか」と尋ねると、管仲は、「わが親に背《そむ》いてご主君に取り入ろうとした者です。人の心に反しています。近づけてはなりません」と答えた。

ついで、「豎刁《じゆちよう》はどうか」と尋ねると、管仲は、「自分で去勢してご主君に取り入

斉の都だった臨淄の復元模型（山東省淄博市の斉国歴史博物館）

ろうとした者です。人の心に反しています。親しく接してはいけません」と答えた。

しかし、管仲が没すると、桓公は管仲の言葉に従わず、右の三人を重用した。三人は権力をほしいままにした。

桓公は女色を好み、多くの愛妾を抱えていた。夫人が三人いるほか、それに準じる者だけで六人いて、子供も多かった。

四十三年目、桓公が病死すると、たちまち内乱が勃発《ぼっぱつ》した。五人の公子はそれぞれ徒党を組んで争い、三人の権臣もこれにからんで、宮中は無秩序な状態と化す。そのため桓公の遺体を棺《ひつぎ》に納める者さえいなくなり、桓公の遺体は寝台の上に置かれたまま六十七日間も放置されたままだった。遺体からわいた虫が部屋の外まではいでるほどだったという。

封禅の儀が行われた泰山（山東省泰安市）

II 晋の文公 ——他国をさすらう流転の覇者

献公、我が子三人を遠ざける

晋《しん》の国は周《しゅう》の成《せい》王の弟、唐叔虞《とうしゅくぐ》を祖とする。十九代目の献《けん》公が暗愚《あんぐ》なうえ暴虐《ぼうぎゃく》であったことから、晋は長い混乱期に突入した。

そもそものきっかけは献公が即位して五年目、驪戎《りじゅう》を攻めて、その長《おさ》の娘である驪姫《りき》とその同腹《どうふく》の妹を手に入れたことにあった。献公はこの二人を寵愛《ちょうあい》した。

九年目、大夫《たいふ》の士蔿《しい》がとんでもない進言をした。

「晋の王族は多すぎます。誅殺《ちゅうさつ》しなければ、いまに反乱をおこすでしょう」

献公はこれに従い、多くの公子を殺した。生き残った公子たちは虢《かく》国へ亡命した。

十二年目、驪姫が男子を生み、奚斉《けいせい》と名づけられた。献公は奚斉を後継ぎにしたいと考え、「曲沃《きょくよく》はわがご先祖様方の宗廟《そうびょう》のある土地だ。そして蒲《ほ》の町は秦《しん》に接し、屈《くつ》の町は翟《てき》に接している。それらの地に息子たちを配置せねば、わしは心配でならない」と言い、太子の申生《しんせい》に命じて曲沃に、次男の重耳《ちょうじ》に命じて蒲に、三男の夷吾《いご》に命じて屈に駐留させた。この処置を聞いて、晋の人びとは、太子は位を継げないだろうと噂しあった。

中生の母は斉《せい》の桓《かん》公の娘で、早くに亡くなっていた。中生の同母姉は秦《しん》の穆《ぼく》公の夫人となっていた。重耳の母は翟の狐《こ》氏の娘で、夷吾の母は重耳の母の妹だった。献公には息子が八人いたが、そのなかでも中生と重耳と夷吾はりっぱな徳行を備え、将来を嘱望《しょくぼう》されていたが、献公は驪姫を得てからは、この三人を遠ざけるようになった。

こうした状況を見て、士蔿が申生に進言した。

「太子様は位におつきになれません。ここから逃《のが》れて、罪を着せられないようにするのがよいでしょう」

しかし、申生はこの言葉に従わなかった。

十七年目、献公は申生に命じて、東山《とうざん》の狄《てき》を討伐させようとした。すると卿《けい》の里《り》克《こく》が献公を諫《いさ》めて言った。

「太子とは宗廟や社稷《しゃしょく》〔国家のことをいう。元来「社」は土地の神、「稷」は五穀の神の意〕

の祭祀《さいし》のお供え物をつかさどられ、また朝夕にご主君の食事の検視をなさるお方です。軍を率いてはならないのです」

これに対し献公は、「わしには何人も息子がいるが、後継ぎを誰にするかはまだ決めていない」と言い返した。

里克はそれ以上何も言わずに引き下がり、申生に会った。「わたしは廃されるのだろうか」と不安がる申生に、里克は気休めの言葉しかかけてやることができなかった。そして申生が出征するとき、里克は病気と称して、供をしなかった。

十九年目、献公は驪姫にひそかに言った。

「わしは申生を廃して、奚斉をその代わりにしようと思っている」

これに対し驪姫は、内心の喜びを押し隠して、表面では申生を褒《ほ》めて持ち上げ、裏では人を使って申生を讒言《ざんげん》させた。

重耳と夷吾の都落ち

二十一年目、驪姫《りき》はとうとう表だった行動にでた。まず申生《しんせい》に、祀《まつ》り用の肉を献上するようすすめた。そして、肉が宮中に運ばれるのを待って、これに毒薬を入れたのである。献《けん》公がそれを食べようとしたとき、驪姫は用心するよう言った。そこ

晋の略年譜

紀元前	周	斉	関連事項
672	恵王 5	献公 5	献公、驪戎を討ち、驪姫とその妹を得る。
669	8	8	絳に都を遷す。
665	12	12	奚斉が誕生。太子申生は曲沃、重耳が蒲、夷吾は屈にそれぞれ居住させられる。
661	16	16	軍を2軍に増やし、申生が下軍の将になる。
656	21	21	申生が曲沃で自害。再び重耳は蒲に、夷吾は屈に逃亡する。
655	22	22	献公、重耳の殺害を謀る。重耳は翟に出奔。
651	襄王元	26	献公が没する。里克が反乱を起こし、奚斉を殺害する。 秦穆公の後ろ楯を得て、夷吾が晋君となる(恵公)。
647	5	恵公 4	晋が飢饉に見舞われ、秦に援助を求める。
646	6	5	秦が飢饉に見舞われ、晋は援助を拒む。
645	7	6	秦穆公、兵を率いて晋を討つ（韓原の戦い）。
644	8	7	重耳、斉桓公の娘の姜氏を娶る。
643	9	8	恵公、太子の圉を人質として秦に送る。
638	14	13	圉が秦から逃亡して晋に帰る。
637	15	14	重耳、秦に至り、穆公の公女を娶る。 恵公が没する。圉が立つ(懐公)が、殺害される。
636	16	文公元	重耳が晋君につく（文公）。
635	17	2	周を追われた襄王を復帰させる。
633	19	4	軍を3軍に編成。卿に趙衰を任命する。 曹に侵攻して、さらに衛を討つ。また、宋・斉とともに、楚を城濮で大敗させる。
630	22	7	秦の穆公とともに鄭を包囲する。
628	24	9	文公が没する。

参照:『歴史群像シリーズ78 争覇 春秋戦国』(学習研究社)

で犬に与えたところ、犬はたちどころに死んだ。ついで身分の低い侍者に食べさせたところ、この者も死んだ。これを見た驪姫は涙を流しながら言った。

「なんと残忍でいらっしゃるのでしょう。父君さえも殺して、取って代わろうとお考えなのです。わたくしは見損ないました」

この事件を聞くと、中生は曲沃《きょくよく》に逃《のが》れた。ある人が無実であることを弁明するようすすめたが、中生は、「わが君は年老いられた。驪姫がいなければ、寝食もままならない。たとえ弁明しても、ご立腹なされるだけだ。わたしにはできない」と答えた。それでは他国へ亡命してはというすすめに対して、中生は、「こんな汚名を着せられて出奔《しゅっぽん》しても、誰がわたしを受け入れてくれよう」と言って、その年の十二月、みずから命を絶ってしまった。

このとき、たまたま重耳《ちょうじ》と夷吾《いご》も晋《しん》の都にいた。二人が中生のことで自分を怨《うら》んでいると知るや、驪姫は献公に二人を讒言《ざんげん》した。毒薬の件には二人もからんでいると。

このことを知ると、重耳と夷吾は慌てて都から脱出し、重耳は蒲《ほ》に、夷吾は屈《くつ》に逃げ込み、それぞれ備えを固めた。

翌年、献公は、二人が辞去の挨拶《あいさつ》もせずに立ち去ったのは、陰謀があったからに相違ないと決めつけ、蒲と屈にそれぞれ兵を派遣した。屈は頑強に抵抗してなんとかもちこたえたが、蒲は攻め落とされ、重耳は袂《たもと》を斬《き》りおとされながらも、なんとか逃げのび、翟《てき》（狄《てき》）へ亡命した。同年、晋は虢《かく》と虞《ぐ》の国を滅ぼした。

二十三年目、献公は再び屈を攻めさせ、今度は攻略に成功した。夷吾は逃《のが》れて、西にある梁《りょう》の国へ亡命した。

二十五年目、驪姫の妹が男子を産み、悼子《とうし》と名づけられた。

二十六年目の夏、斉の桓公が葵丘《ききゅう》で諸侯の会合を主宰したが、献公は病気のため参加することができなかった。同年秋、献公は没した。

これを受けて、群臣の反応は分かれた。里克《りこく》と大夫《たいふ》の邳鄭《ひてい》は重耳を迎えて即位させようと反乱をおこした。いっぽう、荀息《じゅんそく》は、「先君様との約束に背《そむ》くわけにはいかない」と言って、奚斉《けいせい》を擁護する姿勢を示した。

十月、里克は奚斉を服喪《ふくも》の部屋で殺した。荀息は代わりに悼子を立てようとしたが、十一月、里克は悼子をも殺してしまった。

それから里克らは使者を送り、重耳を迎えようとした。ところが重耳は、「父君のご命令に背《そむ》いて国を出、父君が亡くなられても、子としての礼を守って葬儀《そうぎ》に加わることもできなかった。この重耳がどうして国へ戻れよう」と言って、別の公子を位につけるようすすめた。そこで里克らは夷吾を迎えるべく、梁へ使者を送った。

夷吾は大夫の呂省《りよせい》と郤芮《げきぜい》の進言に従い、秦《しん》の穆《ぼく》公に軍を出してもらい、その護送のもと国へ帰ることとした。見返りとして、秦に河西《かせい》の地を割譲《かつじよう》することを約束していた。

かくして夷吾は晋の都に入り、晋君の位についた。これが恵《けい》公である。

重耳、文公となって覇者になる

恵《けい》公の元年、恵公は邳鄭《ひてい》を使者として秦《しん》へ送り、領土の割譲《かつじよう》ができなくなったと断りをいれさせた。群臣の納得が得られないからというのが、その理由だった。

恵公は里克《りこく》に、汾陽《ふんよう》の地を与えると約束していたが、これも反故《ほご》にしたうえ、里克から権限を取り上げた。それでもまだ、重耳《ちようじ》と結んで異変を起こすのではないかと恐れ、自決を強要する命令を下した。里克は素直にそれに従った。このほか、政変に積極的に関与した七人の大夫《たいふ》が殺害された。

恵公が即位して四年目、晋《しん》は不作だったので、秦に食糧《しよくりよう》援助を要請した。秦の穆《ぼく》公は快く応じてくれた。

翌年、今度は秦が不作だった。秦から晋に食糧援助の要請がきたが、恵公は舅《しゅうと》の虢射《かくせき》の「昨年、天がわが晋を秦に与えられましたのに、秦は取ることを知らず、わが国に穀物を貸しました。今日、天は秦をわが晋に与えておられます。天に逆らってよいのでしょうか」という進言に従い、兵を発して秦を攻めようとした。秦の穆公は激怒して、同じく兵を発した。

六年目の春、秦の軍が晋の領内深く侵攻した。九月壬戌《じんじゅつ》の日、韓原《かんげん》の地で会戦がおこなわれた。晋軍は大敗し、恵公は捕虜《ほりょ》となった。

秦の穆公は恵公を犠牲に捧げて天帝（上帝）の祀りをおこなおうとしたが、夫人（恵公の姉）が泣いて頼んだので、殺すのはやめにし、あまつさえ、帰国することを許した。

八年目、恵公は太子の圉《ぎょ》を人質として秦に送った。

十三年目、恵公が重い病床についた。それを知った圉は無断で秦を離れ、晋へ逃げ帰った。

翌年九月、恵公が没し、圉が後を継いだ。これが懐《かい》公である。

即位するやいなや、懐公は命令して、重耳の供をして亡命している者たちは期日までに出頭すること、期日が過ぎても出頭しない者は、その一族を皆殺しにする、との触《ふ》れをだした。

これは秦の侵攻を恐れての処置であったが、逆効果となった。秦の穆公は無断で逃げ帰った懐公を快く思っておらず、重耳を楚《そ》から迎えると、軍をつけて、これを晋に送り返した。同時に、使者をやって大夫の欒枝《らんし》や郤縠《げきこく》に内応させた。このため懐公は高梁《こうりょう》の町で殺された。

かくして重耳が位についた。これが文《ぶん》公である。

賢妻の導き

重耳《ちょうじ》は若い頃から人材を愛し、わずか十七歳にしてすぐれた人物五人を得ていた。趙衰《ちょうし》、狐偃《こえん》、賈佗《かた》、先軫《せんしん》、魏武士《ぎぶし》がそれである。

献《けん》公の二十二年、重耳は右の五人と数十名の従者たちとともに、翟《てき》（狄《てき》）へ亡命した。ときに数えで四十三歳だった。

狄に留まること五年目、献公が亡くなり、里克《りこく》らから招聘《しょうへい》の使者がきた。しかし、重耳は殺されるのではないかと恐れ、招聘に応じなかった。

晋《しん》の恵《けい》公の七年、恵公は重耳のもとに刺客《しかく》団を送り込んだ。噂を聞いた重耳は趙衰らと相談して、こう言った。

「わたしが狄へ逃《のが》れたのは、これと力を合わせれば大事をなせると考えたからではなく、晋から近くて来やすかったからだ。足を休めてもう長くなるが、もともと大国へ移りたいと願っていた。斉《せい》の桓《かん》公殿は諸侯を集め、人望を集めておられる。今や管仲《かんちゅう》も死んだと聞く。それに代わるすぐれた補佐を求めておられるだろう。斉へ行こうではないか」

かくして狄に留まること十二年で、重耳は狄の国をあとにした。途中の衛《えい》の国では冷遇されたが、斉の桓公は重耳を丁重にもてなし、その娘を妻として与えてくれた。

重耳が斉へ行って二年目、桓公が没し、斉は内乱に突入した。それでも重耳は斉の公女に溺れるあまり、立ち去ろうとはしなかった。

趙衰と狐偃は桑の木の下で、なんとかして重耳を連れだせないものかと相談した。そのとき、たまたま公女の侍女が木の上にいて、盗み聞きした話を公女に報告した。すると公女はその侍女を殺し、重耳にすみやかに斉を去るようすすめた。ところが重耳は、「人生は楽しみに安んじていればいいんだ。他の事になど誰がかまっていられよう」と言って、立ち去る気のないことを示した。

公女はなおも説得につとめたが、重耳の考えは変わらない。そこで公女は趙衰たちと相談のうえで、重耳を泥酔《でいすい》させ、眠っているうちに馬車に乗せて出立させることにした。かくして重耳は斉の国をあとにすることになったのである。

亡命十九年目の帰国

重耳《ちょうじ》はまず曹《そう》の国に行ったが、扱いが冷たかったので、すぐにそこから去った。重耳は宋《そう》、鄭《てい》を経て、楚《そ》の国に腰を落ち着けた。楚の成《せい》王は丁重《ていちょう》に待遇してくれた。そんなある日、楚の成王が言った。

「あなたがもしお国に戻られたら、わたしにどのような返礼をしてくださるかな」

重耳は考え込んだ。翡翠《ひすい》、孔雀《くじゃく》の羽根、象牙《ぞうげ》、犀《さい》の角《つの》、玉《ぎょく》、絹などを、成王は余るほど有していたからだ。そこで重耳はこう答えた。

「もしやむをえず、わたくしが王様と戦場で相まみえることとなりました場合、わたしは王の陣の前より三舎《さんしゃ》［軍隊の３日間の行程］後方へ引き下がることにしましょう」

これを聞いて楚の将軍の子玉《しぎょく》は激怒したが、成王はこの答えに満足したようだった。

重耳が楚に来てから数カ月後、人質の圉《ぎょ》（恵《けい》公の太子）が秦《しん》から逃亡して晋《しん》へ戻った。秦は気分を害して、重耳に誘いをかけた。これに呼応するかのように、楚の成王は、「わが楚は晋の国から遠く、数カ国を通過しなければなりません。しかるに、秦と晋は国境を接しており、秦君はすぐれたお方です。秦に行かれることをおすすめします」と言って、重耳を秦に送りだした。

秦の穆《ぼく》公は重耳を歓待した。そして、晋の恵《けい》公が没して懐《かい》公（圉）が即位すると、ただちに軍勢を出して、重耳を帰国させてくれた。実に亡命してから十九年目のことで、重耳は六十二歳になっていた。

丁未《ていび》の日、重耳は宗廟《そうびょう》に参拝し、晋君の位についた。これが文《ぶん》公である。懐公は高梁《こうりょう》の町に逃《のが》れるが、同地で殺害された。恵公の重臣であった呂省《りょせい》や郤芮《げきぜい》は文公の暗殺をもくろんだが、密告する者があったことから失敗に終わり、二人とも秦の穆公によって誅殺された。

秦の力を借りて反対派を一掃《いっそう》することに成功した文公は、これより一国の君主として独り立ちすることとなった。

ときに周《しゅう》で内乱がおこった。弟の帯《たい》に反乱をおこされ、襄《じょう》王が鄭《てい》へ避難を余儀なくされたのである。秦が出兵しようとしたが、文公はそれより早く、趙衰《ちょうし》の進言に従い、兵を出した。そして、襄王を周の都に帰還させたうえ、帯を殺害して乱を鎮めた。

即位して四年目、楚の軍が宋《そう》の都を包囲し、宋から晋へ救援要請がきた。文公は狐偃《こえん》の策に従い、楚の同盟国である曹《そう》と衛《えい》を攻めることで、宋の都を解放することに成功した。

翌年、楚の軍がまたしても宋の都を包囲した。晋軍が曹と衛を攻める構えをみせたところ、成王は軍を撤退させたが、将軍の子玉だけは撤退を拒み、わずかな軍勢で決戦を挑《いど》もうとした。

文公はさきの約束があるので、全軍を三舎退かせた。四月、両軍は城濮《じょうぼく》で激突し、戦いは晋の大勝利に終わった。

五月丁未の日、文公が楚の捕虜《ほりょ》を周に献上したところ、襄王は大夫《たいふ》の王子虎《おうしこ》を使者として派遣して、莫大《ばくだい》な恩賞を下賜《かし》してくれた。文公は三度辞退したのち、最敬礼してそれらを受け取った。これより文公は伯《はく》の称号を使用するようになった。

同年冬、文公が主宰して、諸侯を温《おん》の町で会合させた。文公は諸侯を率いて周に入朝《にゅうちょう》するつもりでいたが、いまだそこまでの実力はなく、また諸侯のなかで背《そむ》く者があるのではという心配もあったことから、使者を送って、襄王に温の町まで来てくれるよう要請した。

十月壬申《じんしん》の日、文公の願いは聞き入れられ、文公は諸侯を率いて襄王に謁見した。

即位して九年目、文公は没して、子の襄《じょう》公が後を継いだ。

故事成語9 ▼宋襄《そうじょう》の仁《じん》

宋《そう》の襄《じょう》公は楚《そ》の軍勢と泓水《おうすい》をはさんで対峙《たいじ》した。楚軍が川を渡りはじめたとき、攻撃を進言する家臣がいたが、襄公は、「敵の布陣《ふじん》が完了しないうちには攻撃はかけないものだ」と言って、渡河《とか》を許したうえ、布陣し終わるのを待って、ようやく攻撃命令を出した。結果、宋軍は大敗を喫《きっ》した。この故事から、人に無用の情けをかけることを、「宋襄《そうじょう》の仁《じん》」というようになった。

III　秦の穆公——西戎を制した賢才の覇者

賢臣・百里奚を得る

秦《しん》の君は帝顓頊《せんぎょく》の末裔《まつえい》である。顓頊の孫に女脩《じょせい》という女がいた。玄鳥《げんちょう》（ツバメ）が産み落とした卵を呑み込んだところ身ごもり、男子を得た。その子の名を大《たい》業《ぎょう》という。大業の子の大費《たいひ》は禹《う》の治水事業に協力して、功績があった。舜《しゅん》のもとでは鳥獣を馴《な》らすことをつかさどって功績があり、その恩賞として嬴《えい》という姓を賜《たまわ》った。

その末裔の襄《じょう》公のときになって、周《しゅう》の平《へい》王を警護した功績を認められ、諸侯の列にくわえられた。

襄公から数えて九代目の穆《ぼく》公の四年、穆公は晋《しん》から妻を迎えた。晋の太子申生《しんせい》の姉である。

翌年、穆公は計略により、百里奚《ひゃくりけい》という賢臣を得た。年はすでに七十余りだっ

秦と晋の相関図

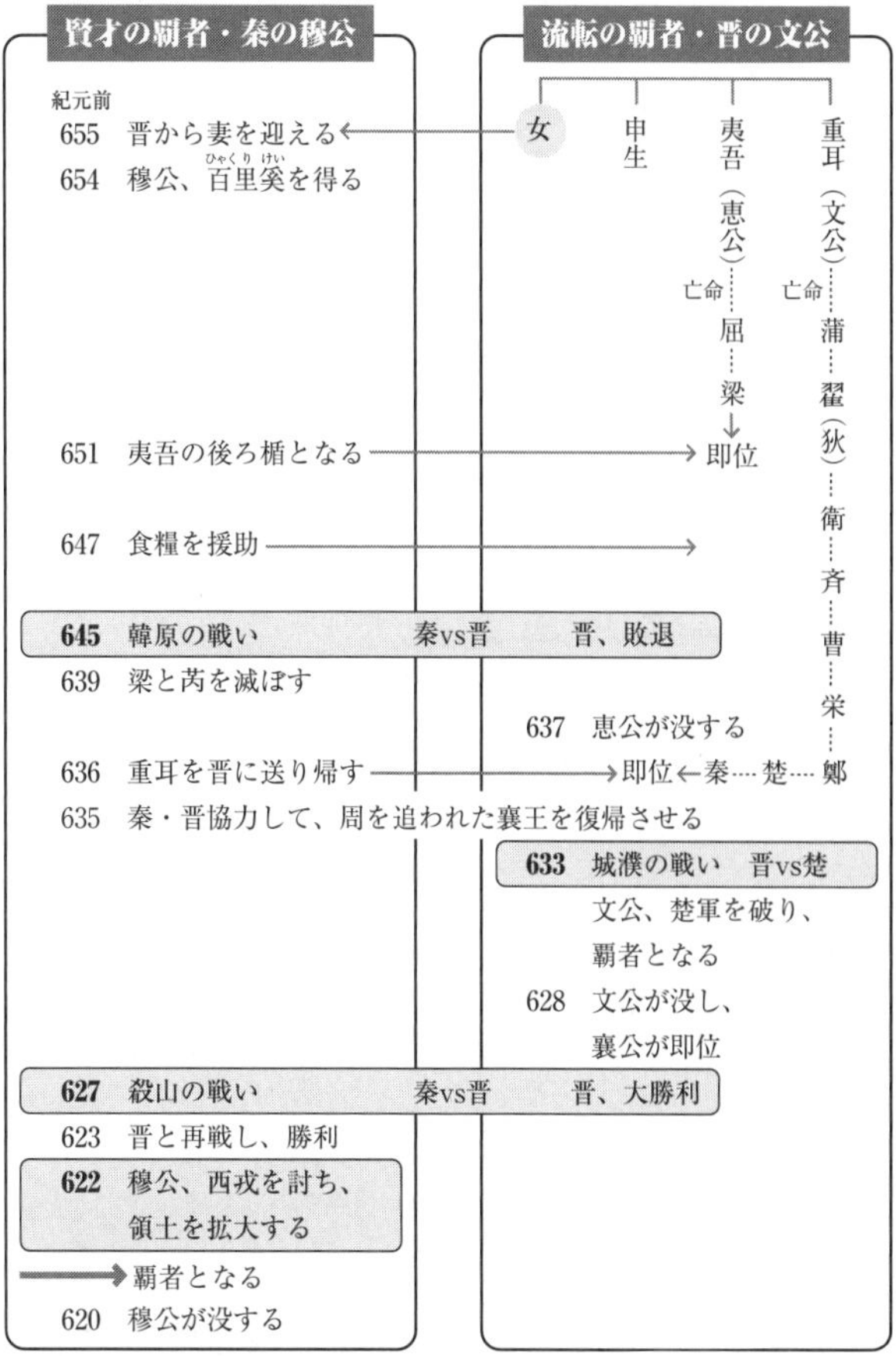
賢才の覇者・秦の穆公
流転の覇者・晋の文公
紀元前
655　晋から妻を迎える
女
申生
夷吾（恵公）
重耳（文公）
654　穆公、百里《ひゃくり》奚《けい》を得る
亡命
屈
梁
亡命
蒲
翟（狄）
衛
斉
曹
栄
鄭
651　夷吾の後ろ楯となる
即位
647　食糧を援助
645　韓原の戦い　秦vs晋　晋、敗退
639　梁と芮を滅ぼす
637　恵公が没する
636　重耳を晋に送り帰す
即位←秦……楚……鄭
635　秦・晋協力して、周を追われた襄王を復帰させる
633　城濮の戦い　晋vs楚
文公、楚軍を破り、
覇者となる
628　文公が没し、
襄公が即位
627　殽山の戦い　秦vs晋　晋、大勝利
623　晋と再戦し、勝利
622　穆公、西戎を討ち、
領土を拡大する
覇者となる
620　穆公が没する

たが、穆公は百里奚に政治をまかせた。百里奚は謙虚《けんきょ》な人柄で、自分よりすぐれた人物であるとして、蹇叔《けんしゅく》という男を推薦《すいせん》した。そこで穆公は使いをやって礼物を厚くして蹇叔を迎え、上大夫《じょうたいふ》とした。

ときに晋で政変がおこり、夷吾《いご》から援助要請がきた。夷吾は、「もし本国に帰り、位につくことができたなら、晋の河西《かせい》の八城を割いて秦に献上しましょう」という。そこで兵をつけて帰国させてやったが、夷吾（恵《けい》公）は約束を守らなかった。

十二年目、晋が飢饉に見舞われ、秦に食糧《しょくりょう》援助を要請してきた。晋からの亡命者である邳豹《ひひょう》は、「援助をしてはなりません。飢饉に乗じて討伐するのがよろしいでしょう」と主張したが、穆公は百里奚の「夷吾が君に対して罪を犯したとはいえ、民百姓《たみひやくしょう》には何の罪がありましょう」という進言に従い、食糧援助を決めた。

翌年、今度は秦が飢饉に見舞われたので、晋に援助要請をした。晋がこれに対し出兵で応じたので、秦も兵を動かした。

翌年の九月壬戌《じんじゅつ》の日、両軍は韓原《かんげん》の地で激突した。途中、恵公の乗った戦車がぬかるみに足をとられ、それを襲おうとした穆公がかえって晋軍に囲まれ、危機に陥った。このとき、突如として三百人の野人［おそらく狩猟の民と思われる］があらわれ、穆公を救ってくれた。

実はこの野人と穆公とは因縁があった。かつて野人たちは飢《う》えをしのぐため、穆公の馬を食べたことがあった。役人は彼らを捕らえて罰しようとしたが、穆公は、「君子は家畜のために人を害してはいけない。わしは、良馬の肉を食らったら酒を飲まないと身体を損なうと聞いている」と言って、野人たちを許しただけでなく、酒を賜《たまわ》るということがあった。野人たちはこのときの恩に報いるため、戦場に駆け付けたのだった。

野人たちの活躍もあって、戦いは秦の大勝利に終わり、晋の恵公は捕虜《ほりょ》となった。穆公は恵公を上帝の祭祀《さいし》の犠牲《ぎせい》に捧げようとしたが、周《しゅう》の天子が「晋はわが周と同姓である」と言って助命を求め、また夫人（恵公の異母姉）も助命を嘆願《たんがん》したことから、許して帰国させた。

敗戦の責任は我にあり

二十年目、秦《しん》は梁《りょう》と芮《ぜい》を滅ぼした。

二十二年目、人質の圉《ぎょ》が晋《しん》に逃げ帰った。

二十四年目、穆《ぼく》公は重耳《ちょうじ》を晋に送り帰し、晋君の位に即位させた。

三十二年目の冬、大きな問題がもちあがった。鄭《てい》の国の人で、「自分が鄭の城門をつかさどっているので、鄭を襲《おそ》ってください」と言ってきた者があったのである。

百里奚《ひゃくりけい》と蹇叔《けんしゅく》は、「数カ国を越え、千里の遠方に人を襲って、利益を得た者はいまだかつていません。そのうえ、鄭に国を売る者があるなら、わが秦国にも国の実情を鄭に告げる者がいないとは限りません。敵がわが実情を知れば、どんな奇策があって敗因となるかわかりません」と言って反対したが、穆公はそれを押し切り、百里奚の子の孟明視《もうめいし》、蹇叔の子の西乞術《せいこつじゅつ》および白乙丙《はくおつへい》の三人を将として、出兵させた。

百里奚と蹇叔は、「もしも敗れるとしたら、それはきっと殽《こう》の険であろう」と予言していたが、果たしてそのとおりになった。鄭を攻めるには晋の領内を通らねばならなかったが、ときに晋では文《ぶん》公が没して、まだ葬《ほうむ》られていなかった。ゆえに太子の襄《じょう》公が、「秦はわたしが孤児になったのを侮《あなど》り、喪中《もちゅう》に乗じて出兵した」と怒り、白い喪服を墨染《すみぞ》めにして兵をおこし、殽で秦軍をさえぎり、大いに破ったのだった。秦軍は壊滅《かいめつ》させられ、三将は捕虜《ほりょ》となった。

晋の文公の夫人は秦の穆公の娘であったので、秦の三将のために命ごいをした。

そのため三将は釈放されたが、穆公は白い服（喪服）を着て郊外まで彼らを出迎え、泣きながら、すべての責任は自分にあると言って悔《く》やんだ。三将は何ら罰せられることはなかった。

故事成語10▼怨《うら》み骨髄《こつずい》に徹《てつ》する

徹底的に骨の髄《ずい》まで人を憎《にく》むこと。秦《しん》の軍は殽山《こうざん》で晋《しん》軍のために大敗を喫《きっ》し、三人の将軍が捕虜《ほりょ》になった。晋の文公の夫人は秦の穆公の娘であったので、なんとか三人の命を助けようと、襄《じょう》公に嘘をついた。

「穆公はこの三人の将軍を怨《うら》み骨髄に徹《てつ》するほど憎んでいます。どうか彼らをこのまま秦に帰国させ、穆公に思う存分、煮殺すようにさせてください」

この故事から「怨み骨髄に徹する」という言葉が生まれた。「怨み骨髄に入る」とも言う。

女楽にふけり、名臣を失う

三十四年、戎《じゅう》の王が由余《ゆうよ》を使者として送ってきた。由余が類《たぐい》まれなる賢者であることを知った穆公は、なんとかして自分の臣下にしたいと思った。するとある者がこう献策《けんさく》した。

「戎王は僻地《へきち》にいて、まだ中国の音楽を聞いたことがありません。ためしに女楽［女性からなる歌舞団］を贈って、戎王の心を乱すのがよいでしょう。また戎王に請《こ》い、由余をこの地に留《とど》めて帰さず、時期を失わせれば、戎王は怪《あや》しんで由余を疑うでしょう。君臣のあいだに隙《すき》ができれば、また方法があると存じます。戎王が女楽を好むなら、きっと政治を疎《おろそ》かにするはずです」

そこで戎王に女楽を演奏する者十六人を送ったところ、戎王はいたく喜び、政治を疎かにするようになった。しばらくして、穆公は由余に帰国を許したが、帰国した由余は思わぬなりゆきに戸惑いを禁じえなかった。しばしば戎王を諫《いさ》めたが、まったく聞き入れてもらえない。戎王は由余を疎《うと》ましく思うようになった。その頃あいを見計らって、穆公が人をやって、由余を秦にくれるよう求めたところ、戎王は快く承諾《しょうだく》した。かくして由余は戎を去って秦に下り、重臣の列に加わることとなったのである。

三十六年目、穆公は孟明視《もうめいし》らに命じて、晋《しん》へ侵攻させた。孟明視らは黄河《こうが》を渡ると、船をすべて焼き払って覚悟《かくご》のほどを示し、大いに晋軍を破った。王官《おうかん》と鄗《こう》の地を占領したところ、晋軍はそれぞれ城にたてこもり、出てこようとしなかった。そこで穆公は茅津《ぼうしん》から黄河を渡り、殽《こう》の険で戦死者の屍《しかばね》を埋め、土を盛って標識とし、喪《も》を発して三日間、哭礼《こくれい》［大泣きして死者をいたむこと］をおこなった。同時に、二度と同じ過ちを犯さないと、全軍の前で誓った。

三十七年目、秦は由余の策を用いて戎王を打ち破り、十二の国を併合した。領土を拡大すること千里に及び、秦は西戎《せいじゅう》の覇者《はしゃ》となった。周《しゅう》の天子は使者を遣《つか》わし、穆公に慶賀の意をあらわし、記念として金の太鼓を贈った。

三十九年目、穆公が没し、殉死《じゅんし》する者が百七十七人にも及んだ。

Ⅳ　楚の荘王
――周をおびやかした覇者

三年間も鳴かず飛ばず

楚《そ》の君は帝顓頊《せんぎょく》の末裔《まつえい》である。顓頊の子が称《しょう》で、称の子は巻章《かんしょう》。巻章の子の重黎《ちょうれい》は帝嚳《こく》の下で火の管理をつとめ、その功績により祝融《しゅくゆう》という称号を授けられた。重黎のあとは弟の呉回《ごかい》が継ぎ、呉回から数えて十代目の子孫である熊繹《ゆうえき》が蛮族《ばんぞく》の地域に子爵《ししゃく》として領地を与えられた。熊繹から数えて十七代目の熊通《ゆうづう》のとき、王の称号を名乗った。これが楚の武王《ぶ》である。

それから代を重ねて、二十二代目の荘王《そう》はかなり変わった人物だった。荘王は即位してから三年のあいだ、ただ一つの命令を出したきりで、昼も夜も楽しみにふけっていた。唯一の命令とは、「あえて諫《いさ》めようとする者は死刑にする。決して容赦《ようしゃ》はしない」というものであった。

それでも、あえて王に意見しようという者がいた。伍挙《ごきょ》という賢臣である。伍挙はひとつ謎かけをしましょうともちかけ、「小山の上に鳥がいて、三年たっても飛ばず、鳴きもしませんでした。これはどういう鳥でしょう」と言った。荘王は答えて言った。

「その鳥は飛びあがれば天にもとどく。ひとたび鳴けば人を驚かす。伍挙、下がっておれ。わしにはそちの言いたいことはわかっておるぞ」

それから数カ月たったが、王の放蕩《ほうとう》はますます激しくなった。そこで大夫《たいふ》の蘇《そ》従《じゅう》が諫めるために参内《さんだい》した。荘王は、「おまえはわしが出した命令を聞いてはおらぬのか」と言ったが、蘇従はまったく恐れるふうもなく、「わたしの肉体を失いましょうとも、君の御心が明らかになりますれば、本望《ほんもう》にございます」と答えた。

荘王はこれを機会に放蕩をやめ、国政に専念するようになった。この三年のあいだ、好き勝手にやっていた臣下数百人を処刑し、気を抜かなかった家臣数百人を昇進させ、伍挙と蘇従に国政を分担させるなどして、楚の国の人びとを大いに喜ばせた。

周の鼎は軽いか重いか

八年目、楚《そ》の軍は戎《じゅう》族を破った勢いに乗って洛水《らくすい》の川辺に達し、周《しゅう》の都の郊外において兵士を並べ、武力を誇示した。周の定《てい》王は王孫満《おうそんまん》を遣《つか》わして、荘王を慰労《いろう》させた。このとき荘王は周の宝器である鼎《かなえ》［三本足の大きな釜］の大きさと重さについて尋ねた。王孫満は答えて言った。

「重要なのは保持する人の徳にあります。鼎にあるのではありません」

しかし、荘王はそんな答えでは満足しない。

「鼎のことで、わしを阻《はば》もうとするな。楚の国の折れた戟《ほこ》を集めただけでも、九つの鼎をつくるのには十分だぞ」

これに対し、王孫満は九つの鼎の由来から歴代王朝変遷《へんせん》の歴史を述べ、最後にこう付け加えた。

「周の徳は衰《おとろ》えたとはいえ、天命はまだ変わっておりません。今はまだ鼎が軽いか重いかと、お尋ねになるべきときではございません」

これを聞いて、荘王はようやく引き下がり、兵をまとめて国へ帰った。

十三年目、荘王は舒《じょ》を滅ぼした。

　十六年目、荘王は陳《ちん》に出兵し、陳の霊《れい》公を殺害した夏徴舒《かちょうじょ》を討伐して、陳の旧領を楚の県とした。群臣が祝いを述べるなか、ただ申叔時《しんしゅくじ》という者だけがそれをしなかった。荘王が理由を尋ねたところ、申叔時は答えた。

「世間には『牛を引いて人の田を横切ったら、田の主に牛を取られてしまう』という諺《ことわざ》があります。人の田を横切ったのは悪いことにちがいありませんが、その牛を取り上げるのは、それ以上にひどいことではありませんか。このほど王には陳国に乱れがあったからこそ諸侯の先に立って征伐なさいましたが、大義によっての征伐でありましたのに、それを貪《むさぼ》って属県にするとは、なんということをなさるのです。これではどうして天下に号令ができましょう」

　これを聞いて、荘王は領地を返還し、陳の国を再興させた。

　十七年目、荘王は鄭《てい》の都を攻めて、三カ月の包囲ののち、鄭の襄《じょう》

楚の荘王の像（湖北省武漢市）

公と和睦を結んだ。
二十三年目、荘王は没して、子の審《しん》が後を継いだ。これが共王《きょう》である。

故事成語11▼鳴かず飛ばず

楚《そ》の荘《そう》王の故事に由来。本来の意味は、将来大いに活躍しようとして、じっと機会が訪れるのを待っているさま。そこから転じて、長い間パッとしない様子を意味するようになった。

故事成語12▼鼎《かなえ》の軽重《けいちょう》を問う

これも楚《そ》の荘《そう》王に由来する。そもそもの出典は『春秋左氏伝《しゅんじゅうさしでん》』。権威ある人の能力・力量を疑い、その地位から落とそうとすることを言う。

V　呉越の抗争

――夫差は薪の上で寝、勾践は胆を嘗める

焼き魚の腹にひそませた短刀

呉《ご》の君主は周《しゅう》の古公亶父《ここうたんぽ》の子の太伯《たいはく》と仲雍《ちゅうよう》（虞仲《ぐちゅう》）を祖とする。二人は弟に後を継がせるために国を離れ、荊蛮《けいばん》の地に落ち延びた。

太伯から数えて二十代目の君主を諸樊《しょはん》という。諸樊が没すると、次弟の余祭《よさい》が後を継ぎ、余祭が没すると三弟の余昧《よまい》が後を継いだ。余昧が亡くなるとき、彼は末弟の季札《きさつ》に後を継がせるよう遺言していたが、季札が辞退したことから、余昧の子の僚《りょう》が擁立《ようりつ》された。だが、公子のなかで、この結果に不満を抱く者がいた。諸樊の子の光《こう》がそれである。光は順番からいって、自分こそが位につくべきだと考えていた。ゆえに光はひそかに人材を集め、機会を待つことにした。

僚の九年目、呉と楚《そ》の国境で紛争がもちあがった。このとき楚からの亡命者である伍子胥《ごししょ》が、光に兵を与えて楚を攻撃させるべきだと説いた。これに対し光は、

「あの男は父と兄を楚王に殺されました。出兵をすすめるのは、自分が仇討《あだう》ちをしたいがためにほかなりません。いま楚に出兵しても、撃破できるとはかぎりません」と言って反対し、結局、光の主張が受けいれられた。

このとき伍子胥は悟った。光は国内に野心がある。王を殺して自分が取って代わるつもりなのだ。ならば国外の事を説くべき時期ではない。そう考えた伍子胥は、光には専諸《せんしょ》という男を推薦《すいせん》して、自分は畑を耕しながら時期を待つことにした。

九年後の冬、楚の平王《へい》が没した。あくる年、僚は楚の喪《も》につけいるべく、弟の蓋余《がいよ》と燭庸《しょくよう》に兵を与え、楚の二つの町を包囲させた。同時に、季札を晋《しん》へ派遣して、諸侯の動きを探らせた。

楚は喪中だからといって油断しておらず、呉軍の背後を絶ち切り、帰還できないようにした。このとき光は専諸に言った。

「今この時を逃《のが》してならぬ。わしこそまことの王の世嗣《よつ》ぎ、即位して当然なのだ。季子《きし》（季札）が帰国しても、わしを廃位《はいい》はすまい」

専諸も答えて言った。

「王の僚は殺してしかるべきです。その母は年老い、子は幼く、二人の公子は楚の領内で動きがとれなくなっています。このありさまでは、事はなったも同然です」

光は額を地につけ、おじぎをして、「そなただけが頼りだ。あとのことはまかせてもらいたい」と言った。

僚の十二年目の四月丙子《へいし》の日、光は武装した兵を地下室に隠し、酒宴の用意をして、僚を屋敷に招待した。僚は暗殺を恐れて、宮殿から光の屋敷に至る沿道にずらりと兵を並べたうえ、光の屋敷の門から階段、戸から座席まで、すべて自分が信頼を寄せる者でかためさせた。

宴会もたけなわになったとき、光は足が痛むからと嘘をついて、席を離れた。入れ替わりに専諸が焼き魚を献上するため宴席に入り、僚の真ん前に進んだ。実はその魚の腹の中に短刀が隠されていた。専諸は魚をさいて短刀を手にするや、間髪をいれずそれで僚を刺殺した。宴席はたちまち大混乱に陥り、専諸は僚の側近たちによって殺害された。そこへ今度は地下室に隠れていた兵たちが押しかけ、僚の側近たちを皆殺しにした。

かくして光はみずから王位についた。これが闔廬《こうりょ》である。闔廬は専諸の子を取り立て、上卿《じょうけい》に封じた。

闔廬、孫武に軍事を託す

まもなく、季札《きさつ》が帰国した。

「先祖の祭祀《さいし》を絶やさず、人民がその主君を廃《はい》せず、社稷《しゃしょく》の存立が守られているなら、その人がわたしの主君だ。わたしは生者に仕えて、わが天命が終わるのを待とう」

季札はそう言って、現状を追認する姿勢を明らかにした。

一方、蓋余《がいよ》と燭庸《しょくよう》は楚《そ》に投降して、舒《じょ》の町に封じられた。

さて、いざ国政をみる段になって、闔廬《こうりょ》は外交では伍子胥《ごししょ》を、内政では同じく楚からの亡命者である伯嚭《はくひ》を、軍事では孫武《そんぶ》を頼りとした。孫武について少し説明をしておこう。

孫武は斉《せい》の出身である。兵法にすぐれているとの評判を聞きつけ、闔廬は自分のもとに招いた。そして、「おぬしの著書十三篇をわたしは残らず読んだ。試しに、兵士の訓練のやりかたを見せてはくれまいか」と尋ねたところ、孫武は快諾した。「女どもで試みることができようか」という問いにも、孫武は快諾した。

そこで特別の許可を得て、宮中の庭を借り、後宮の美女を使って訓練をおこなうことになった。その数は百八十人。孫武は隊を二つに分け、王が特別寵愛《ちょうあい》している女性をそれぞれの隊長とし、女たちに戟《ほこ》を持たせた。

孫武は、自分がこう号令したらこうこうせよと細かく説明したのち、斧やまさかりなどの刑具をその場に並べ、軍律を五度繰り返し伝えた。

そのうえで、いよいよ太鼓を鳴らして訓練をはじめたところ、女たちは笑いながら、だらだらと動くばかりだった。これを見て孫武は言った。

「取り決めが明白を欠き、軍律が説明不十分であったとすれば、大将たるわたしの罪である」

そこで改めて、軍律を五度繰り返し伝えた。

こうして訓練を再開したところ、女たちはやはり笑いながらだらけていた。ここに及び、孫武は、「取り決めが明白を欠き、軍律が説明不十分であったとすれば、大将たるわたしの罪である。

孫子故里に立つ孫武像
（山東省恵民県）

しかし、もはや明白になっているのに、法に従わないのは、役目の者の罪である」と言って、二人の隊長の首を打たせようとした。

台上から眺めていた闔廬は驚き慌てた。すぐさま使いの者をやって、「将軍の兵を用いる腕前はとくとわかった。わしはその二人がいないと、食事もうまいとは思えぬのじゃ。どうあっても殺すのだけはやめてくれ」と伝えさせたが、孫武は、「『将たる者、軍にあれば、君命を受けざるところあり』と申します」と言って、刑《けい》吏《り》を促して二人の首を落とさせた。

そのうえで、次の位の者を隊長にして訓練を再開させたところ、女たちは太鼓の音に合わせてきびきびと動き、私語を発する者もいなかった。それを見て孫武は使いをやって「兵士はすっかり訓練が整いました。王様のご命令一つで、水の中でも火の中へでも飛びこむでしょう」と報告した。

これに対し闔廬は、「いや、将軍、宿へ下がってご休息願おう。わしはこれ以上見物したいと思わぬ」と返答した。

闔廬はこの場では精神的に大きな打撃を受けたけれども、彼は孫武を怨《うら》むことなく、結局、孫武に軍事を託《たく》した。その才能を認め、愛したがためである。

「勾践が汝の父を殺したことを忘れるな」

闔廬《こうりょ》が即位して三年目、闔廬は伍子胥《ごししょ》や伯嚭《はくひ》とともに兵を率いて舒《じょ》の町を陥落《かんらく》させ、蓋余《がいよ》と燭庸《しょくよう》を殺害した。勢いをかって楚の都の郢《えい》まで侵攻したく思ったが、孫武《そんぶ》から、「わが人民は疲れております。まだ時期ではありません。お待ちください」と言われ、思いとどまった。

九年目、闔廬は伍子胥と孫武に向かって言った。今ならばどうであるかと。すると二人が、「楚の将軍の子常《しじょう》は貪欲《どんよく》な性格で、唐《とう》と蔡《さい》の両国から怨《うら》みをかっております。楚を大々的に討伐したいのなら、なんとしても唐と蔡を味方につけねばなりません」と言うので、闔廬は全軍を動員して、唐と蔡の軍とともに楚に進撃した。漢水《かんすい》の戦いを皮切りに、呉軍は六度の戦いにすべて勝利した。敗れた楚の昭王《しょうおう》は郢《えい》を捨て、随《ずい》へ逃《のが》れた。入れ替わりに呉軍が郢に入城した。伍子胥と伯嚭は先代の平王《へいおう》の墓を暴き、その遺体を鞭打《むちう》つなどさんざん凌辱《りょうじょく》をくわえ、父の仇《かたき》に報いた。

翌年、越《えつ》が呉本国に攻撃をしかけてきた。秦《しん》も楚救援の軍を派遣した。このため闔廬は兵をまとめて本国に戻った。

十九年目、呉の軍は越王允常《いんじょう》の死に乗じて越に侵攻し、檇李《すいり》の地で越軍と対峙《たいじ》した。越の新たな王、勾践《こうせん》は兵士を何列にも並ばせて呉軍の陣に近づき、奇妙な行動をとらせた。掛け声に応じて、列ごとに、自分で自分の首をはねさせたのである。これが三度もつづいた。四列目もまた同じくことをするのかと思いきや、彼らは掛け声がかかると同時に、どっと呉軍に襲いかかってきた。油断していた呉軍は大敗を喫《きっ》し、七里も退却することを余儀なくされた。闔廬も矢傷を負った。闔廬の傷は思いのほか深かった。闔廬は今わの際《きわ》に、子の夫差《ふさ》を位につかせるとともに、「勾践が汝の父を殺したことを忘れるな」と言い残した。

故事成語13▼屍《しかばね》に鞭打《むちう》つ

伍子胥《ごししょ》は楚《そ》の都を占領したとき、平《へい》王の墓を暴いて屍《しかばね》を引きずり出し、鞭打《むちう》って父と兄の復讐《ふくしゅう》をした。この故事から、死んだ人の悪口を言うこと、残酷なことをすることを、「屍に鞭打つ」というようになった。

会稽の恥

　即位以来、呉《ご》王の夫差《ふさ》は軍備の強化に力をいれた。それを知った越《えつ》王の勾践《こうせん》は呉《ご》軍がしかけてくるよりさきに、こちらから攻撃をしかけようと考えた。すると、重臣の范蠡《はんれい》が諫《いさ》めて言った。

「それはいけません。『兵とは不吉な道具なり。争うのは事の末である』と申します。徳に逆らうもくろみをし、不吉な道具を用いることを好み、最後の手段をいきなりやってしまう。そのようなことは、天帝の禁じるところでして、おこなう者の利益にはなりません」

　しかし、勾践は、「わしの心はとうに決まっておる」と言って、強引に兵をすすめ、そのあげく大敗を喫《きっ》した。勾践は残った五千の兵を率いて会稽山《かいけいざん》にこもった。呉王夫差は追撃して山を包囲した。

　勾践は范蠡に素直に謝って言った。

「おぬしの諫めを聞かなかったばかりに、このような目に陥《おちい》った。どうすればよかろうか」

　すると范蠡は一つの策を授けた。

「呉王に対しへりくだった言葉を使い、莫大《ばくだい》な贈り物を捧げることです」

　そこで勾践は陪臣《ばいしん》の文種《ぶんしょう》を使者として呉の本陣に送った。

夫差の前に行くと、文種はひざまずき、頭を地につけながら言った。

「勾践は下僕《げぼく》となり、妻は婢女《はしため》ともなってお仕えしたいと申しております」

夫差は和睦に同意しようとしたが、このとき伍子胥《ごししょ》が口をはさんだ。

「越は天が賜《たまわ》ったものでございます。和睦を結んではなりません」

かくして交渉は不調に終わった。文種から報告を聞いた勾践は、全軍討死の覚悟で最後の決戦をすると息巻いたが、范蠡がそれをなだめて、新たな策を提示した。

「宰相《さいしょう》の伯嚭《はくひ》は貪欲《どんよく》な男ですから、賄賂《わいろ》を贈れば味方につけることができます。わたしがこっそり行って、話をつけてきましょう」

かくして范蠡が工作をしたうえで、改めて文種が派遣された。文種は夫差に言った。

「大王様にはなにとぞ勾践の罪をお赦《ゆる》しになって、彼の宝器をすべて納められますよう願いたてまつります。もし不幸にしてお赦しがありませんときは、勾践は妻子を殺し、宝器もすべて焼いて、決死の戦いに出る覚悟をしております。大王様の側にもそれ相応の損害がでることでございましょう」

これに伯嚭の口添えもあったので、夫差の心は大きく揺らいだ。伍子胥が、「越の王はどんな辛苦にも耐えられる男です。今のうちに滅ぼさなかったら、きっと後悔なさいます」と言って諫めたが、夫差は聞き入れず、和睦を受け入れることを決めた。

座右に胆を置いて嘗める

かくして勾践《こうせん》は生きて越《えつ》に帰ることができた。これより勾践は人が変わったようになった。常に座右に胆《きも》を置き、寝起きのたびにそれを見つめ、食事のときはそれを嘗《な》めて、「おまえは会稽《かいけい》の恥を忘れたか」と自問した。また、みずから農作業にいそしみ、夫人には機織りをさせ、食事も衣服も簡素にした。人との交わりにも神経を配るようになり、賢人にはへりくだり、内外の賓客《ひんきやく》を手厚くもてなし、貧民の救済にも力をいれ、死者があれば弔問を欠かさず、病人がいれば見舞いをするなど、すべての人民と労苦をともにした。

それから七年もすると、呉の国力が大いに回復したので、勾践はすぐにも呉に戦いをしかけようと思ったが、それに対し大夫《たいふ》の逢同《ほうどう》が諫《いさ》めて言った。

「お国が滅亡の淵《ふち》に立たされたのは、ついこのあいだのことでした。いまや繁栄を取り戻したものの、もしここで軍備を整えれば、呉から不安視されるはず。そうなれば、きっと災いがわれわれにふりかかりましょう。そもそも、鷙鳥《しちょう》が獲物を捕るときは、必ず姿を隠して、目につかぬようにするものです。いま呉は斉《せい》や晋《しん》と戦いをはじめ、楚《そ》・越《えつ》とは深い怨《うら》みのある仲です。その名は天下に鳴り響いておりますが、自己を過信して慢心《まんしん》しているにちがいありません。わが越のために考えますに、斉と結び楚に親しみ、晋にもよしみを通じておくべきです。呉は大きな野心がありますゆえ、軽率な戦いをしかけるに決まっております。われわれは呉の力が衰えたときに攻撃をくわえれば、勝利を得ることは疑いありません」

勾践は逢同の意見に同意した。

それから二年たって、夫差《ふさ》は斉への侵攻を考えた。伍子胥《ごししよ》が、「呉にとって越は腹の内の病であり、斉は皮膚《ひふ》病のごときものであります」と言って、先に越に対処するよう進言したが、夫差は聞き入れず、斉へ軍をすすめ、勝利を得た。

この情勢をみて、文種《ぶんしょう》が勾践に進言した。

「呉王はだいぶ慢心しておるようでございます。ひとつ試しに食糧《しょくりょう》を借りたいと申して、どうでるか見てみましょう」

越が食糧の貸与を申し出ると、伍子胥《ごししよ》が反対したにもかかわらず、夫差は貸し与えることを決めた。このとき伍子胥は、「王様は諫言《かんげん》を聞かれない。三年後には、呉の都は廃墟《はいきょ》になっているであろう」と予言した。

回 呉越の戦い

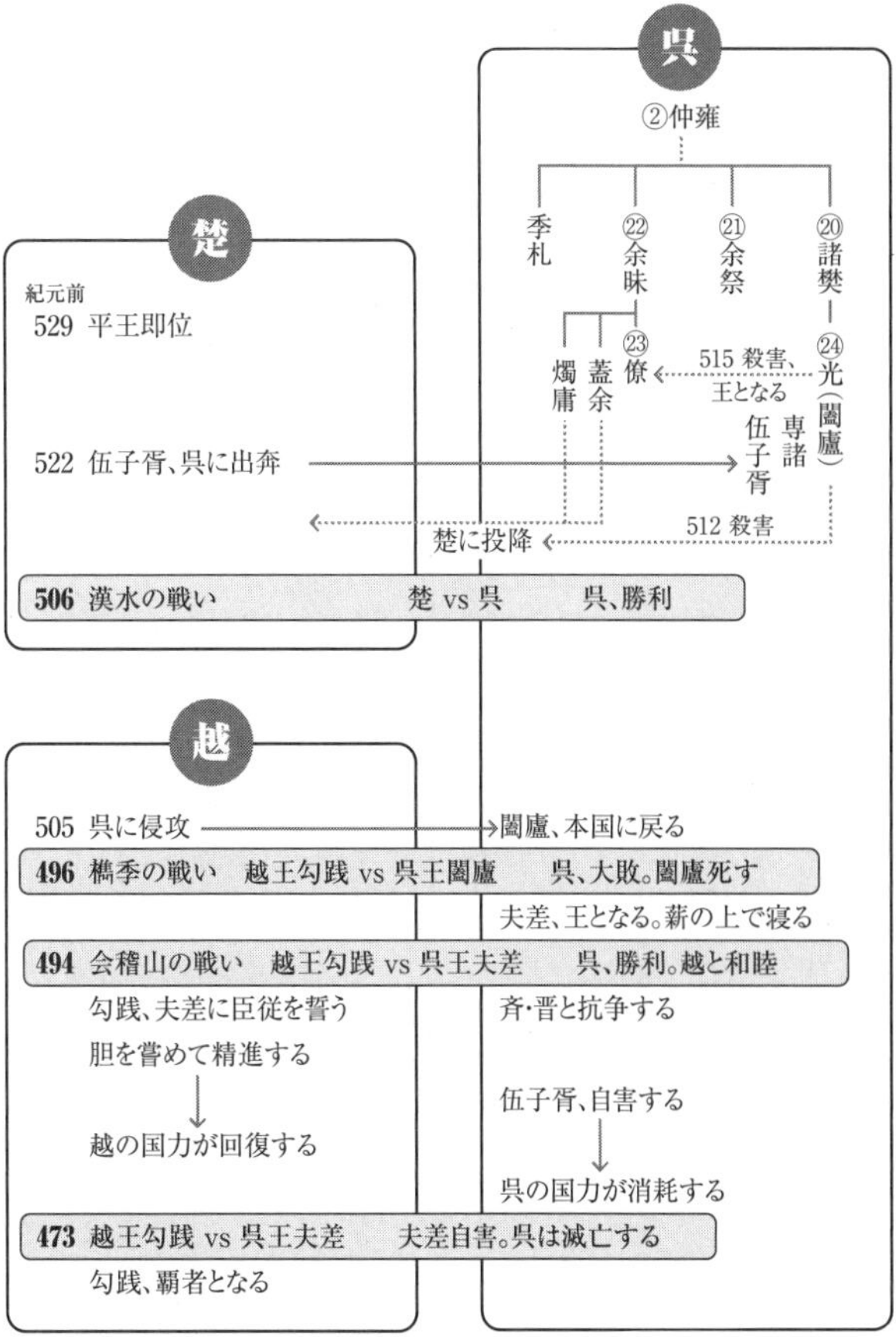
呉
②仲雍
季札
㉒余昧
㉑余祭
⑳諸樊
㉓僚
燭庸
蓋余
515 殺害、王となる
㉔光（闔廬）
専諸
伍子胥
512 殺害
楚に投降
楚
紀元前
529 平王即位
522 伍子胥、呉に出奔
506 漢水の戦い　楚 vs 呉　呉、勝利
越
505 呉に侵攻
闔廬、本国に戻る
496 檇李の戦い　越王勾践 vs 呉王闔廬　呉、大敗。闔廬死す
夫差、王となる。薪の上で寝る
494 会稽山の戦い　越王勾践 vs 呉王夫差　呉、勝利。越と和睦
勾践、夫差に臣従を誓う
胆を嘗めて精進する
越の国力が回復する
斉・晋と抗争する
伍子胥、自害する
呉の国力が消耗する
473 越王勾践 vs 呉王夫差　夫差自害。呉は滅亡する
勾践、覇者となる

宰相《さいしょう》の伯嚭《はくひ》はかねて伍子胥をライバル視していた。ゆえに伍子胥の言葉を耳にすると、わが意を得たりとばかりに、夫差に伍子胥のことを讒言《ざんげん》した。夫差は伯嚭の言うことを最初のうちは聞き流していたが、伍子胥が使者として斉へ出向いたおり、息子を斉の大夫に預けたと知るや、ついに猜疑心《さいぎしん》に火がついた。やがて夫差は使いをやって、伍子胥に剣を送った。それで自害せよという意味である。

伍子胥は天を仰いで溜め息をつき、無念の言葉を口にしたのち、「わしの墓には必ず梓《あずさ》を植えよ。木が大きくなったら、呉王の棺桶《かんおけ》の建材にできるだろうから。それからわしの目玉をえぐりだして、都の東門の上にかけよ。越の軍勢がやってきて、呉を滅ぼすのを眺めてやる」と家臣に言いつけ、みずから首をはねて死んだ。

故事成語14 ▼ひそみに倣《なら》う

善《よ》し悪《あ》しを考えずに、人の真似をすることのたとえ。出典は『荘子《そうし》』。越《えつ》の范蠡《はんれい》は呉《ご》王夫差《ふさ》を腑抜《ふぬ》けにするため、たくさんの美女を送り込んだ。そのなかでもっとも効果をあげたのが西施《せいし》だった。西施は胸の痛む持病を抱えており、苦痛に耐えかねて眉《まゆ》をひそめることがよくあった。その様子が美しさをいっそう引き立てた。隣に住む醜《しこ》女《め》がまねをして眉をひそめたところ、ものすごい形相になり、見た人はみな震えあがった。この故事から、「ひそみに倣《なら》う」という語が生まれた。

勾践、二十二年後の勝利

伍子胥《ごししょ》に死を命じてから、夫差《ふさ》は斉《せい》の討伐に本腰をいれた。三年後、勾践《こうせん》は范蠡《はんれい》に、「そろそろ呉《ご》を攻めるによいころになったか」と尋ねたが、范蠡は、「まだそのときではありません」と答えた。

勾践が閲兵をおこなった越王台
（浙江省紹興市）

あくる年、夫差は北方へ軍をすすめ、黄池《こうち》の地で諸侯との会合を開いた。呉の国の精鋭はあらかたこれに従い、国内に残されたのは老人と子供ばかりだった。勾践は改めて范蠡に尋ねた。すると范蠡は、「よろしいでしょう」と答えた。

かくして越《えつ》は大軍を発して呉へ

侵攻し、留守を預かる太子の友《ゆう》を捕らえて殺した。

夫差はそのことが諸侯の耳に入るのを防ぎ、彼らと盟約を結んだうえで軍を返した。しかし、斉や晋《しん》との長い戦いで戦力の消耗が激しかったことから、早期の和睦を望んだ。越のほうでも、いまだ呉を滅ぼすには力不足と感じていたので、和睦に応じた。

それから四年後、越はふたたび呉へ侵攻した。越の軍が呉の都を包囲すること三年、呉軍は敗れ、夫差は逃《のが》れて姑蘇《こそ》の山にたてこもった。越軍がこれを包囲する。

夫差は和睦を求める使者を送った。勾践は哀れに思って心動かされたが、そこで范蠡が反対の意をあらわにした。

「会稽《かいけい》のときは、天が越を呉に賜《たまわ》ったものを、呉が受け取らなかったのです。このたびは天が呉を越に賜りました。越が天に逆らってよいものでしょうか。今日まで刻苦精励《こっくせいれい》されてきたのは、呉を討つためではなかったのですか。二十二年間も思いつづけてきた謀《はかりごと》を、ただ一日でお捨てになってよいものでありましょうか」

これに対し勾践は言った。

「おぬしの意見に従いたく思うが、この使者にはそうは言えない」

すると范蠡は太鼓を打たせ、兵に攻撃を命じるとともに、呉の使者に言った。

「王は国政をすべてそれがしに委任しておられる。使者よ、退け。さもなくば、刑罰を加えるぞ」

　呉の使者は涙にくれつつ、去っていった。勾践は哀れに思って、ひそかに使いの者を夫差のもとに送って、「そこもとを甬東《ようとう》の地の領主にして、百戸の知行を与えよう」と伝えさせた。しかし、夫差は、「わたくしは年老いました。とても大王にお仕えすることはできません。伍子胥の言葉を取り上げずに、こんな羽目に陥《おちい》ったのが残念でなりません」と言い残すや、剣でみずから首をはねた。このとき、「伍子胥にあわせる顔がない」として、顔に巾をかぶせるよう言い残した。

　かくして呉は滅んだ。その全土の平定を終えると、勾践は伯嚭《はくひ》を、主君の夫差に対して不忠であったという理由で死刑に処した。

　それから勾践は兵を率いて北へ向かい、斉や晋などの諸侯と徐州《じょしゅう》において会し、周《しゅう》に貢物《みつぎもの》を差し出した。周の元《げん》王は使いをやって、祖先の祀《まつ》り用の肉を賜ったうえ、勾践に伯爵《はくしゃく》の称号を授けた。

　それから勾践は南へ帰ったが、淮水《わいすい》沿岸の地域は楚《そ》に与え、呉が宋《そう》から奪った土地は宋へ返してやり、泗水《しすい》の東、百里四方の土地を魯《ろ》に与えた。ときに越の軍は長江《ちょうこう》と淮水の東を自由に往来することができた。すべての諸侯が勾践に祝辞を送り、彼を覇王《はおう》と呼んだ。
その後、范蠡は越を立ち退き、斉の国から文種《ぶんしょう》へ書簡を送った。書簡には、「『飛鳥尽きて、良弓蔵われ、狡兎《こうと》死して、走狗《そうく》烹《に》らる』という言葉がある。越王は苦難をともにすることはできても、安楽をともにすることはできない。そういう人である。早々に立ち退かれることをお勧めする」とあった。これを読んだ文種は、以来病気と称して朝廷に出なくなった。すると文種は謀反を企てていると讒言《ざんげん》する者があり、勾践からひとふりの剣と伝言が送られてきた。伝言には、「おぬしは予に呉を討伐するには七つのやりかたがあると教えてくれたな。予はそのうち三つを用いて呉を破ることができた。おぬしはまだ四つのやりかたを残しておる。地下の先王のもとへ行って、それを試してみるがよい」とあった。文種は范蠡の助言に従わなかったのを悔やみつつ、その剣で自害した。

故事成語15▼**呉越同舟《ごえつどうしゅう》**
仲の悪い者が手を組むこと、いっしょに行動すること。そもそもの出典は『孫《そん》子《し》』。呉《ご》と越《えつ》の長年の抗争を念頭に置いた言葉。

故事成語16▼**狡兎《こうと》死して、走狗《そうく》烹《に》らる**

どんなに役に立った者でも、用済みになれば始末されるというたとえ。越《えつ》の王、勾《こう》践《せん》の重臣であった范蠡《はんれい》の言葉で、同時代の諺《ことわざ》と思われる。「狡兎《こうと》」とは本来、頭の良い兎、「走狗《そうく》」は猟犬、「烹《に》らる」は煮て料理されるの意。

故事成語17▼臥薪嘗胆《がしんしょうたん》

夫差《ふさ》は父の最期を忘れず、毎夜、薪の上に臥してわが身を苦しめ、復讐心をかきたてた。一方の勾践《こうせん》は座右に胆を置いて嘗《な》め、おのれを奮い立たせた。この二つの故事を合わせて、目的を成し遂げるためなら、いかなる苦労にも耐えるというたとえに「臥薪嘗胆」の話が用いられることになった。「臥薪」の部分は『十八史略《じゅうはっしりゃく》』による。

VI 魯と孔子――君主は君主として、臣下は臣下として

よい政治とは政府の費用を節約すること

魯《ろ》の君主は周《しゅう》公旦《たん》の子、伯禽《はくきん》を祖とする。二十二代目の襄《じょう》公の時代ともなると、公の権力は衰え、実権は季孫《きそん》氏、叔孫《しゅくそん》氏、孟孫《もうそん》氏の三桓《さんかん》［魯の15代君主、桓公の血を引く3つの一族］に握られていた。孔子《こうし》が生まれたのは襄公の二十二年だった。

孔子が十七歳のとき、魯の大夫《たいふ》の孟釐子《もうきし》が重病で死のうとする間際に、後継ぎとなる孟懿子《もういし》に訓戒《くんかい》して言った。

「孔子は若いが礼法を好み、これぞ大徳をなす人であろうと思う。わしが世を去ったのち、おまえは必ず彼を師匠とせよ」

孟懿子はこの遺言に従い、南宮敬叔《なんきゆうけいしゆく》といっしょに孔子に弟子入りして、礼法を学ぶようになった。

孔子は貧乏で、倉の番人をつとめたこともあるが、つとめぶりはいたって真面目

で、穀物の軽量を公平におこなった。また牧場の番人をつとめたこともあるが、そのとき家畜はよく繁殖《はんしょく》した。孔子は長身であったことから、人から驚きをもって長人と呼ばれることもあった。

南宮敬叔が魯の君主に会って、「孔子に従って周の都に行かせていただきたい」と申し出たことがある。許可が出て、車一両《りょう》、馬二頭、下僕《げぼく》一人を与えられた。周の都へ行ったのは、礼について疑問を問うためだった。そこで彼らは老子《ろうし》に面会した。別れるとき、老子は含蓄《がんちく》のある言葉を贈ってくれた。

孔子が魯へ帰ってくると、入門する弟子がしだいに多くなった。

魯の昭《しょう》公の二十年、孔子は使者として斉《せい》の国を訪れ、斉の景《けい》公からいたく気に入られた。

それから五年後、昭公が斉へ亡命したのに従って、孔子も斉へ行った。孔子は斉の楽官と音楽について対話したが、韶《しょう》の曲の演奏を聞いて、それを学び、三カ月ものあいだ、肉の味さえ気がつかないほどに没頭した。斉の人びとはそんな孔子を見て、称賛した。

景公が政治について尋ねたとき、孔子は「君主は君主として、臣下は臣下として、父は父として、子は子としてあることです」と答えた。

別の日、景公がまたしても政治について尋ねたところ、孔子は、「よい政治とは政府の費用を節約することでございます」と答えた。景公はこの答えに満足して、領地を与えようとしたが、宰相《さいしょう》の晏嬰《あんえい》が待ったをかけた。

「そもそも儒者《じゅしゃ》というのは口がうまく、人の手本とはなりません。傲慢《ごうまん》で自分だけが正しいと思っているので、民を教えさせるのに適してはおりません。死者の服喪《ふくも》を重要視し、哭泣《こくきゅう》をつづけ、財産を使い果たしても葬礼《そうれい》［孔子の教えでは葬礼は篤ければ篤いほどよいとされた］はあつく営ませます。これは民の風俗を損なうものです。弁舌でもって諸国を歩きまわり、財物を借りたりしますので、国を治めるには不向きです。周の文《ぶん》王や周公旦のような大賢人が没せられてからは、王室もすっかり衰え、礼儀と音楽の規範も消え失せました。いまは孔子が容儀を盛んにし外見を飾っておりますが、堂への上がり下がりの作法、歩き方の礼節など、何代かかっても習い覚えられるものではなく、一生のあいだに極め尽せるものではありません。わが君、もし彼を用い、斉の国の風俗を改めようというのでしたら、その考えをお捨てください。それは民を導く術《すべ》ではありません」

これを聞いてから、景公は孔子に会っても、敬意をはらうだけで、礼節について質問することはしなくなった。

その後、孔子の暗殺未遂事件が発覚した。孔子がそれを景公に報告したところ、景公が、「わしは年老いた。もうそなたを用いることはできぬ」と言ったので、孔子は立ち去り、魯の国へ帰った。

実行をもって謝罪の意をあらわす

孔子《こうし》が四十二歳のとき、魯《ろ》の昭《しょう》公が没して、定《てい》公が位についた。ときに魯では、季孫《きそん》氏に仕える陽虎《ようこ》という者が権力を強めていた。上下の秩序がはなはだ乱れていたことから、孔子は仕官せず、隠退して詩《し》・書《しょ》・礼・楽《がく》の学問に専念した。弟子は増えるいっぽうで、わざわざ遠い国からやってくる者も少なくなかった。

定公の八年、内乱がおこり、陽虎が斉《せい》の国へ亡命した。それからまもなく、孔子は中都《ちゅうと》［魯の都市のひとつ］の宰《さい》に任じられた。一年たつと、その周囲の地区はみな中都の風俗を模範とするようになった。その功績を認められ、孔子は昇進して司空《しくう》（土木の長官）となり、さらに大司寇《だいしこう》（法務大臣）になった。

定公の十年、魯は斉の国と和睦し、夾谷《きょうこく》の地で会見がおこなわれることとなった。両公は互いに譲りあいつつ設《しつら》えられた壇をのぼって、献酬《けんしゅう》［酒のつぎ合い］の礼を終えた。そこへ斉の役人が進み出て、「四方の国々の音楽を演奏させたく存じます」と申し出た。景公《けい》が「よし」と言うと、羽毛つきの旗や矛、戟、剣などを手にした舞人たちが、太鼓の響きにともない、叫び声をあげてあらわれた。孔子は小走りに、急いで階段をのぼると、袂《たもと》をふりあげて言った。

「ご両公には友好的な会談をなさっておられるのに、夷狄《いてき》の舞楽を演奏するとは、何事でありますか。役人はやめさせるよう命令ください」

役人はやめさせようとしたが、舞人たちは言うことを聞かない。景公が心中恥ずかしくなって、手を振って合図をすると、舞人たちはようやく引き下がった。

しばらくして、斉の役人が進み出て、「宮中の楽を演奏させましょう」と申し出た。景公が「よし」と言うと、道化師や侏儒《しゆじゆ》がおどけた身振りをして出てきた。孔子は小走りに、急いで階段をのぼると、袂をふりあげて言った。

「卑《いや》しき匹夫《ひつぷ》の身をもって、殿様がたを惑わすとは、何たることですか。その罪は死刑にあたります。さよう役人に命令されますように」

景公はまたしても恥じ入り、役人に命じて、道化師や侏儒たちを処刑させた。

この一件から、景公は道義の問題ではとても魯にかなわないと痛感させられた。帰国後も心中が晴れなかったので、重臣たちに相談した。

「魯の国では、君子の道をもって主君を補佐しておる。ところが、おまえたちはどうだ。夷狄の道をわしに教え、魯の君に対して申しわけないことをした。いったいどうしたらよいだろう」

ある役人が進み出て言った。

「君子は過ちがあれば、実行をもって謝罪の意をあらわし、小人《しょうじん》は過ちを犯しても、口先だけで詫《わ》びるといいます。もしお悩みでしたら、実行をもって謝罪の意をあらわすのがよいかと存じます」

そこで景公は魯から奪った亀陰《きいん》などの土地を返還して、過失の詫びとした。

孔子の諸国遊説

定《てい》公の十四年、孔子は宰相《さいしょう》の代行に昇進した。孔子は、国政を乱していた大夫《たいふ》の少正卯《しょうせいぼう》を処刑し、人心の一新を図った。三カ月たつと、家畜を売る者は値段をごまかさず、男と女は別々の道を歩き、道端に落ちている物があってもひろう者はいなくなった。四方の国々から魯《ろ》の都にやってきた人びとは、役人に賄賂《わいろ》を贈らなくても、滞りなく用事をかたづけることができた。

その噂を聞いて、斉《せい》の宮廷では不安の声があがった。

「孔子が政治をとっているからには、魯は必ず覇者《はしゃ》になるであろう。そうなれば、隣に接しているわが国は危うい」

するとある役人が進み出て言った。

「まず試しに、孔子の政治を妨害してみてはいかがでしょう。それがうまくいかなければ、それから領地を提供しても遅くはありますまい」

そこで斉の国内から八十人の美女を選りすぐった。いずれも美しい衣裳で着飾り、舞も得意である。それに飾り立てた馬百二十頭をそえ、魯の君への贈り物とした。

果たして、定公はそれに見とれ、政務を怠《おこた》るようになった。これを見て弟子の子《し》路《ろ》が孔子に言った。

「先生、もはや去られるべきときですぞ」

孔子は、もうしばらく様子を見ようと言ったが、郊外の祭りの日に、大夫に配れるはずの祭肉の配布がなかったことから、孔子は心を決め、魯の国をあとにした。

孔子は衛《えい》、曹《そう》、宋《そう》、鄭《てい》、陳《ちん》を経て、また衛に戻った。衛の霊《れい》公には期待をしていたのだが、霊公は年老いて、政務も怠りがちとなり、孔子を登用しなかった。孔子は大きなため息をつきながら、「もしもわたしを用いてくれる人があれば、一年だ

孔子が晩年、72人の弟子たちに講義をしたとされる孔廟内の杏壇（山東省曲阜市）

けでもよい。三年もすれば、十分な成果を出せるのだが」と言って、衛を去っていった。

　孔子が陳、蔡《さい》、葉《しょう》を経て、陳と蔡のあいだにいたとき、楚《そ》の昭《しょう》王から招《しょう》聘《へい》を受けた。ところが、ここに問題が生じた。孔子が楚に用いられれば、楚はますます強大になる。そうなれば隣に接する小国は危うくなる。そう考えた陳と蔡の大夫たちが兵を出して、孔子一行を包囲したのである。

　孔子一行は飢《う》えと疲労に苛《さいな》まれた。孔子は弟子の子貢《しこう》を楚へ使いにやり、楚の昭王に軍隊を派遣してもらい、それでようやく窮地から脱することができた。

昭王は孔子に領地を与えようと考えていたが、宰相の子西《しせい》が反対して言った。

「いま孔子はいにしえの三皇五帝の政道にのっとり、周公旦《しゅうたん》の功業にあやかろうとしております。そもそも周の文王《ぶん》は豊においで、武王《ぶ》は鎬《けい》において、百里にすぎぬ土地の君でありましたが、ついには天下の王となりました。いま孔子に肥沃《ひよく》な土地を与え、弟子の賢人たちに補佐させることは、楚の国にとって決してよいことではありません」

昭王はこれを聞いて、孔子に領地を与えるのをやめにした。

昭王が没すると、孔子は楚をあとにし、衛を経て、魯に帰った。実に十四年ぶりの帰郷だった。ときの魯の君主は哀公《あい》で、権力は相変わらず三桓に握られていて、孔子に登用の誘いはなかった。孔子のほうでも、とくに仕官を求めなかった。

孔子は残りの人生を著書の執筆と弟子の育成に費やした。孔子は『詩経《しきょう》』や『書経《しょきょう》』および礼と楽《がく》の古典を教材として教えた。弟子の総数は三千人に達し、ひとりで六芸《りくげい》に通じた者だけで七十二人もいた。

孔子は古典、実践、誠実、信義の四つのことを教えの基本とした。また自身も、憶測せず、無理決めせず、固執せず、我《が》を張らずの四つのことに気をつけるようにつとめた。

魯の哀公十四年の春、大野の地で見慣れない獣が捕らえられた。孔子はそれを熟視して、「麒麟《きりん》」であると断定した。

哀公十四年四月己丑《きちゅう》の日、孔子は七十三年の生涯を閉じた。

VII 斉の田氏と晋の六卿 ――下剋上で国が衰退する

田氏の繁栄

陳《ちん》の厲《れい》公に完《かん》という子がいた。完が生まれたとき、たまたま周《しゅう》の太史《たいし》が陳の国に来ていたので、未来を占ってもらったところ、観《かん》の卦《け》が、ついで否《ひ》の卦がでた。太史は言った。

「この子は、国をもつ人となるでしょう。この陳においてではなく、他国においてです。この人自身ではなく、ご子孫においてそうなるでしょう。おそらく姜《きょう》姓の国であろうと思われます」

陳の宣《せん》公の二十一年、国で政変がおこり、完は斉《せい》へ亡命した。これより完は田《でん》氏を名乗るようになった。

田完から数えて六代目の子孫の田乞《でんきつ》は斉の景《けい》公に仕えて大夫《たいふ》となった。自分の領地では、農民から年貢をとるときは小さな枡《ます》ではかり、農民に穀物を支給するとき

韓の都城跡、鄭韓故城（河南省新鄭市）

には大きな枡ではかるなど、陰徳を広く施した。これにより民衆の心をとらえ、一族は大いに繁栄した。宰相《さいしょう》の晏嬰《あんえい》がこれを危険視し、景公に諫言《かんげん》したが、景公は聞き入れなかった。このことから、晏嬰は、「斉の国の政権は、いつか田氏のものになる」と予言した。

景公は太子に先立たれた。そこで寵《ちょう》愛《あい》していた妾の産んだ荼《と》を新たなる太子に指名した。景公が没すると、重臣の高《こう》氏と国《こく》氏は荼を位につけたが、田乞は陽《よう》生《せい》という別の公子に目をつけていた。

やがて田乞は政変をおこして、陽生を位につけた。これが悼《とう》公である。田乞は宰相となり、国政を取り仕切った。これより田乞の子孫が、代々宰相をつとめることとなった。

晋の衰退

晋《しん》の国は三十一代目の頃公《けい》のときともなると、衰退の色が歴然となった。政治の実権は知伯《ちはく》、魏《ぎ》、韓《かん》、趙《ちょう》、中行《ちゅうこう》、范《はん》の六卿《りくけい》に握られた。頃公の十二年、六卿は晋の公室の力をさらに弱めようと、法律の名を借りて頃公と仲の悪かった公子らを皆殺しにして、その領地を分けあった。

頃公の二十二年、内戦がおこり、六卿のうちの敗れた中行氏と范氏は斉《せい》へ亡命した。

残る四卿のあいだでは、知伯の力が大きく抜きんでていた。知伯はますます傲慢《ごうまん》になり、韓と魏に土地を要求した。韓康子《かんこうし》と魏桓子《ぎかんし》はそれに応じて与えた。そこで今度は趙へも要求したが、趙襄子《ちょうじょうし》は応じなかった。すると知伯は怒って、韓と魏の兵を従えて、趙に侵攻した。趙襄子は敗れて晋陽《しんよう》に逃げ込み、たてこもった。

包囲すること一年あまり、力攻めでは落とせないとわかると、知伯は汾水《ふんすい》の流れを引き込んで、水攻めをおこなった。これは効果的だった。城内のほとんどの部分が水につかり、人びとは釜をつりあげて穀物を焚《た》き、子供を取り換えてその肉を食べあうほどだった。家臣たちの心もしだいに趙襄子から離れ、彼に対する礼節も粗略になっていった。

危機感を強めた趙襄子は、宰相《さいしょう》の張孟同《ちょうもうどう》に命じて、夜陰にまぎれて城外へ行き、韓・魏と密約を交わさせた。その年の三月丙戌《へいじゅう》の日、韓康子と魏桓子は寝返り、趙襄子と内外呼応して知伯を討ち、これを滅ぼした。その領地は三氏で分けあった。

晋の烈《れつ》公の十九年、周《しゅう》の威烈《いれつ》王は趙・韓・魏に命令を下し、おのおのに諸侯の位を授けた。

故事成語18▼士は己を知る者のために死す

春秋時代の末、知伯《ちはく》の仇討《あだう》ちをしようとした刺客《しかく》、予譲《よじょう》の言葉に由来する。

故事成語19▼唇《くちびる》亡《ほろ》びて歯寒し

隣国が危うくなると、こちらの方も危険にさらされるという意味。趙《ちょう》の張孟同《ちょうもうどう》が韓康子《かんこうし》、魏桓子《ぎかんし》を説得するのに使った言葉。初出は『春秋左氏伝《しゅんじゅうさしでん》』。

『史記』Q&A【第二章】

■なぜ春秋時代というのか

春秋《しゆんじゆう》の名は、『春秋』という歴史書の名に由来する。著者は孔子《こうし》とされるが、それは後世の付会で、実際の著者は不明。戦国時代の斉《せい》で編まれたとされる。

これに解説の付けられたものを、『春秋公羊伝《くようでん》』という。「伝」とは解説の意である。戦国の諸国はそれぞれ、『春秋』および『春秋公羊伝』に対抗する独自の歴史書を編んだ。『春秋左氏伝《さしでん》』は韓《かん》、『春秋穀梁伝《こくりようでん》』は中山《ちゆうざん》で編纂されたものといわれている。

■周の東遷はなぜ実現したのか

三世紀半ば、戦国・魏《ぎ》の王墓から大量の竹簡が発見された。そのなかに、俗に『竹書紀年《ちくしょきねん》』と呼ばれている歴史書がある。始皇帝の焚書《ふんしょ》を免れ、司馬遷《しばせん》も目にしていない代物である。

これによれば、周の内乱は前七七二年、王朝を支える諸侯間の対立と異民族の侵入による混乱のなかで、幽《ゆう》王が殺されたことにはじまる。

都の鎬京では、相対立する諸侯グループの一方が携《けい》王を擁立、反対するグループを排除した。排除された諸侯らは前七七〇年、東都の洛邑《らくゆう》に平王を擁立した。かくして周は東西に分裂することになった。

北京市内の孔廟にある孔子の像

前七五九年、平王を推すグループが携王を殺したが、西周故地の混乱は収まらず、前七五四年、西方から進出してきた秦が岐山《きざん》以西を手中に収めることで、ようやく安定をみた。

以上が『竹書紀年』に描かれた周の東遷の実現である。

■覇者の役割とは

春秋《しゅんじゅう》時代、周《しゅう》王室の力は名目上のものとなり、実際に天下を取り仕切ったのは大諸侯だった。外敵の脅威に対するため、諸侯の指導者となった者は後世、「覇者《はしゃ》」と呼ばれた。「春秋五覇《しゅんじゅうごは》」という呼び方があるが、斉《せい》の桓《かん》公と晋《しん》の文《ぶん》公を除いては諸説あり、秦《しん》の穆《ぼく》公、宋《そう》の襄《じょう》公、楚《そ》の荘《そう》王、呉《ご》王の夫差《ふさ》、越《えつ》王の勾践《こうせん》などがその候補に名を連ねている。

具体的に、外敵とは何者をさしているのか。初期において、それは楚だった。楚は早くから周王室の権威を否定して、王の称号を用いていた。長江中流域に本拠地を置く楚は、中原《ちゅうげん》諸侯から見れば、全くの異文化の持ち主だった。ゆえに、楚の脅威がことさら叫ばれたのである。前六世紀になると、長江下流域から呉・越の二国が台頭し、漢字を用いて王を称した。

第三章
戦国時代

●戦国時代初期の中国

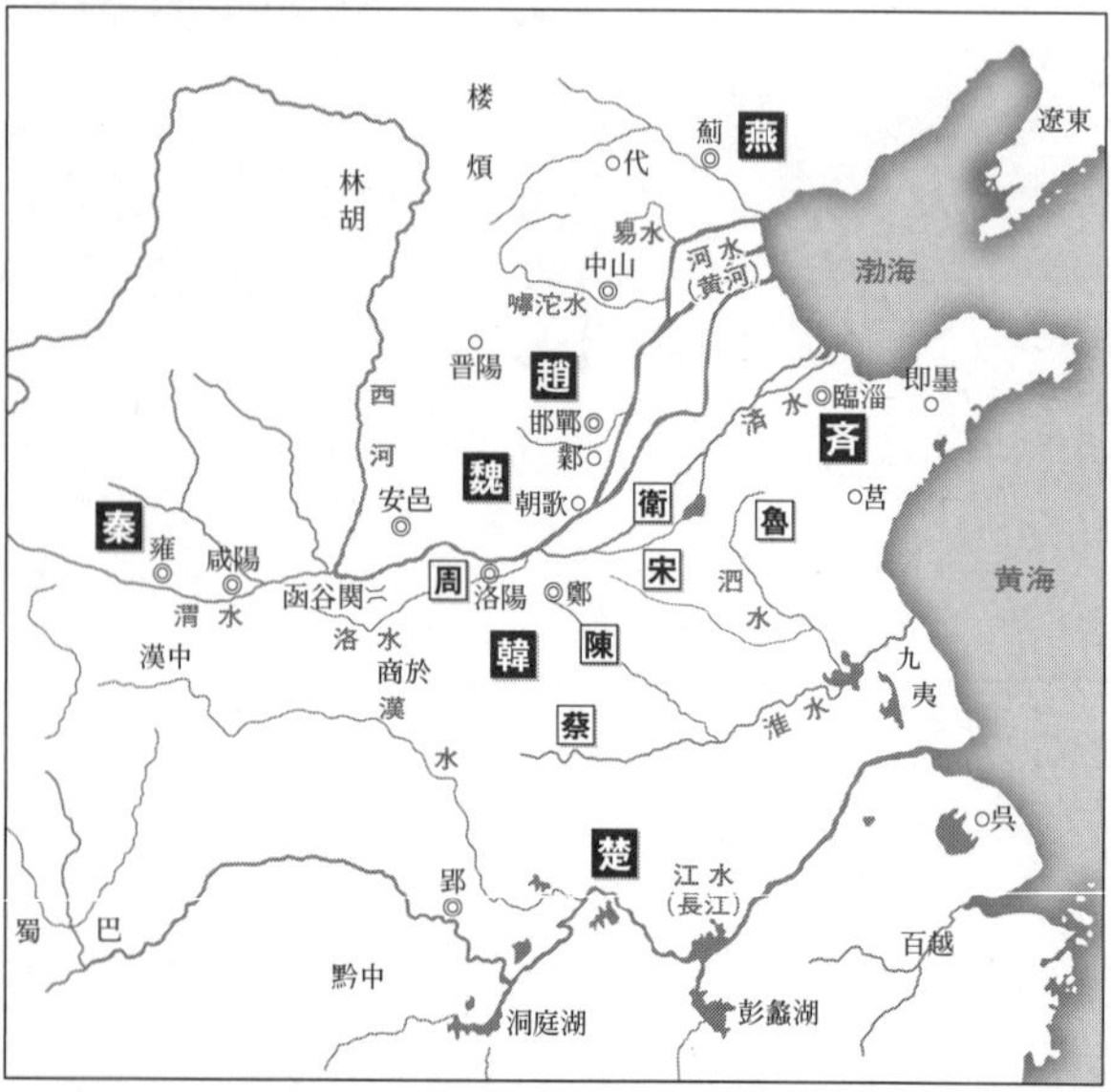

前401年に晋が韓、魏、趙に分裂し、戦国時代に突入する。
斉の宰相・孟嘗君、燕の名将・楽毅、趙の公子・平原君など、名だたる英雄が大活躍した。

I　斉の孫臏

――斉と趙を救った天才兵法家

よい評判がよい行いとは限らない

田完《でんかん》から数えて十代目の子孫を田和《でんか》という。田和は濁沢《だくたく》において魏《ぎ》の文《ぶん》公と会見し、諸侯の列にくわえられることを要求した。そこで魏の文公が周《しゅう》の天子およびほかの諸侯に使いをやってかけあったところ、周の天子がそれを認めたので、斉《せい》の康《こう》公の十九年、田和は斉公に立てられ、周の王室の儀式に連なる資格を得た。これが太《たい》公である。

太公が没すると、子の午《ご》（桓《かん》公）が斉公となり、桓公が没すると、子の因斉《いんせい》が後を継いだ。これが威《い》王である。同じ年、康公が没して、後継ぎがなかったことから、その領地はすべて田氏のものとなった。

即位当初、威王は国政を卿《けい》や大夫《たいふ》にまかせきりにしていた。そのためほかの諸侯からの侵攻は絶えず、国内の秩序も乱れがちだった。

即位から九年後、威王は即墨《そくぼく》の大夫を呼んで、つぎのように告げた。

「そちが即墨を守るようになってから、非難の声が毎日のように聞こえておった。そこでひそかに人をやって調べさせたところ、田畑は開墾されて広がり、民は豊かで、役所の事務は滞りなく、わが国の東方は、そちのおかげで安泰ということがわかった。そちはわしの側近に賄賂《わいろ》を贈らなかったのだろう。そのためよい評判を立てられなかったにちがいない」

威王はその功績に報いるため、即墨の大夫に一万戸の領地を与えた。

それから威王は阿《あ》の大夫を呼んで、つぎのように告げた。

「そちが阿の城を守るようになってから、よい評判が毎日のように聞こえておった。そこでひそかに人をやって調べさせたところ、田畑は耕されず、民は貧しく苦しんでおった。さきに趙《ちょう》が攻めてきたときも、衛《えい》が攻めてきたときも、そちは援兵を出そうともせず知らぬふうであった。そちはわしの側近に賄賂を贈り、よく言われるよう謀《はか》ったに相違あるまい」

威王は即日、阿の大夫を釜ゆでの刑に処し、彼をほめそやした側近の者たちもみな同じ刑に処した。

こうして綱紀《こうき》の粛正《しゆくせい》を図ったうえで、威王は出兵して趙と衛を攻撃し、濁沢に

わずかに残る斉の長城跡（山東省泰安市）

おいて魏の軍を破った。魏の恵《けい》王は和睦を結んで観《かん》の城を差し出し、趙は斉から奪った土地を返還した。これより諸侯には、あえて斉と戦端を開こうとする者はいなくなった。

家臣が国の宝

威《い》王の二十三年、王は趙《ちょう》の成《せい》公と平陸《へいりく》において会見した。あくる年には魏《ぎ》の恵《けい》王とともに都の郊外において巻き狩りをした。「お国にも宝物はござろうな」という恵王の問いに、威王は、「ござらぬ」と答えた。すると、恵王が重ねて問いかけた。

「わたしの国は小さいとはいえ、それでも上等の珠《たま》が十粒もある。万乗の国でありながら、何も宝がないことはないでしょう」

するると威王は答えて言った。

「わたしの国では宝というのは、そういうものとは違っております。わが家臣に檀《だん》子《し》という者がいて、これに南城の守りをさせたところ、楚《そ》の軍勢はわが国の南の国境に手出しをしなくなり、泗水《しすい》のほとりの十二の諸侯もわが国に来朝するようになりました。また、わが家臣に肦子《はんし》という者がいて、これに高唐《こうとう》の守りをさせたところ、趙の軍勢はわが国の西の国境を侵さず、黄河《こうが》での漁すらしなくなりました。また、わが下僚《かりょう》に黔夫《けんぷ》という者がいて、これに徐州《じょしゅう》の守りをさせたところ、燕《えん》の者は斉《せい》の北門に向かい祀りをして、斉の軍が攻撃してこないように祈り、趙の者は斉の西門に向かい祀りをして、斉の軍が攻撃してこないように祈るようになり、燕と趙からわが国へ移住した者は七千戸あまりもありました。また、わが家臣に種首《しょうしゅ》という者があって、この者に盗賊の取り締まりをさせたところ、道に落ちている物をひろう者さえいなくなりました。この四人の家臣こそわが国の宝です」

これを聞いて魏の恵王は恥じ入り、悶々《もんもん》としたまま去っていった。

威王の二十六年、魏の恵王の軍が趙の都、邯鄲《かんたん》を包囲した。趙から援軍要請がきたので、威王は重臣を集めて協議した。

「援軍を出すのと出さないのとでは、どちらがよかろうか」

威王の問いに、まっさきに答えたのは騶忌子《すうきし》で、彼は、「出さない方がよろしゅうございます」と言った。次に発言したのは段干朋《だんかほう》で、彼は、「援軍を出さないのは信義に外れるうえに、わが国にとって不利でもございます」と答えた。威王が、「何ゆえか」と問うと、段干朋は次のように答えた。

「利益があるからでございます。南に向かって魏の襄陵《じょうりょう》を攻めて、魏の軍勢を疲れさせるのがよろしゅうございます。たとえ邯鄲が落城しても、そのとき魏の軍勢は疲れきっているはず、それにつけこんで攻めるのがよいかと存じます」

威王はこの策に従い、桂陵《けいりょう》において魏の軍勢を打ち破った。

三十五年、重臣の騶忌子と将軍の田忌《でんき》の対立が武力衝突に発展し、敗れた田忌は国外へ逃《のが》れた。

名臣・田忌と孫臏

三十六年、威王《いおう》が没して、子の辟彊《へききょう》が後を継いだ。これが宣王《せんおう》である。あくる年、魏《ぎ》の軍勢が趙《ちょう》に侵攻した。趙は韓《かん》とよしみを結んでいたので、共同して魏を迎え討ったが、勝利を得ることができなかった。そこで韓は斉《せい》へ援軍を要請した。

これをうけ、宣王は田忌《でんき》を呼び戻して将軍の地位に復帰させた。重臣を集め、「急いで援軍を出すのとゆっくり出すのでは、どちらがよいか」と諮《はか》ったところ、騶忌子《すうきし》は、「援軍を出さないほうがよろしい」と答えた。一方の田忌は、「援軍を出さなければ、韓は弱気になり、魏と手を結ぶでしょう。早く援軍を送るのが得策です」と主張した。だが、最終的に宣王の心にかなったのは、孫臏《そんぴん》のつぎのような意見だった。

「速やかに援軍を出せば、わが軍は魏の軍の矢面に立たされます。韓には承諾の返事を与えておいて、ゆっくり援軍を出すのがよいでしょう。魏の軍が疲れるのを待って、それにつけこめば、利益は重く、高い名誉が得られるでしょう」

ところで、ここに名のあがった孫臏について少し説明しておこう。孫臏は春秋時代の呉《ご》の将軍孫武《そんぶ》の末裔《まつえい》で、同じ師のもとで、龐涓《ほうけん》と机を並べていたことがある。龐涓は魏《ぎ》の恵王《けいおう》に仕え、将軍になっていた。龐涓は嫉妬《しっと》深い性格で、自分の能力は孫臏に及ばないと自覚していた。そこで、ひそかに人をやって孫臏を呼び寄せておいて、いざ孫臏がやってくると、罪を着せた。両足を切断したうえ、顔に入れ墨《いずみ》をして、人前に出られないようにしたのである。

ときに斉の国の使者が魏の都へやってきた。その使者が孫臏のことを知っており、ひそかに連絡をとったうえで、自分の車に隠して斉へ連れ帰った。孫臏は将軍の田忌に気に入られ、その食客《しょっかく》となった。

ある日、田忌は公子たちと競馬を楽しんだ。孫臏はそれぞれの用意した馬の脚力に大差はないが、上・中・下の三級に分かれるのを見てとり、田忌に進言をした。

「どうか大きな賭《か》けをなさいませ。必ず勝てるよう、わたくしが工夫をしましょう」

田忌は孫臏を信じて、千金をかけて勝負をすることにした。いよいよ馬場へ出たとき、孫臏は言った。

「あなた様の下の馬で相手の上の馬と競争をさせ、上の馬は中の馬と、中の馬は下の馬と競争をさせるようなさいませ」

果たして結果は二勝一敗で、田忌は首尾よく大金を手にすることができた。孫臏の能力を知った田忌は、彼を威《い》王に推薦《すいせん》した。威王もまた孫臏を気に入り、兵法について師と仰ぐようになった。

孫臏、見事な作戦で敵を破る

以前、魏《ぎ》の軍勢に邯鄲《かんたん》を包囲され、趙《ちょう》から救援要請がきたとき、威《い》王は孫臏《そんぴん》を大将にしようとしたが、孫臏が、「わたしは刑罰を受けた身ですから、適当ではございません」というので、田忌《でんき》を将軍、孫臏を軍師として、荷馬車の上から作戦の指図をさせることにした。

田忌はまっすぐ邯鄲に向かおうとしたが、孫臏は反対して言った。

「もつれた糸をほどくには、むやみに引っ張るものではありません。ただいま魏の精鋭部隊は趙との合戦に出払って、国内には老人や弱卒《じゃくそつ》がいるばかりにちがいありません。あなた様は兵を率いて、すみやかに魏の都、大梁《たいりょう》へすすみ、都へ通じる街道を押さえてしまえば、魏は趙との戦いをさしおいて、自国の防衛に戻りましょう。そうなればわが軍は、趙の包囲を解くと同時に、魏の軍の力も衰えさせることができます」

田忌はこの策に従い、桂陵《けいりょう》で魏の軍勢を大いに破った。

このような経緯を経て、宣《せん》王の代に、今度は韓《かん》から救援要請がきたのだった。このときも田忌と孫臏はまっすぐ大梁へ向かった。これを知った龐涓《ほうけん》は、急ぎ軍を返した。

それを計算に入れたうえで、孫臏は田忌に献策《けんさく》した。

「魏の兵は、もともと勇ましくて気も強く、斉《せい》の兵を侮《あなど》っております。斉の士卒は

斉と魏の二つの戦い

【桂陵の戦い】(斉 vs 魏　前353年)

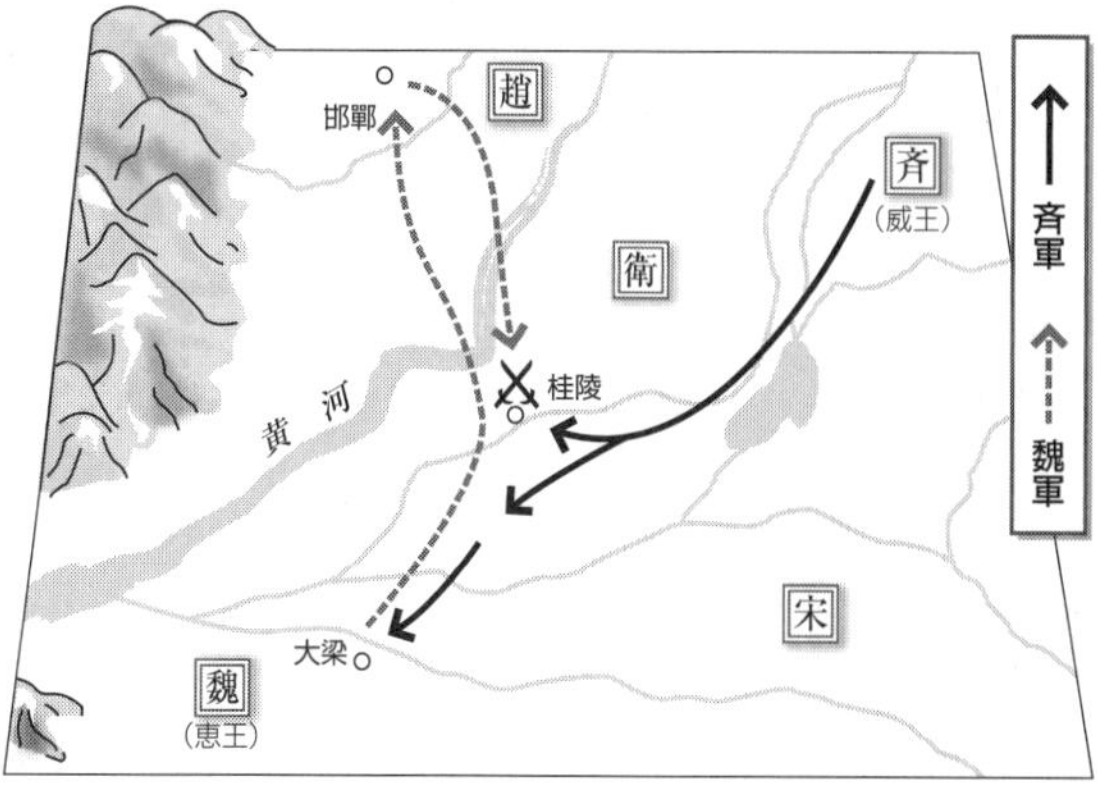

【馬陵の戦い】(斉 vs 魏　前341年)

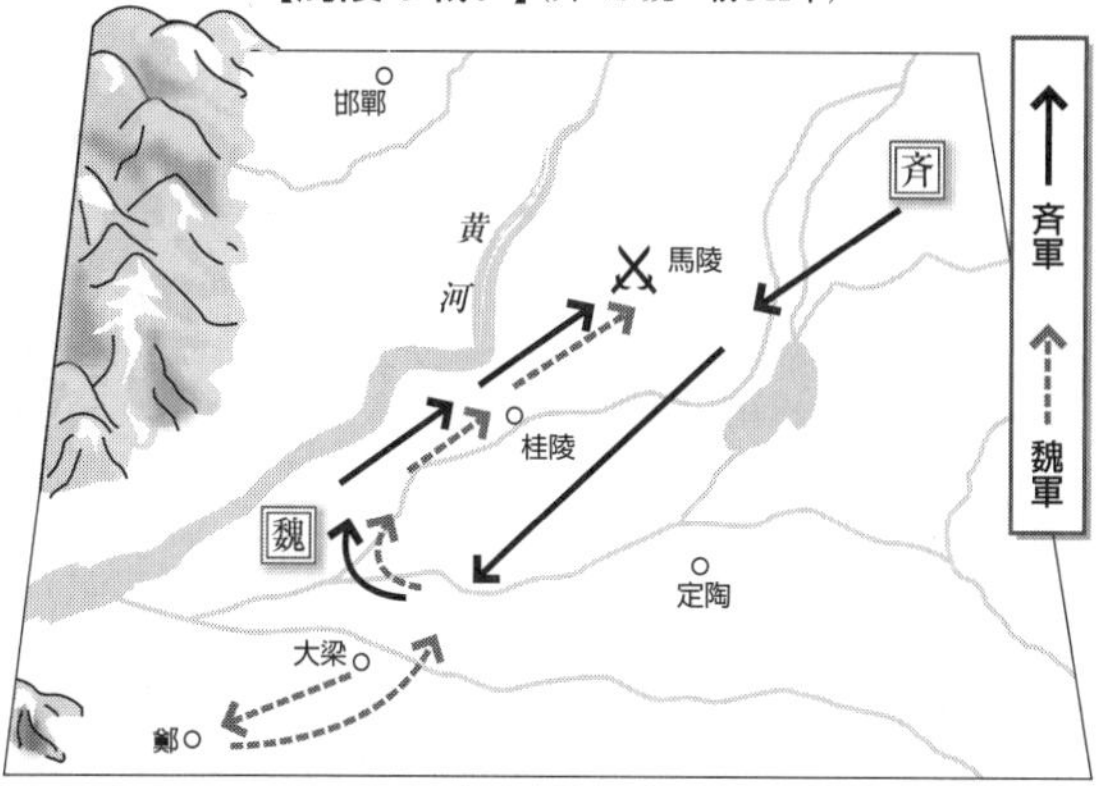

臆病者ばかりだと。与えられた条件を利用し勝利に導いてこそ、戦い上手というものです。兵法にも、『利を貪《むさぼ》って百里の道を駆けつづける場合には、すぐれた大将でもつまずく。五十里の道を貪って百里の道を駆けつづける場合には、到着するのは軍の半数』とあります。斉の軍が魏の領内に入ったなら、十万人分の竈《かまど》をつくらせ、後退しながら、次の日には五万人分を、また次の日には三万人分をつくらせましょう」

田忌がこの策に従ったところ、龐涓はまんまと引っ掛かった。龐涓は撤退する斉軍のあとを追い続けること三日、日ごとに竈が減っていくのを見て、脱走兵が後を絶たないのだと勘違いをした。勝利を確信した龐涓は歩兵をあとに残し、精鋭の騎《き》兵《へい》だけを従え、昼夜兼行で追撃した。

孫臏は、龐涓が夕暮れには馬陵《ばりょう》まで来るはずと読んでいた。馬陵は道が狭いうえに、道の両側に険阻《けんそ》なところが多く、伏兵を置くには都合がいい。そこで大木の幹を白く削《けず》って、そこに次の文字を書かせた。「龐涓はこの木の下で死ぬ」。孫臏は弩《ど》の達者な者一万人を選び、道の両脇にひそませ、「日が暮れてここに松明《たいまつ》の灯が見えたらいっせいに発射せよ」との命令を下した。

果たして龐涓は夜になって馬陵にさしかかった。白い木の肌に何やら字が見える。どれどれと松明で照らさせ、字が鮮明に見えたとき、一万の弩がいっせいに発射され、魏の軍勢は大混乱に陥った。矢で射られる者もいれば、同志討ちで倒れる者もいる。大敗したことを悟った龐涓は、「あのこわっぱに名をあげさせてしまった」と言い残し、みずから首をはねて命を絶った。斉の軍は勢いにのって魏の歩兵にも襲いかかり、太子の申《しん》を捕虜《ほりょ》にするなど、ここでも大勝利を博した。この戦いのあと、韓《かん》・趙・魏の三国は博望《はくぼう》の地で宣王に謁見し、誓いをたてて協約を結んだ。

宣王は学識の深い弁舌家たちを愛した。騶衍《すうえん》、淳于髠《じゅんうこん》、田駢《でんぺん》、接予《しょうよ》、慎到《しんとう》、環《かん》淵《えん》など七十六人に屋敷を与えたうえ、上大夫《じょうたいふ》の待遇でもって接した。彼らに決まった職務はなく、国の大事について議論をする毎日だった。彼らの屋敷は斉の稷《しょく》門《もん》の付近にかたまっており、おのずとそこに学者の集まりができ、その数は数百人から、多いときには千人に達するほどだった。

II　斉の孟嘗君——食客を重んじて国を富ました名宰相

孟嘗君の登場

斉《せい》の宣《せん》王には田嬰《でんえい》という弟がいて、威《い》王の代から要職につき、国政を補佐していた。

田嬰には妻妾《さいしょう》がたくさんおり、男子だけで四十人あまりいた。そのなかで身分の低い妾が五月五日に男子を産み、その子は文《ぶん》と名づけられた。田嬰は、その子は不吉だとして殺すよう命じたが、女はひそかに育て、ある程度大きくなってから、父親に対面させた。

立腹して女を詰問する田嬰に対し、田文は言った。

「父上が五月生まれの子を生かすなとおっしゃるのはなぜでしょう」

田嬰が、「五月生まれの子は、背丈が門より高くなって、父母に害を与えるといわれているからだ」と答えると、田文はさらに言った。

「人の運命は天から授かるものでしょうか、それとも門の戸から受けるものでしょうか」

田嬰が沈黙すると、田文はたたみかけるように言った。

「運命が天から授かるものであるなら、父上は何も心配に及びますまい。門の戸から受けるのだと決まっているのだとしたら、門をことさら高くつくればよいことです」

こう言われては田嬰も返す言葉はなく、女の行為を追認するしかなかった。

しばらくして、田文は父に、「子供の子は何と申しますか」という問いからはじまる、理にかなった進言をした。

「父上が斉の宰相《さいしょう》になられてから、もう王様は三代目になります。そのあいだに斉の領土が広くなったわけでもないのに、父上の財産は万金を重ねるありさまで、おそばには賢者が一人も見えません。父上はこれ以上財産を積み蓄えて、呼び名もわからない子孫に残すおつもりですか」

これを聞いてはじめて、田嬰は田文に一目置くようになり、家の取り締まりを命じるとともに、食客《しょっかく》の接待をさせることとした。食客の数は日ごとに増え、田嬰と田文の名声は諸侯に知れわたるようになった。

周囲のすすめもあって、田嬰は田文を後継ぎにすることを決めた。田嬰が没すると、田文は薛《せつ》の領地を引き継いだ。これが孟嘗君《もうしょうくん》である。

鶏の鳴き真似で難を逃れる

孟嘗君《もうしょうくん》は薛《せつ》の領地に住み、財産を投げだして一芸に秀でた者たちを受け入れた。食客《しょっかく》は数千人にものぼったが、孟嘗君は身分を問わず、誰でも同じようにもてなした。

ある夜の宴会で、食客のひとりの席は灯火が暗くてよく見えなかった。その食客は他の食客と食事が違うと言って怒りだし、席を立とうとした。孟嘗君は立ち上がり、自分の卓を持って比べてみせた。その食客は自分の勘違いを恥じて自害した。このようなこともあって、孟嘗君のもとにさまざまな人材が集まることとなったのである。孟嘗君はえり好みをせず、誰でも手厚くもてなしたので、誰もが自分だけ特別扱いされている気になっていた。

秦《しん》の昭《しょう》王は孟嘗君の評判を聞き、自分のもとで使いたいと考え、自分の弟を人質として斉へ送ってきた。孟嘗君は蘇代《そだい》の進言に従い、一度は行くのをやめにしたが、斉《せい》の湣《びん》王の二十五年、ついに拒みがたくなり、秦に赴《おもむ》いた。

孟嘗君ゆかりの函谷関（河南省新安県）

昭王は孟嘗君を宰相《さいしょう》にするつもりでいたが、ある者がこう諫言《かんげん》した。

「孟嘗君はたしかに賢者でありますが、同時に斉の公子でもあります。もし秦の宰相になっても、斉のためを第一に考え、秦の利益はあとまわしにするでしょう。秦にとっては危険な存在ですぞ」

昭王はそれをもっともと考え、孟嘗君を軟禁状態に置き、いずれは殺すつもりでいた。

孟嘗君は昭王が寵愛《ちょうあい》する夫人のもとへ人をやり、とりなしを願った。すると夫人は言った。

「あなたがお持ちの狐の白い毛皮の外套をくれれば考えてもようございます」

その外套は天下に二つとない逸品で、

孟嘗君はそれを持参してきたが、すでに昭王に献上してしまったあとだった。孟嘗君が食客たちと頭を並べながら困り果てていると、末席にいた盗みを得意とする者が名乗りをあげた。

「わたしなら、その外套を盗んでこられます」

果たして、その男は犬のまねをして宮中の倉庫にしのびこみ、まんまと件《くだん》の外套を盗み出してきた。孟嘗君がこれを夫人に贈ったところ、夫人は約束どおり昭王にとりなしてくれた。おかげで孟嘗君は自由の身となった。

解放されるやいなや、孟嘗君は急いで秦の都をあとにした。夜半になって、函谷《かんこく》関《かん》に着いた。そこは秦の東の端である。関所の門は鶏が鳴くと同時に開かれ、日没とともに閉ざされる決まりとなっていた。

ところで、少したって、昭王は孟嘗君を解放したことを後悔しだした。使いをやって調べさせたところ、すでに出立したことがわかった。そこで昭王は早馬を出してあとを追わせた。

孟嘗君もそれを予想しないわけではなかったが、いかんせん関所が開かないことには先へ進めない。孟嘗君が焦燥《しょうそう》の念に駆られていたとき、食客の末席にいた、鶏の鳴き真似の上手な者が名乗り出て、鳴き真似をやってみせた。するとたちまち、近くにいた鶏がいっせいに鳴き出した。こうして孟嘗君一行は、追っ手がくるより一足早く、秦の領外へ逃《のが》れることができたのだった。

そもそも、孟嘗君が盗みの得意な者と鶏の鳴き真似のうまい者を食客に抱えたとき、他の食客たちは不平を言った。あんな者といっしょにされるのは恥だと思ったからである。しかし、右の出来事があってからは、誰もが孟嘗君の眼力に感服したのだった。

帰国の途中、一行は趙《ちょう》の国に立ち寄った。趙の平原君《へいげんくん》は一行を歓待したが、趙の人のなかには不謹慎にも、「薛の殿様はりっぱなお姿かと思いきや、よく見たら、何のことはない、ちっぽけな男じゃないか」と嘲笑《あざわら》う者もいた。これを聞いた孟嘗君は腹を立てた。食客のなかで腕に覚えのある者たちは孟嘗君の意を察して、手あたりしだいに数百人を斬《き》り殺し、一つの県の住民を皆殺しにしてしまった。

役に立たない者はいない

斉《せい》の湣《びん》王は孟嘗君《もうしょうくん》を遣《つか》わしたあと、それが失策であったことに気づいた。ゆえに孟嘗君が帰国すると、斉の宰相《さいしょう》に任じ、国政を委ねた。

宰相になっても、孟嘗君の食客《しょっかく》好きは変わらなかった。それを聞いて馮驩《ふうかん》という男がやってきた。孟嘗君はとりあえず、上中下の三種類の宿舎のうち、下にあたる伝舎《でんしゃ》に馮驩をいれた。十日ほどして、孟嘗君が様子を探らせてみると、馮驩は長剣を弾《はじ》きながら、こんな歌をうたっていた。

「長ばさみよ、帰ったものかどうだろう。食事に魚もないからな」

そこで孟嘗君は食事に魚をつけるようにさせた。五日して、また様子を探らせてみると、馮驩は長剣を弾きながら、こんな歌をうたっていた。

「長ばさみよ、帰ったものかどうだろう。出かける輿《こし》もないからな」

そこで孟嘗君は中の宿舎である代舎《だいしゃ》に移したうえ、輿を与えてやった。しばらくして探らせてみると、馮驩は長剣を弾きながら、こんな歌をうたっていた。

「長ばさみよ、帰ったものかどうだろう。家族と暮らせないからな」

孟嘗君はさすがに不機嫌になり、それ以上特別なことをするのをやめにした。馮驩はまる一年世話になっても、何一つ献策《けんさく》も進言もしなかった。

ときに孟嘗君は薛《せつ》において一万戸の領地を有していた。けれども、食客は三千人もいる。彼らの衣食住の面倒をみるのに、領地からの年貢だけではとてもではないが足りない。そこで孟嘗君は薛において金貸しも営んでいた。ところが、一年たっても返済が滞り、利息さえ払えない者も多い。いよいよ窮《きゅう》してきたところで、孟嘗君は側近に相談した。すると、宿舎の長が、「代舎におります馮驩殿は姿形はなかなかのもので、弁もたち、人望もあります。貸し金の取り立てにうってつけでございましょう」と推薦《すいせん》をした。すると馮驩は承知して出かけていった。

薛に着くと、馮驩は孟嘗君から借金をしている者たちを集め、十万文《もん》の利息を得ることができた。馮驩はその金で酒と肥えた牛を買うと、利息が払えたか否かに関係なく、全員にふるまった。そして、酒が十分まわった頃、やおら証文を取り出し、利息を払えた者には元金を返す期限を定め、貧しくて利息さえ払えない者には、驚くべき挙にでた。なんと証文を焼いてしまったのである。一同が感謝をしたことは言うまでもない。

馮驩から話を聞いて、孟嘗君は激怒した。理由を問われると、馮驩は平然とこう答えた。

「牛や酒をたくさん用意しなければ、みなが集まるはずはありません。誰に余裕があって誰に余裕がないかもわかりますまい。余裕のある者には期限を切りました。一方の余裕のない者は、何年たっても利息が増えるばかりです。厳しく取り立てれば逃げてしまい、そうなれば、元も子もありません。殿様に、金銭の利益を好み、領民には情けをかけないとの評判がたっては、面目まる潰れでしょう。ゆえに役に立たない証文を焼き払ったのです。目先の小金には目を向けず、もっと大事なことに投資したと思ってはいかがでしょう。薛の領民は殿様のご恩に感謝しております。その名声がさらに高まるよう、皆で祈っております」

こう説明されると、孟嘗君も納得して、馮驩に礼の言葉を述べた。

二つの大国を動かす弁舌

それからしばらくして、斉《せい》の湣《びん》王は秦《しん》と楚《そ》の策略に乗せられ、孟嘗君《もうしょうくん》を免職にした。これを潮に、食客《しょっかく》たちもこぞって去ってしまったが、ただ馮驩《ふうかん》だけは残り、自信ありげにこう言った。

「わたくしに秦まで乗っていける車を一台お貸しくださいませ。殿様がお国で重んぜられ、領地も広くなるよう計略を施してみたいと存じます」

そこで孟嘗君は車と贈り物を調《ととの》えて送り出してやった。

馮驩は秦の王の前で弁舌をふるった。

「天下の雄弁の士で、はるばる秦の国へまいります者は、誰もがみな秦を強くし、斉を弱める策を献じますし、同じく、斉の国へまいる者は斉を強くし、秦を弱める策を献じます。この両国は雌雄《しゆう》の関係でありまして、いずれ雄となったほうが天下を得ることになりましょう」

　秦の王は興味を覚え、雄となるための策を問うた。馮驩が答えて言った。

「斉が天下に重んじられるのは、ひとえに孟嘗君の存在にかかっております。それなのに、いま斉の王は讒言《ざんげん》を信じて、孟嘗君を免職にしました。こうまで追い込まれれば、王を怨《うら》みもし、いずれは斉に背《そむ》くに相違ございません。彼が背いて秦にまいりましたならば、斉の情報はすべて秦に筒抜《つつぬ》けになってしまいます。そうなれば、秦が斉にまさる雄の国になるのは必定です。ですから、速やかに使者を出し、贈り物を持たせ、ひそかに孟嘗君をお迎えなさいませ。時期を失ってはなりません。もし斉が失策を悟り、もう一度任用するようなことになれば、天下の形勢はわからなくなります」

　秦の王は馮驩の言をもっともとして、車十台に黄金百鎰《いつ》を積み、孟嘗君を迎えさせることにした。

　だが、馮驩の計略はこれで終わらない。まだ半ばにすぎない。彼は急ぎ斉へ戻ると、湣王の前でも弁舌をふるった。

「わたしの聞いたところによると、秦は車十台に黄金百鎰を積み、使者をやって孟嘗君を迎えさせるとのこと。孟嘗君がもし秦に行って宰相《さいしょう》になれば、遠からず、天下は秦のものとなりましょう。それを避けるためには、秦の使者が来るよりさきに、孟嘗君をもとの職に戻したうえ、領地を加増して詫《わ》びのしるしとすることです。孟嘗君は喜んでお受けしましょう。これこそ秦の野望をくじく策にほかなりませぬ」

斉の王はこれをもっともとし、孟嘗君を呼んで復職させ、さらに領地を千戸増やしてやった。これを知ると、秦の使者は車を返して去っていった。

とはいえ、孟嘗君と湣王との関係はその後も微妙で、孟嘗君に謀反《むほん》の疑いがかけられたこともあった。すぐに潔白であることが証明されたが、孟嘗君はそれを契機に、病気と言いたてて薛《せつ》の領地に引退したいと申し出て、許された。

III　燕の楽毅と斉の田単——油断させ、離間させて敵を破る

楽毅、大国斉を破る

斉《せい》の湣《びん》王は大変な野心家で、一時は帝と称したことさえある。強大な国力を背景にして、南は楚《そ》の軍を重丘《ちょうきゅう》で破り、西は韓《かん》・魏《ぎ》・趙《ちょう》の軍を観津《かんしん》で破るなどして、千里あまりも領土を広げた。諸侯が斉の顔色をうかがうようになったことから、湣王はますます思いあがった。

ときに燕《えん》の昭《しょう》王は重臣の楽毅《がくき》に、斉を討つ方策を問うた。すると楽毅は答えて言った。

「斉は、領地は広大で人民は多く、わが国だけで攻めるのはむずかしゅうございます。どうしても討ちたいというなら、楚・魏・趙・韓などと結ぶしかございません」

そこで昭王は使いをやって諸侯とよしみを通じ、楚・魏・趙・韓・燕の連合軍を

結成させ、楽毅をその総司令官に任じた。連合軍は済水《せいすい》の西で斉の軍を破った。他の四国はそれで満足して引き上げたが、楽毅のみは燕軍を率いてその後も戦いをつづけた。

楽毅は斉の都を攻め落とし、国の宝物や祭器などをことごとく燕へ運んだ。昭王はいたく喜び、みずから済水のほとりまで出かけ、兵卒をねぎらい、祝宴を張って恩賞を与えた。それから昭王は戦利品をまとめて帰っていったが、楽毅はそのまま残り、戦いをつづけた。五年に及ぶ戦闘の結果、斉の七十余城を降伏させ、抵抗をつづけるのは莒《きょ》と即墨《そくぼく》の二城のみとなった。

奪われた七十余城を取り戻す

即墨《そくぼく》の人びとは、湣《びん》王の遠縁にあたる田単《でんたん》が戦いに馴《な》れているというので将軍に擁立《ようりつ》した。ときあたかも燕《えん》では昭《しょう》王が没して恵《けい》王が後を継いだ。恵王は太子であった頃から、楽毅《がくき》をよく思っていなかった。田単はそこに勝機を見出した。

田単は間者《かんじゃ》を放って、次のように言いふらさせた。

「斉《せい》の城で降参していないのは二つだけだ。本来であればとっくに占領できているのに、楽毅はわざとそれをしようとしない。楽毅は帰国すれば、仲の悪い恵王に殺されるのではないかと恐れている。斉の人心を得たうえで、自分が王になろうとしていて、わざと攻撃の手を緩め、時期をうかがっているのだ。斉の人びとが恐れているのは、別の将軍が来はしないかということだ。そうなれば、即墨は終わりだろう」

燕の恵王はこの噂を信じ、騎劫という者をやって楽毅と交代させた。楽毅はそのまま趙へ亡命して、燕の士気は大いに低下するところとなった。

それから田単は城内の人びとに、食事のときは必ず庭で先祖を祀れと命じた。空を飛んでいる鳥の群れが、それを餌にしようと舞い降りてきた。それを見て、燕の将兵は不思議に思った。田単はすかさず、「神様が下られて、わしにお告げがあった」と言いふらした。そして、一人の兵士を神の使いに見たて、軍の掟を定めるときは必ずその兵の口を借りて命令を下すようにした。

ついで田単は、つぎのようなことを言いふらした。

「心配していることが一つある。燕の軍が捕らえた斉の兵士の鼻をそぎ、最前列に置いて人間の盾にしないかということだ。そうなれば即墨は落ちるだろう」

燕の間者がこれを本陣に知らせた。すると騎劫は捕虜をそのとおりに扱った。これを見た城内の人びとは怒りを覚え、燕への敵愾心を新たにした。

ついで田単は、つぎのようなことを言いふらした。

「心配していることが一つある。城外にある墓を暴いて、父親たちの亡骸《なきがら》を辱《はずかし》められないかということだ。そんなことをされれば、士気が落ちてしまう」

燕の間者がこれを本陣に知らせた。すると騎劫はそのとおりに実行した。これを見た城内の人びとはみな涙を流し、怒りの色をさらに濃くして、士気は何倍にも高まった。

田単は、ようやく士卒が使えるようになったとみて、みずから板や鍬《すき》を持ち、士卒の仕事を手伝って、妻や侍女たちまで軍隊に編入した。完全武装した兵士はすべて隠しておいて、老人と婦女子らを城壁にのぼらせ、使いを出して燕に降参すると約束させた。さらに田単は、集められるだけの金を集め、それを即墨の富豪の名で騎劫のもとに贈り、「即墨はもうすぐ降参しますが、われわれの一族を捕虜にしないでください」と嘆願させた。これを聞いて、燕の軍は緊張の糸を切らした。

それからは決戦のしたくである。田単は城内にいた牛、千頭余りを集め、五色で龍の模様を描いた赤色の絹の上衣を着せ、角に刃物をくくりつけた。そして脂《あぶら》に浸《ひた》した葦《あし》の束を牛の尻尾につけて、そのはしに火をつけたうえで、城壁に開けた数十の穴から夜陰にまぎれてそれらを放し、兵士五千人があとにつづいた。牛は尻尾が

回 田単の火牛の計

（斉 vs 燕　前284〜前279年）

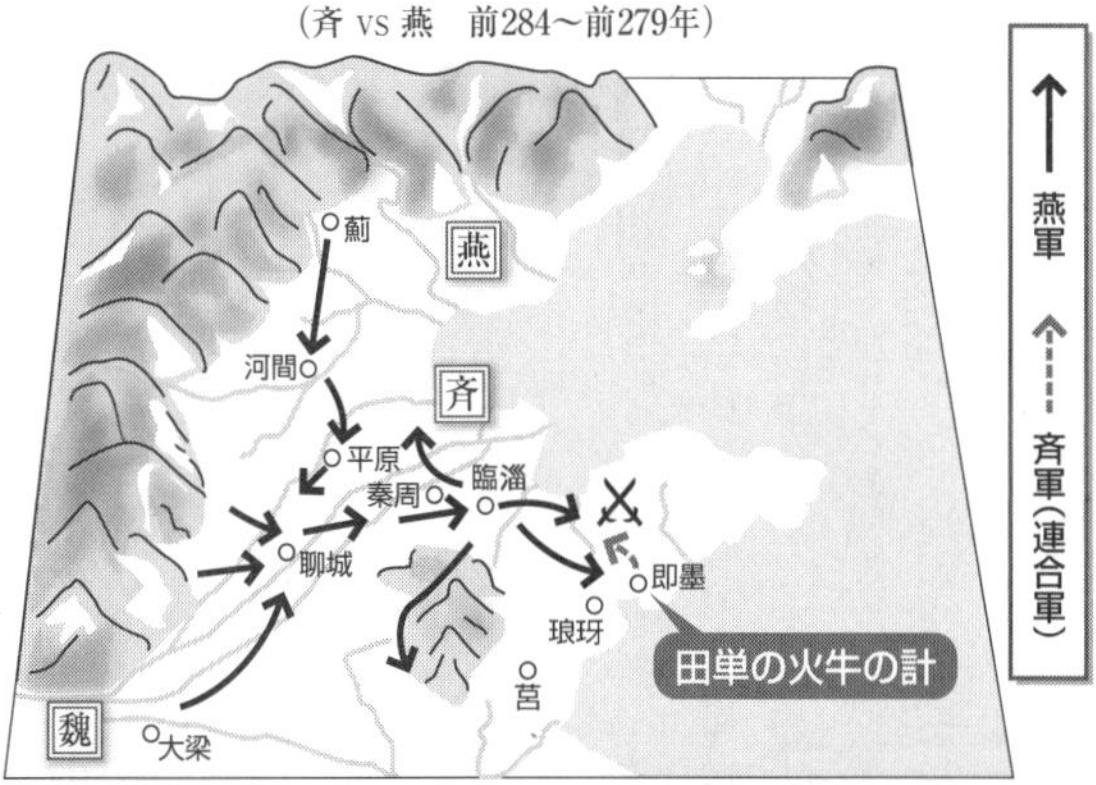

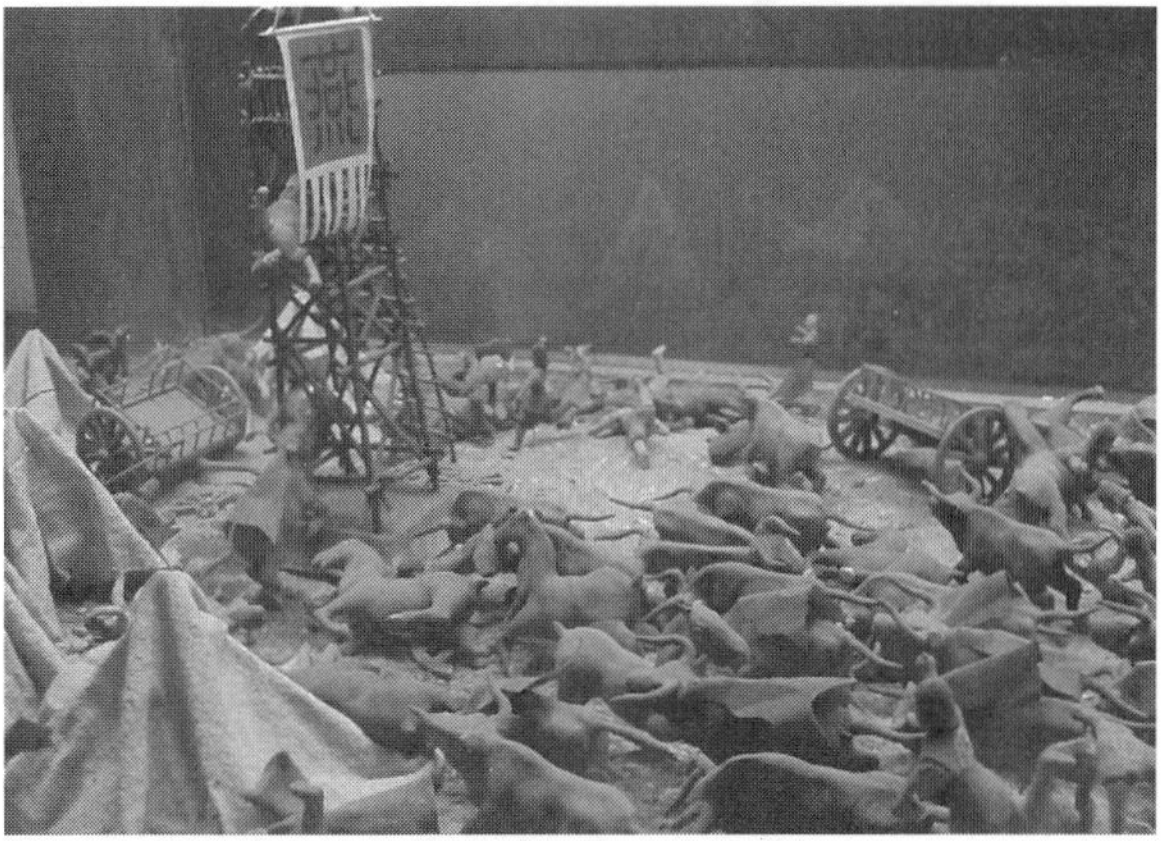

火牛の計の復元模型（斉国歴史博物館）

熱くなると、興奮して燕の軍に突入した。

燕の軍中からは、それは龍の群れが向かってくるように見えた。いざ牛の群れが乱入すると、角やそれにくくりつけられた刃物によって死傷する者があいついだ。ついで斉の兵が押し寄せてくる。燕の軍は大混乱に陥った。騎劫は討ち取られ、燕の軍は敗走。斉の軍は執拗《しつよう》に追撃を重ね、奪われた城や町をつぎつぎと奪回し、ついには黄河《こうが》のほとりに達した。燕に奪われた七十余城をすべて取り戻すことに成功したのである。

田単は莒《きょ》にいた襄《じょう》王を迎え臨淄《りんし》の都へ入らせた。

故事成語20 ▼まず隗《かい》より始めよ

燕《えん》の昭《しょう》王は国力増強のため人材を招こうとした。しかし、その方法がわからず、郭隗《かくかい》という人物に相談した。すると郭隗は言った。

「それならば、まずこの郭隗からお始めください。郭隗ごとき者でさえ優遇されるなら、郭隗よりすぐれた人物は、千里の道を遠しとせずにやってまいりましょう」

果たして、郭隗のために宮殿を改築し、郭隗を自分の師としたところ、楽毅、鄒《すう》衍《えん》、劇辛《げきしん》といった人材が諸国から集まってきた。この故事から、大きなことをするには、まず手近なことから始めよということを、「まず隗より始めよ」と言うようになった。

Ⅳ 趙の平原君——失敗から学び、勝利を得る

すぐれた士を愛す

趙《ちょう》の七代目の王を恵文王《けいぶん》、八代目の王を孝成王《こうせい》という。この二代の世に宰相《さいしょう》の地位にあり、その地位を奪われること三度、復帰すること三度という浮き沈みの激しかった公子がいる。その公子は、名を趙勝《ちょうしょう》といい、平原君《へいげんくん》と呼ばれた。公子のなかで誰よりも賢明で、食客《しょっかく》を好んだ。

平原君の屋敷には櫓《やぐら》があって、そこにのぼると民家を見下ろすことができた。ある日、平原君の妾の一人が、足の不自由な男が水汲みをする光景を見て大笑いしたことがあった。あくる日、男は平原君を訪れて申し出た。

「殿様は能ある士を好まれるとうかがっております。すぐれた人物が千里の道を遠しともせずやってくるのは、殿様がすぐれた人物を尊ぶと思うがゆえです。わたくしは不幸にも足が不自由です。それを奥の間の方は、上から見下ろしてお笑いなさ

れました。あの笑った女の首をいただきたく存じます」

　平原君は笑って、「よし」と答えたものの、男が行ってしまうと、笑いながら、

「あいつめ、こともあろうに笑われたことを根にもち、わしの妾を殺せと言いよる。それはあまりではないか」と言い、この件をそのまま放置しておいた。

　すると、それから一年のあいだに食客や家臣がだんだんと減っていき、とうとう半分以下になってしまった。平原君は不思議に思った。

「わしは失礼がないよう気を使い、間違いは犯していないはず。何ゆえ多くの者が去っていったのだろうか」

　一人の家臣が進み出て言った。

「殿様が足の不自由な男を笑った女を殺さないからでございます。殿様はすぐれた士よりも、女を惜しむと思い、それで去っていったのです」

　ここに至り、平原君はようやく悟《さと》った。そして、問題の妾の首を斬《き》ると、みずから男の家に持参して詫《わ》びを入れた。このことが伝わると、いつしか食客や家臣たちが戻ってきた。この頃、斉《せい》には孟嘗君《もうしょうくん》、魏《ぎ》には信陵君《しんりょうくん》、楚《そ》には春申君《しゅんしんくん》がいて、みな争って士を招き集めていた。

舌先三寸、百万の軍となる

秦《しん》の軍が趙《ちょう》の都の邯鄲《かんたん》を包囲したとき、趙では平原君《へいげんくん》を使節として楚《そ》に救援を求め、合従《がっしょう》の約《やく》を結ぼうとした。平原君は自分の食客《しょっかく》や家臣たちのなかから、文武両道の者二十人を選抜して行くことにした。

ところが、十九人までは決まったものの、あと一人がなかなか決まらない。そのとき、毛遂《もうすい》という者が自薦《じせん》してきた。平原君のもとへ来て三年になる食客である。

平原君はいぶかしく思い、尋ねた。

「そもそも賢人とは、物に喩《たと》えれば、袋の中に錐《きり》を入れておくようなもの。その切《きっ》尖《さき》はすぐ見えるはずです。ところが先生は、わたしの家に来てもう三年になるのに、これといった噂を耳にしたこともない。先生には得意なものがないのではありませぬか」

これに対し、毛遂は答えて言った。

「それがし、今日こそはじめて袋の中に入りたいとお願いするのでございます。もっと早く袋の中に入っていたなら、それこそ柄まで突き出ていたことでしょう」

平原君は半信半疑ながら、毛遂を一行に加えることにした。他の十九人は口にこそ出さなかったものの、内心では嘲笑《あざわら》っていた。

しかし、楚に着くまでのあいだに、情況は大きく変わった。議論をたたかわせてみたところ、毛遂にかなう者は一人もなく、誰もが彼に感服するようになった。

さて、楚に到着すると、平原君は合従につき利害を述べたが、なかなか楚の王の同意を得られずにいた。日の出の頃にはじまったのに、真昼になっても決着がつかない。十九人の者が毛遂に言った。

「先生、お出ましください」

そこで毛遂は平原君が楚の王と会談している席に割り込んだ。「さがれ」と言う楚王に対し、毛遂は剣に手をかけながら滔々《とうとう》と弁じたてた。

「楚に強者が多いとはいえ、この王と私のあいだの十歩の内では、それがどんな頼みになりましょう。楚の国は五千里四方の広大な領土をもち、兵卒は百万、食糧《しょくりょう》は十年支えられるだけあり、覇王《はおう》となるべき素地は十分です。それなのにさきに秦に敗れ、辱《はずかし》めを受けました。これぞ百代までの怨《うら》みにて、わが趙の者まで恥辱《ちじょく》と感じております。王様にはよくも恥ずかしいとは思われませぬものです。合従の約は楚の御《おん》ためでして、わが趙のためではござりませんぞ」

すると楚の王は説得を聞き入れ、合従に同意した。一同は誓いのしるしとして、鶏と犬と馬の血を飲みあった。

邯鄲に帰りつくと、平原君は言った。

「わしは二度と、人物の見立てをするつもりはない。わしが見出した士は千人はいよう。天下の士は一人たりとも見逃《みのが》さないと自負していた。それなのに、今度という今度は思い知らされた。毛先生はたった一度の旅で、わが趙の国を九つの鼎《かなえ》よりも重いものにしてくだされた。毛先生の舌先三寸は、百万の軍にもまさっておる」

かくして平原君は毛遂を食客の上席につかせたのだった。

財宝を捨て、兵を得る

平原君《へいげんくん》が帰国の途に就いたあと、楚《そ》は春申君《しゅんしんくん》に兵を託し、趙《ちょう》へ救援に行かせた。魏《ぎ》も信陵君《しんりょうくん》を遣《つか》わした。

両軍が到着する前、秦の包囲はいよいよ厳しく、邯鄲《かんたん》は風前の灯《ともしび》だった。平原君が気をもんでいると、駅舎《えきしゃ》の役人の子で李同《りどう》という者が進言にきた。

「殿様は趙が滅びても平気でいられるのでしょうか」

平原君が、「気をもまぬわけがあるものか」と答えると、李同は言った。

「いまや邯鄲の住民は屍《しかばね》の骨を煮たり、子供を交換してその肉を食べあうありさ

平原君の墓付設の祠には趙の名臣・名将を描いた垂れ幕がかかる（河北省邯鄲市肥郷区）

までです。もはや危急のときといえます。それなのに、殿様の奥の間の女性がたは百人どころではなく、彼女らは相変わらず着飾って、おいしいものをたらふく食べております。一般の住民は着る物さえなく、糟《かす》や糠《ぬか》さえ食べられないというのに。人は疲れ、武器も尽きはて、木を削って矛《ほこ》や矢をつくっておりますが、殿様の食器や楽器はそのままでございます。もし秦が趙を滅ぼせば、それらは殿様の持ち物ではなくなります。趙の国が保たれれば、それらを失う心配はございません。いまもし夫人がたが率先して、兵卒の中に入り、彼らの仕事を手助けなされ、御屋敷の品々を残らず出して士卒に与えるならば、士卒どもは恩を感じるに相違ありません」

平原君はこれに同意し、早速、実行に移した。そのうえで、出撃する志願者を募ったところ、三千人が得られた。こうして李同の指揮下、三千人の軍勢が決死の突撃を敢行したところ、秦軍はその勢いに押され、三十里も後退した。ちょうどそこへ楚と魏からの援軍が到着したので、秦軍は城攻めをあきらめ撤退していった。邯鄲は救われたのである。このときの戦いで李同が戦死したので、平原君はその父を李侯《り》に封じた。

V　魏の信陵君――愚か者にも身を低くして交わる

下位の者に席をゆずる

魏《ぎ》は趙《ちょう》に援軍を出すまでに、実はひと騒動もふた騒動もあった。援軍を率いてきたのは六代目の昭《しょう》王の末子《ばっし》、無忌《むき》である。七代目の安釐《あんき》王のとき、彼は信陵君《しんりょうくん》と呼ばれた。

信陵君は情け深く、士をあつくもてなし、賢者にも愚か者にも身を低くして交わり、自分が富貴だからといって驕《おご》ることもなかった。ゆえに数千里のかなたからも人材が集まり、その数は三千人に達した。彼の評判は他国にも伝わっていたので、あえて魏に対して戦いをしかける国もなく、十年あまり平和な時期がつづいた。

ある日、信陵君と王がすごろく遊びをしていたところ、北方の国境から烽火《のろし》が上がり、趙の軍が国境線を越えようとしているとの知らせがとびこんできた。王は遊びをやめ、重臣を集めて協議しようとした。しかし、信陵君はそれをとめて、言った。

「趙の王は狩りをしているだけです。侵攻ではありません」

王は心落ち着かず、遊びに身が入らなかったが、しばらくして報告があり、信陵君の言うとおりであることがわかった。どうしてわかったのかと理由を問われ、信陵君は答えて言った。

「わたしの食客《しょっかく》に趙王の秘密をよく知っている者がおりまして、趙王が何かすれば、そのたびに知らせがくるようになっています」

これを聞いて、王は信陵君に恐れを抱き、国政に参画させないようにした。

さて、魏に侯嬴《こうえい》という隠士《いんし》［世俗から離れ、隠れ住む人。隠者］がいた。年は七十、都の夷《い》門の門番をしていた。それを聞いて、信陵君は丁重に贈り物をしようとしたが、侯嬴は受け取ろうとしない。そこで信陵君は、侯嬴のために盛大な酒宴を開くことにした。

みなが席についた頃、信陵君は車に乗ってみずから侯嬴を出迎えにいった。すると、侯嬴は平然と上席にすわり、信陵君に手綱《たづな》をとらせた。おまけに、肉屋の朱亥《しゅがい》に用があるので、まわり道をしてくれという。信陵君は嫌な顔ひとつせず、言うとおりにした。

侯嬴は朱亥と長いこと立ち話をしてのち、ようやく席に戻った。信陵君の屋敷につき、宴会がはじまると、集められた客人たちは驚きを隠せなかった。この日の上客が門番であるとは思いもしなかったからである。

酒宴もたけなわになった頃、侯嬴は信陵君にとくとくと語りだした。

「本日、それがしは公子様にたくさん恥をかかせましたわい。過分にもおんみずから、車と供ぞろえをもってお迎えくださされました。まわり道などすべきではございませぬが、わざとさせていただきました。わたくしにできることは、公子さまの名を高めることでございます。ですので、わざと手綱をとらせたり、車を長く待たせたりしたのです。町の住民どもは、それがしをつまらぬ奴《やつ》だと思い、公子様は度量が広く、よく士にへりくだる方だと思ったにちがいありません」

宴会が終わったあと、侯嬴はさらにこうつけ加えた。

「あの肉屋の朱亥ですが、あの者は文武兼備の賢者ですが、世の中に知る者がございません。それゆえ、肉屋に身をやつしております」

そこで信陵君は出かけていき、たびたび招いたが、朱亥はそれに応じないばかりか、別段感謝の意をあらわすこともなかった。

信陵君にさずけた秘策

魏《ぎ》の安釐《あんき》王の二十年、秦《しん》の軍によって趙《ちょう》の都の邯鄲《かんたん》が包囲された。平原君《へいげんくん》の夫人（信陵君の姉）からたびたび王と信陵君に救援要請の書簡がきた。そこで王は将軍の晋鄙《しんぴ》に十万の大兵を与え、救援に向かわせた。ところが、秦から使者がきて、「わが軍は趙を攻めており、今日明日にも攻め落とすだろう。諸侯が援軍を出すようなことをしたら、邯鄲を落城させたのち、必ず兵を差し向け、どこよりもさきに攻撃するぞ」と恫喝《どうかつ》されるや、王は恐れて、晋鄙には進軍を停止させるとともに、国境の守りを固めさせた。

その間にも邯鄲からの使者が何人も信陵君のもとを訪れていた。信陵君は自身でたびたび王に願い、また弁のたつ食客《しょっかく》に説得させてみたけれども、王は秦を恐れるあまり、耳を貸そうとしなかった。

このままでは趙を見殺しにすることになる。信陵君は苦渋の決断をした。自分の食客だけを率いて救援に赴《おもむ》き、秦軍相手に玉砕《ぎょくさい》しようと考えたのである。天下に信義を示すにはそれしか方法はないと思われたからだ。

夷《い》門を通り、侯嬴《こうえい》に事の次第を告げたところ、侯嬴はただ、「しっかりおやりな

割符として使われた虎符（陝西歴史博物館）

されませ。老いぼれめはお供はできませぬ」と言うのみだった。

信陵君は道を急いだが、心は晴れず、考え込んだ。

「侯嬴には尽くしてやったつもりだ。天下でそれを知らない者はいない。それなのに、わたしが死にに行くというのに、侯嬴は何の策も授けてくれなかった。何かわしに至らぬ点があったのだろうか」

信陵君は車を返させ、侯嬴に胸の中の疑問をぶつけた。侯嬴は、「公子様がお戻りなされるにちがいないと存じておりました」と言い、さらに次のように助言した。

「聞くところによると、晋鄙将軍の軍令の割符《わりふ》［二つを合わせてみて、本物かどうか証拠だてるようにされた鑑札」は、いつも王様の寝室に置かれているということです。如姫《じょき》殿は王様のご寵愛《ちょうあい》深く、寝室にも自由に出入りできるので、割符を盗み出すことも容易です。また、如姫殿は父親を殺され、仇討《あだう》ちをしてくれる者を求めましたが、誰も応じませんでした。そこで公子様にすがったところ、公子様は食客をやって、仇《かたき》の首をとってやったそうでありますな。であれば、如姫殿は公子様のためなら命も捨てられましょう。公子様がひとこと頼むと言いさえすれば、きっと割符を盗むことを承知なさるはずです」

信陵君はこの策に従い、無事に割符を手に入れることができた。いよいよ出発というとき、侯嬴はさらなる策を授けた。

「『将は外にあれば、君命も受けざるあり』と申します。何事もお国のため。割符を合わせても、晋鄙将軍が兵権を渡さず、都へ問い合わせることになっては、元も子もありません。そのときのために、朱亥《しゅがい》をお連れください。あれは怪力の持ち主。晋鄙将軍が聞き入れなければ、あれに打ち殺させるのみです」

そこで朱亥を呼び寄せたところ、朱亥は笑って言った。

「これまでお礼に行かなかったのは、小さな礼儀は不要と考えたからです。このたびはわたくしの命をさしだす覚悟です」

信陵君が侯嬴のもとへ行って礼を述べると、侯嬴は言った。

「わたくしもお供をすべきではございますが、老いぼれの身ではそれもかないません。これより旅路の日数を数え、晋鄙将軍の陣に着かれます頃、北に向かってわが首をはね、はなむけにしたいと存じます」

かくして信陵君は出発した。晋鄙の陣に着くと、王の命令と偽《いつわ》り、将軍職を交代すると告げた。割符を合わせたが、それでもまだ晋鄙は信じず、疑念を口にした。これを見て、朱亥が行動にでた。袖に隠していた四十斤《きん》の鉄鎚《てっつい》をもって、晋鄙を打ち殺したのである。

こうして指揮権を手に入れた信陵君は、全軍に命令を下した。

「親子ともに従軍している者は父親を帰す。兄弟ともに従軍している者は兄を帰す。一人っ子は帰って孝行せよ」

残った兵は八万人余り。信陵君はこれを率いて邯鄲に向かった。そのときに秦軍は城内から趙軍の思わぬ反撃をくらい、後退したところだった。そこへ魏と楚の援軍がきたものだから、秦は戦っても利はないと判断し、軍を引き揚げていった。こうして邯鄲と趙の国は救われたのである。ちょうど同じ頃、魏の都では、侯嬴が北に向かいながら、自分の首をはねていた。

ところで、安釐王は信陵君が割符を盗んだうえ、晋鄙を殺したことを憎んでいた。そのため信陵君はしばらく趙に留《とど》まり、王の怒りが収まるのを待つしかなかった。

故事成語21 ▼五十歩百歩

魏《ぎ》の恵《けい》王が、なぜ自国に移住してくる者が少ないのかと尋ねたのに対して、孟子《もうし》は次のように答えた。

「王は、戦争がお好きだから、戦争にたとえましょう。今まさに太鼓をたたいて、干《かん》戈《か》を交えようとしたところに、鎧《よろい》を脱ぎ捨て武器を引きずって逃げた者がいます。ある者は百歩逃げて止まり、ある者は五十歩逃げて踏み留まりました。この時、五十歩の者が百歩の者を臆病者と笑ったとしたら、いかがなものでしょうか」

王は言った。

「それはいけない。ただ百歩逃げなかっただけで、五十歩でもやはり逃げたことに変わりはない」

孟子は言った。

「それがわかっているのなら、隣国より人口が多くなることを望んではなりません」

この故事から、少しだけの違いで、大局的に見れば変わりないことを「五十歩百歩」と言うようになった。出典は『孟子《もうし》』。

VI　秦の孝公と商鞅――信賞必罰で国家の基礎をつくる

妙計をもつ者を求む

秦《しん》の二十五代目の君主を孝公《こう》という。孝公の元年、黄河《こうが》および華山《かざん》以東には六つの強国があり、淮水《わいすい》と泗水《しすい》のあいだには十余の小国があった。

秦は西方の雍州《よう》に位置していたことから、中原《ちゅうげん》の諸侯の会盟に参加せず、諸侯からは夷狄《いてき》としての待遇しか与えられなかった。そこで孝公は仁政をしくとともに、国中に次のようなお触《ふ》れをだした。

「昔、わが穆公《ぼく》は岐山《きざん》・雍州の地からおこり、徳を修め、武をふるい、東は晋《しん》の乱を平らげて黄河を境とし、西は戎狄《じゅうてき》［秦の西方と北方にいた異民族の総称］を従えてその覇者《はしゃ》となった。土地を広めること千里。周《しゅう》の天子は伯《はく》の位を賜《たまわ》り、諸侯はみな慶賀の使節を送ってきた。その後、厲公《れい》・躁公《そう》・簡公《かん》・出公《しゅつ》のときに国が乱れて内《ない》憂《ゆう》があり、外征をおこなういとまがなかった。これに乗じて、韓《かん》・魏《ぎ》・趙《ちょう》は河西《かせい》の地を奪い、諸侯は秦を夷狄として侮《あなど》り、国家は大きな恥辱《ちじょく》にまみれた。献《けん》公が即位すると、辺境を安撫し、都を櫟陽《れきよう》に遷し、東伐して穆公時代の故地を回復し、穆公の政令を修めようとした。わしは先君の心中を思うたびに胸が痛む。賓客《ひんきゃく》・群臣でよく妙計を出し、秦を強くする者があれば、わしは官位を高くし、土地を与えて報いよう」

このお触れをみて、魏の国から公孫鞅《こうそんおう》（衛鞅《えいおう》、商鞅《しょうおう》）という者がやってきた。

公孫鞅はもともと魏の宰相《さいしょう》、公叔痤《こうしゅくざ》に仕えていた。公叔痤は公孫鞅の才能を見抜いていたが、まだ王に推薦《すいせん》せずにいるうちに重い病の床についた。魏の恵《けい》王が見舞いにきたとき、公叔痤は言った。

「公孫鞅という者は若年ながら奇才の持ち主です。どうか国政を委ねられますように。用いないときは、彼を殺し、決して国外に出さぬようなさいませ」

王が帰ってから、公叔痤は公孫鞅に、王に話したことを伝え、いますぐ逃げるようすすめた。しかし、公孫鞅は、「あの王様なら、わたくしを任用もしなければ、公殺しもしないでしょう」と言って、逃げようとはしなかった。果たして、恵王は公叔痤の言葉を病人の世迷言《よまいごと》だと受け取り、とりあげようとしなかった。

公叔痤が没したのち、公孫鞅は秦の孝公が賢者を求めていると聞いて、秦に赴《おもむ》いた。衛《えい》の国の王室の遠縁にあたることから、衛鞅と呼ばれた。

衛鞅は孝公の信任あつい宦官《かんがん》の景監《けいかん》を手づるとして孝公に目通りを求めた。一度目は帝道、二度目は王道について説いたが、孝公の関心を引くことはできなかった。そこで三度目には、覇者の道について説いた。すると孝公はようやく関心を抱きはじめた。四度目の面会では、衛鞅が話をしているうちに、孝公はわれを忘れて膝を乗り出し、数日語りつづけてあきないというありさまだった。

法が正しくおこなわれれば、国は富む

秦《しん》の孝《こう》公は衛鞅《えいおう》に左庶長《さしょちょう》という位を与え、変法《へんぽう》をおこなわせることにした。変法の令では、民を五戸あるいは十戸を組として組織し、誰かが罪を犯せば全員を連座させる。悪事を犯した者がいても、それを訴えなかった場合は腰斬《ようざん》の刑に処し、悪事を訴え出た者には、敵の首をとったのと同じ賞を与え、罪人をかくまった者には、敵に降参したのと同じ罰を課する。民に二人以上男子がいるのに分家をしなければ、課税を二倍にする。軍功のあった者には、それに応じた爵位《しゃくい》を与え、私闘《しとう》をした者には、それぞれ軽重に応じた刑罰を与える。本業の農耕機織りにいそしみ、食糧《しょくりょう》や織物をたくさん供出した者は、課税を免除する。本業を疎《おろそ》かにし、末《まつ》

の利（商いなど）に走って貧しくなった者は、すべて奴隷《どれい》とする。公の一族でも軍功のない者は、一門の籍《せき》に収めない。身分の尊卑《そんぴ》、爵位の等級を明らかにし、それぞれに応じた生活をさせる。功を立てた者は栄誉高く、功のない者は富があっても豪華な暮らしをさせない、などの決まりが定められていた。

変法を定めても、民がそれを信用しないのでは意味がない。そこで衛鞅は一計を案じた。市場の南門に高さ三丈《じょう》［長さの単位。当時の1丈は2・25メートル］の木を立て、これを北門に移した者には十金を与えると、懸賞《けんしょう》を出したのである。人びとはいぶかしく思って、一人として移そうとする者はいなかった。つぎに、懸賞を五十金に引き上げたところ、一人の者が木を移したので、その者に五十金を与えた。国の発する命令に嘘のないことを明らかにしたのである。

こうした下準備を経て、いよいよ変法の令が公布された。最初の一年のあいだに、都へ来て、法令が不便だと訴える者が千人を数えた。そのとき秦の太子が法を犯した。衛鞅は、「法がおこなわれないのは、上の者が犯すからだ」と言って、太子を罰しようとした。しかし、さすがに太子を処刑するわけにはいかない。そこで守り役の公子虔《けん》を杖打ち、太子の師であった公孫賈《か》を入《い》れ墨《ずみ》の刑にした。翌日から、秦の人びとはみな法令によく気を配るようになった。

法令が公布されてから十年たつと、道に落ちた物をひろわず、山には盗賊なく、家々はみな豊かで、秦の人びとはこれを大いに喜びとした。民は公の戦争に勇みたち、私闘はおこなわず、町も村も治安がよくなった。当初、法令は不便だと言った者で、今度は便利ですと言いに来る者があった。衛鞅は、「これらは教化を乱す民である」と言って、ことごとく辺境の城へ移住させた。これより法令について議論する者はいなくなった。

「法の弊害、これほどか」

その後、衛鞅《えいおう》は大良造《たいりょうぞう》に任ぜられ、兵を率いて魏《ぎ》の安邑《あんゆう》を包囲し、これを降伏させた。それから三年して、咸陽《かんよう》に門や宮殿を造営し、秦《しん》の都を雍《よう》からそこへ遷《うつ》させた。一方、民政の改革にも力を入れた。民の父子兄弟が同じ家に住むことを禁止した。小さな町や村を集めて県とし、令《れい》と丞《じょう》を置き、合わせて三十一県とした。田地のあいだの境界を廃して、課税を均等にした。枡《ます》、秤《はかり》、物差しを統一した。これらの法令が公布されて四年目、公子虔《けん》が再び法を犯したので、鼻そぎの刑に処せられた。それから五年、秦の人は豊かになり、国力も増強された。周《しゅう》の天子から祀《まつ》り用の肉が届けられ、諸侯もことごとくこれを祝賀した。

あくる年、斉《せい》が馬陵《ばりょう》の戦いで魏を破った。

そのあくる年、衛鞅は孝《こう》公に、今こそ魏を討つべきときであると進言した。衛鞅が大将として出撃すると、魏は公子卬《こう》を大将として迎撃した。両軍が対峙《たいじ》したとき、衛鞅は公子卬に書簡を送った。

「わたくしは公子様と親しくしておりました。ですので、攻めあうに忍びません。公子様の面前で盟約をたて、酒宴をして兵を引き、秦《しん》魏両国とも安らかにしたく存じます」

公子卬はもっともと思い、誘いに応じた。会盟を終わって酒もりをしていたとき、伏兵が踊りでて公子卬を捕虜《ほりょ》にした。それから秦軍は魏軍を攻め、大きな打撃を与えたのち帰国した。

魏の恵《けい》王は斉・秦との戦いに幾度も敗れ、国庫の貯えも乏しくなり、領土も削られていくのに恐れをなして、河西《かせい》の地を割譲《かつじょう》することで秦と和睦を結んだ。そして都を安邑から大梁《たいりょう》へ遷した。恵王はこのときになって、公叔痤《こうしゅくざ》の言葉を用いなかったことを後悔した。

衛鞅が魏を撃破して凱旋《がいせん》すると、孝公は恩賞として、於《お》と商《しょう》の十五カ邑《ゆう》を与え、商《しょう》君と称することを許した。

商鞅《しょうおう》は十年間にわたり秦の宰相《さいしょう》をつとめたが、秦の公子や外戚《がいせき》など、彼に怨《うら》みを抱く者は多かった。趙良《ちょうりょう》という者が忠告をした。

「あなた様の行く末は朝露のように危険でございます。それでも寿命を延ばしたいとお考えならば、ご領地をお上に返上なさり、地方に隠退なさるしかありません。秦公には山奥に隠れた賢者を探し出し、老人や孤児をいたわって、功のある者には位をすすめ、徳ある者を尊ぶようおすすめなさいませ。そうすれば、少しは危険の度合いも減ることでしょう」

しかし、商鞅はこの忠告に従わなかった。

五カ月後、孝公が没して、太子が位につき、恵《けい》王となった。恵王の守り役であった公子虔《けん》らの一党は商鞅が謀反《むほん》を図っていると訴えた。かくして、追われる身となった商鞅は関所の近くまで来て、宿屋に泊まろうとした。しかし、宿屋の者は言った。

「商君様の法令で、手形を持たない旅人を泊めるといっしょに罰せられます」

商鞅は思わずため息をついて言った。

「ああ、法の弊害は、これほどのものであったか」

商鞅は魏の国へ逃《のが》れようとしたが、魏では商鞅が公子卬を欺《あざむ》いたことを怨《うら》んでい

秦公一号大墓（陝西省宝鶏市鳳翔区）。春秋時代後期のもので、東西86.3メートル、南北20メートル、深さ14.6メートルに及ぶ

て、国へ入れようとしない。そこで商鞅は他の国へ逃れようとしたが、魏の人びとは、「商君は秦では謀反人だ。秦は強大だから、その謀反人を送り返さないのはまずい」と言って、商鞅を秦へ護送した。

　商鞅は秦へ送り返されたのち、商《しょう》邑《ゆう》に逃れ、徒党を組み、北へ出て鄭《てい》県を攻めた。秦は兵をくりだして商鞅を攻撃し、鄭の黽池《べんち》において殺した。秦の恵王は商鞅の遺体を車裂《くるまざ》きにして引き回したうえ、「商鞅のような謀反人が二度と現われないように」と言って、その一族を皆殺しにした。

Ⅶ 蘇秦と張儀――合従連衡で秦の力を抑える

名誉を獲得しない限り……

秦《しん》の恵《けい》王の時代、蘇秦《そしん》と張儀《ちょうぎ》が天下をめぐり歩き、名をなした。

蘇秦というのは東周《とうしゅう》の洛陽《らくよう》の人である。東へ行って斉《せい》の国に師を求め、鬼谷《きこく》先生について学んだ。それから数年間、諸国をめぐり、一文なしになって故郷へ帰った。兄弟や兄嫁、それに妻までもが、彼のことを嘲笑《あざわら》った。

「わたしら周の人間は、農業など、土地の産業に励《はげ》んで、二割の儲けをあげることがつとめなのさ。それなのに本業を捨てて、口先で儲けようとしている。それじゃあ貧乏になるのも当然じゃないか」

蘇秦はこれを聞いて大いに恥じ入り、それからは家に閉じこもり、ひたすら読書につとめた。「夫士たる者、名誉を獲得しない限り、どんなに多くの書物を読んでも意味がないではないか」と思っていたとき、西周《せいしゅう》時代に書かれた『陰符《いんぷ》』という書物が目にとまった。蘇秦はこれを読みふけり、一年をかけて揣摩《しま》の術［君主の心を見抜き、それを抑えたり、もちあげたりして、意のままにあやつる法］を習得した。これでどの君主でも説き伏せられるはずだと考え、まず周の顕《けん》王に具申《ぐしん》をしようとしたが、顕王の側近の者たちは、それまでの蘇秦をよく知り、軽んじていたので、まったく取り次いでもらえなかった。

そこで蘇秦は秦に赴《おもむ》いたが、折悪く商鞅《しょうおう》が殺されたばかりで、恵王が弁舌の士を嫌っていたことから、ここでも工作は失敗した。

つぎに蘇秦は趙《ちょう》に赴いたが、宰相《さいしょう》の奉陽君《ほうようくん》に気に入られなかったことから、またしても失敗に終わった。

ついで蘇秦は燕《えん》に赴いた。滞在すること一年、ようやく文《ぶん》公に目通りがかない、関心を引くことに成功する。文公の依頼を受けて趙に赴くと、奉陽君はすでに死んでおり、粛《しゅく》公に目通りすることできた。蘇秦は趙でも成功を収める。

蘇秦は遠大な構想を立てていた。それを実現させるためには、秦にはしばらくおとなしくしてもらう必要がある。そのため蘇秦は、学友の張儀《ちょうぎ》を秦に仕えさせるように仕向けた。

それから蘇秦は韓《かん》、魏《ぎ》、斉《せい》、楚《そ》を遊説《ゆうぜい》してまわり、ついに六国合従《りっこくがっしょう》の盟約を結ばせることに成功する。これより秦の軍は十五年ものあいだ、函谷関《かんこくかん》より打って出ることはなかった。

故事成語22▼むしろ鶏口《けいこう》となるも牛後となるなかれ
蘇秦《そしん》が韓《かん》の宣恵《せんけい》王に言った言葉に由来する。大きな組織に付き従って軽んぜられるよりも、小さな組織の長となって重んぜられるほうがよいという意味。この場合、「牛後」とは秦に服従することをさしている。

舌さえあれば十分だ

張儀《ちょうぎ》は魏《ぎ》の出身である。鬼谷《きこく》先生のもとで学んでいるとき、蘇秦《そしん》は張儀にはかなわないと自認していた。

張儀も学を終えたのち、諸国をめぐった。楚《そ》の国へ赴《おもむ》き、宰相《さいしょう》主催の酒宴に出席したとき、宰相の璧《へき》（玉《ぎょく》）が紛失する事件がおきた。宰相の家臣たちは張儀が盗んだものと決めてかかり、張儀を鞭《む》打《ちう》って、半殺しの目にあわせた。張儀の無様なありさまを見て、妻が言った。

■ 蘇秦の合従・張儀の連衡遊説図

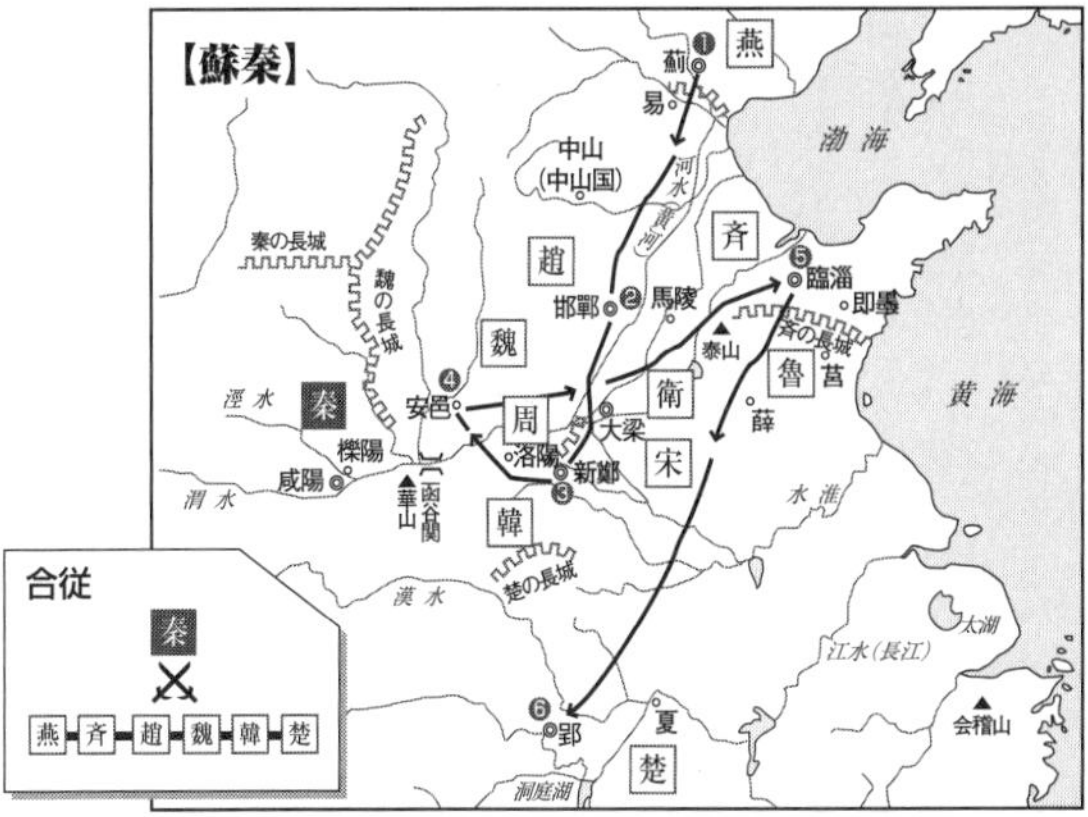

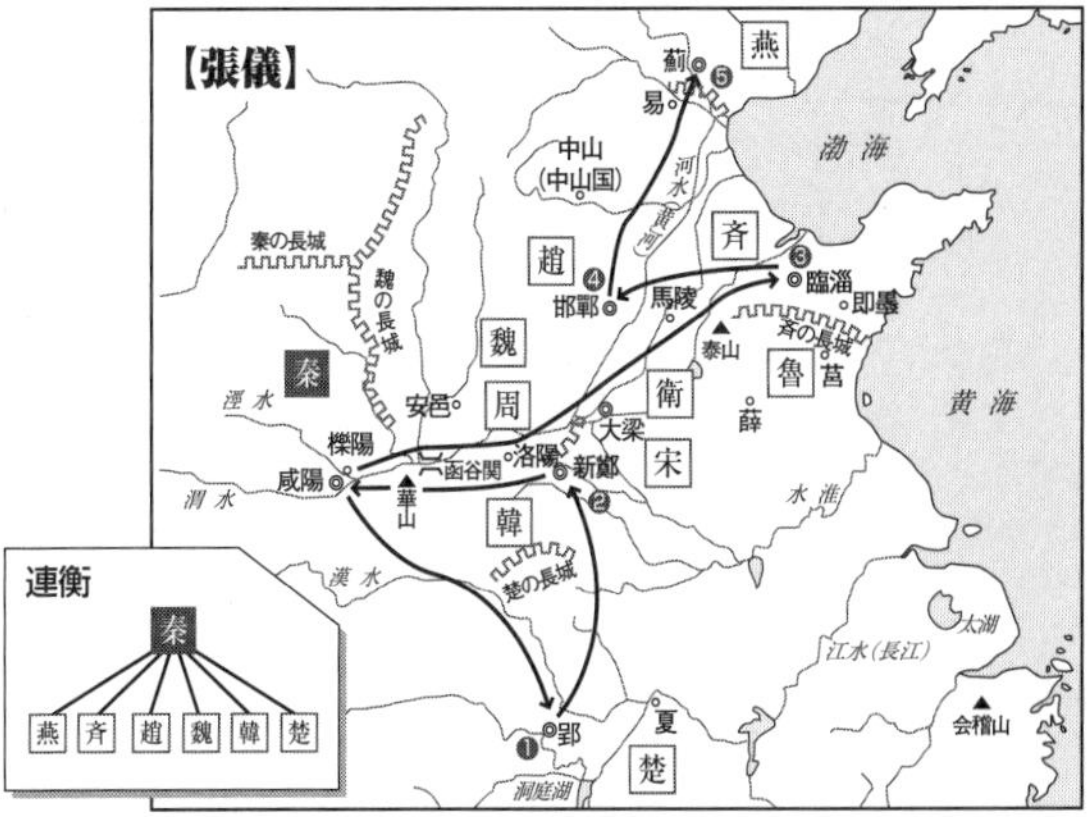

参照:『歴史群像シリーズ78　争覇　春秋戦国』(学習研究社)

「もう本を読んだり遊説したりするのをやめたらどうです。そうすれば、こんな恥ずかしい目にあわなくてすむじゃないですか」

するとと張儀は妻に言った。

「見てみろ、俺の舌はまだあるか」

妻が笑いながら、「ありますよ」と答えると、張儀は言った。

「それなら十分だ」

ときに蘇秦は六国《りっこく》のあいだをめぐり、工作をつづけていた。いま秦《しん》に攻撃されては、合従《がっしょう》の同盟がふいになる。それを防ぐにはどうしたらよいか。いろいろ考えたあげく、張儀を秦に仕えさせることにした。

そのやり方が、また入念だった。張儀をわざと怒らせ、自分への憎しみから、秦に行くよう仕向けたのである。

張儀が秦へ赴く道すがら、たまたま同じ宿になった男が車馬や金銭をさしだすなど、何かと世話をしてくれた。実はこの男は蘇秦の近侍《きんじ》だった。張儀が秦の恵王《けい》の客卿《かくけい》［他国出身の大臣のこと］になるのを見届けて、近侍はようやく自分の正体を明かした。すると張儀は言った。

「さてさて、このくらいのことはわしも学んでいたはず。それなのに気づかないとは。蘇秦殿に伝えてくれ。蘇秦殿がおられるあいだは、それがし決して蘇秦殿の邪魔はしないと」

やがて張儀は秦の宰相となる。そして蘇秦が失脚したと知ると、連衡《れんこう》工作に力をいれた。六国を遊説してまわり、それぞれの国が秦と個別に盟約を結ぶよう仕向けたのである。この工作は成功を収め、合従の同盟を完全に突き崩すこととなった。

恵王が没すると、子の武《ぶ》王が後を継いだ。武王は太子であった頃から張儀を快く思っていなかった。そのため張儀は理由を設けて魏の国へ赴き、二度と秦には戻らなかった。

張儀にだまされ、秦で客死した楚の懐王（湖北省武漢市）

Ⅷ 秦の白起 ――長平の戦いで趙を破った老将軍

噂を広めて敵をあざむく

秦《しん》の武《ぶ》王が没すると、異母弟の昭《しょう》王が後を継いだ。昭王の代には、白起《はくき》という武将が活躍した。

白起は韓《かん》・魏《ぎ》を破って多くの城を奪ったのち、楚《そ》に侵攻して都の郢《えい》を落とした。このため楚の王は東へ逃げて、陳《ちん》に都を遷《うつ》した。

昭王の三十四年、白起は魏を攻めて十三万人を討ち取り、趙《ちょう》と戦ったときには兵卒二万人を溺死《できし》させた。四十三年には韓に攻め入って五つの城を落とし、五万人を討ち取った。

昭王の四十七年、秦軍は趙の領内に侵攻し、長平《ちょうへい》で趙軍と対峙《たいじ》した。趙軍を指揮するのは老将の廉頗《れんぱ》だった。廉頗は野戦で敗北を重ねたことから、堅く土城を守って戦わない作戦にでた。持久戦にもちこみ、秦軍の兵糧《ひょうろう》の尽きるのを待つ作戦である。

秦軍は趙軍が挑発に応じないと見るや、作戦を変えた。間者《かんじゃ》を放ち、彼らに千金をばらまかせると同時に、噂を広めさせたのである。それは、「秦が何より恐れているのは、今は亡き名将、趙奢《ちょうしゃ》の息子、趙括《ちょうかつ》が総大将になることだ。廉頗などは相手にもならない。遅かれ早かれ降伏するだろう」というものだった。趙の王も、廉頗の軍に逃亡兵が多く、敗北も重ね、しかも守るばかりで出撃しないのを不満として、何度も問責の使者を送っていた。その矢先に噂を耳にしたものだから、心が動いた。老臣で、廉頗と刎頸《ふんけい》の交わりを結んでいた藺相如《りんしょうじょ》は、「王様は評判だけで趙括を用いようとしておられますが、あれは使い物になりません。趙括は書生の徒で、臨機応変の措置をとることなどできません」と言って反対したが、趙王は聞き入れず、廉頗に代えて、趙括を総大将に任じた。

母の恐れ、的中する

趙括《ちょうかつ》は幼少より兵法を学び、天下に自分にかなう者はいないと自負しており、父と軍略について論じあい、言い負かしたことさえあった。しかし、趙奢《ちょうしゃ》はわが子を認めていなかった。妻からその理由を問われたとき、趙奢は言った。

「戦いは生きるか死ぬかの瀬戸際だ。それを括めは無造作に論じおる。趙の国がもし括を大将にするようなことがあれば、趙の軍は破滅を免れないにちがいない」

ゆえに趙括が出陣するにあたり、彼女は王に書簡を送り、命令を撤回するように申し入れた。王からその理由を問われると、彼女はこう返答した。

「趙奢には自分で食事や酒肴《しゆこう》をすすめる者が何十人もおり、友人のように付き合う者が何百人もいました。王様のご一門からいただきました物は、すべて軍の役人や士、大夫《たいふ》たちに分け与え、自分の懐《ふところ》には一切入れませんでした。しかし、せがれはまったく父の道を歩んでおりません。軍の役人や士、大夫たちに対して、あくまで主人としてふるまい、王様からいただいた物はすべて持ち帰って、しまいこみ、毎日、買えそうな田畑、屋敷はないかと物色しております。父と子で、これほど心の持ちようが違っております。どうか総大将にするのはおやめください。もしどうしてもお遣《つか》わしになるのなら、どのような事態になっても、罪をわたくしに及ぼさないようお願い申しあげます」

趙の王は承諾した。

趙括は廉頗《れんぱ》と交代したのち、すべての決まりを改め、軍の役人も配置も変えた。秦《しん》ではそれを知ると、白起《はくき》を総大将とし、そのことを漏《も》らした者は死刑にする

秦・白起の活躍

紀元前 293　伊闕の戦い　秦 vs 韓・魏

白起、韓・魏軍を破り、韓の将軍、公孫喜を捕らえる

↓

288　昭王、西帝を称すもまもなく王号に復す

↓

279　鄢の戦い　秦 vs 楚

白起、鄢・鄧を取る

↓

278　白起、楚の都・郢を落とす

↓

274　華陽の戦い　秦 vs 趙・魏

客卿胡陽、魏の将軍、芒卯を敗走させる

↓

270　閼与の戦い　秦 vs 趙

趙の将軍、趙奢、秦軍を大破

↓

265　趙を攻め3城を奪う

↓

263　韓を攻める。韓の上党郡、秦を嫌い趙に降伏

↓

260　長平の戦い　秦 vs 趙

白起、反間策で趙の将軍、廉頗を更迭させる

秦では大将を白起に代え、勝利

参照:『歴史群像シリーズ78 争覇 春秋戦国』(学習研究社)

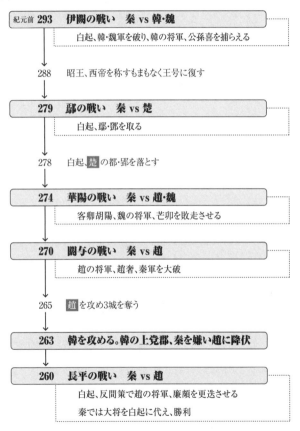

と、全軍に布告した。

白起は正面の自軍をわざと敗走させて敵を誘い出し、別動隊を使って趙軍を二つに分断するとともに、糧道《りょうどう》を絶ち切った。秦の昭《しょう》王は趙軍が罠《わな》にかかったと聞くや、みずから河内に赴《おもむ》き、そこに住む趙の住民にそれぞれ秦の爵位《しゃくい》を与えた。同時に、十五歳以上の男子すべてを徴発し、趙の本国からの救援軍と食糧《しょくりょう》の輸送を阻《はば》ませた。

分断包囲されること四十六日、趙の軍では食糧が底をついたことから、互いに殺しあい、その肉を食べていた。なんとか包囲を破ろうと、兵を四隊に分け、四度、五度と突撃をくり返したが、いずれも失敗に終わった。趙括は精鋭を率いてみずから斬《き》り込んでいったところを射殺された。ここに至り、趙の兵士四十万人が白起に降伏した。

このとき、白起は考えた。

「さきに秦は上党《じょうとう》を攻め落としたが、上党の住民は秦の支配を喜ばず、趙に帰服した。趙の兵たちも裏切るにちがいない。皆殺しにしておかなければ、反乱をおこす恐れがある」

そこで白起は彼らをだまし、殺して穴埋めにした。年少の者二百四十人だけは趙へ返してやった。この戦いで死んだ趙兵の数は合わせて四十五万人に及んだ。趙の王は大きな衝撃を受けたが、さきの約束があるので、趙括の母親を罰することはなかった。

故事成語23▼完璧《かんぺき》

趙《ちょう》の恵文《けいぶん》王は和《か》氏の璧《へき》という美玉を手に入れた。すると秦《しん》の昭《しょう》王が十五の城と交換してほしいと申し入れてきた。これを断れば戦争になりかねず、かといって秦が本当に城を渡すとも限らない。このとき、璧を持って秦に出向いた使者が藺相如《りんしょうじょ》で、彼は趙の体面を壊すこともなく、無事に璧を持ち帰った。この故事から、完全無欠なことを「完璧（璧を完《まっと》うす）」と言うようになった。

故事成語24▼刎頸《ふんけい》の交わり

藺相如《りんしょうじょ》は無事に璧《へき》を持ち帰った功績により、趙の上卿《じょうけい》となった。藺相如の後塵《こうじん》を拝することになり、名将の廉頗《れんぱ》はおもしろくなかった。しかし、藺相如は、「秦《しん》が趙《ちょう》に攻めてこないのは廉頗と自分がいるからだ」と言って、廉頗と対立することを避け、へりくだった態度をとりつづけた。これを知った廉頗は大いに恥じ入り、以後、二人は互いのためなら首をはねられてもかまわないと思うほどの、無二の親友になった。この故事から、生死をともにするほど親しい交際を「刎頸の交わり」と言うようになった。

名将の哀れな最期

昭王《しょう》の四十八年十月、秦《しん》は再び上党《じょうとう》を平定した。そこから軍を二つに分け、皮《ひ》牢《ろう》と太原《たいげん》をも攻略したところ、韓《かん》と趙《ちょう》は大いに恐れ、蘇代《そだい》を使者にたて、手あつい贈り物持参で、秦の宰相《さいしょう》、范雎《はんしょ》のもとへ説得に赴《おもむ》かせた。蘇代は范雎に、白起《はくき》に対する嫉妬《しっと》と競争心を抱かせ、さらにそれを煽《あお》るよう仕向けた。この工作は功を奏し、秦は攻撃の手を休め、韓《かん》・趙《ちょう》と和議を結んだ。白起はこの和議に不満で、これより范雎と不和になった。

やがて趙との和議が破れたが、白起は病気のため出陣することができなかった。そのあくる年、白起が回復したので、昭王は王陵《おうりょう》に代えて、白起を邯鄲《かんたん》攻めの総大将に任じようとした。ところが、白起はつぎのように言って辞退した。

「邯鄲を攻めるのは、たしかに容易ではございません。諸侯からの援軍も続々とやってくるでしょう。諸侯はわが国を非常に怨《うら》んでおります。わが国は長平《ちょうへい》で大勝利を得たとはいえ、戦死者も多く、国内は手薄の状態です。遠く山河を越えて、人の国の都を争えば、趙の国は城内より応じ、諸侯は外から攻めてきて、秦軍の敗北は必至でしょう。邯鄲を攻めてはなりません」

昭王はじきじきに命令を下したが、白起はそれでも動こうとしなかった。昭王は仕方なく、別の将軍を派遣したが、八、九カ月たっても、邯鄲を落とすことはできなかった。

そうこうするうち、楚《そ》の春申君《しゅんしんくん》や魏《ぎ》の信陵君《しんりょうくん》が援軍を率いて到来し、秦軍に攻撃をしかけてきた。そのため秦軍は多くの死傷者を出すこととなった。白起は、「わたしの献策《けんさく》を聞かれなかったばかりに、このざまだ」と言ったが、それを聞いた昭王は無理にでも白起を出陣させようとした。しかし、白起は重病と称し、范雎が頼んでも、動こうとしなかった。このため白起は職を免ぜられ、一兵卒として、陰密《いんみつ》に流されることになった。

白起への処罰はこれで終わりではなかった。咸陽《かんよう》の都を出立してまもなく、王から使いがきて、剣を賜い、自決せよとの命令を伝えられた。白起は剣を首にあてながら自問した。

「わしはいかなる罪を天に得て、このような最期を遂げるのか」

ややあって、彼は答えを見出した。

「当然のことだった。長平の戦いで、趙の降参した兵数十万を、偽《いつわ》って殺してしまった。それは十分、死に値する」

そう言って、白起は自決した。ときに昭王の五十年十一月のことだった。

昭王の五十二年、周《しゅう》に伝わった九つの鼎《かなえ》が秦の手に渡り、周が滅んだ。

五十四年、昭王は雍《よう》で上帝《じょうてい》の祀《まつ》りをおこなった。

五十六年、昭王が没して、子の孝文《こうぶん》王が後を継いだ。孝文王が没すると、子の荘《そう》襄《じょう》王が後を継いだ。荘襄王が没すると、子の政《せい》が後を継いだ。これが秦の始皇帝《しこうてい》である。

『史記』Q&A 【第三章】

■なぜ年代の矛盾が起きたのか

『史記《しき》』の記述にもとづいて、春秋《しゅんじゅう》・戦国時代の年表をつくろうとすると、どうしても矛盾が出てくる。たとえば、衛《えい》の国の滅亡が秦《しん》の二世皇帝の時代になってしまったりする。これは明らかに史実と異なる。なぜこんな問題が生じるのか。

最近の研究の結果、司馬遷《しばせん》が年代計算のうえで、いくつもの間違いを犯していたことがわかっている。国や諸侯によって暦《こよみ》や改元のやり方が違うのに、すべて同じやり方で計算していたからなのだ。

だが、この点に関して司馬遷を責めるのは酷というものだろう。秦の始皇帝《しこうてい》の焚書《ふんしょ》によって、多くの貴重な史料が失われ、知的財産の断絶がおこっていたのだから。

■諸子百家とは何か

戦国時代に活躍した思想家や遊説《ゆうぜい》家を総称して「諸子百家《しょしひゃっか》」と呼ぶ。後漢の班固《はんこ》が著わした歴史書『漢書《かんじょ》』には、「およそ諸子は百八十九家……みるべきものは九家のみ」という記述がある。この九家というのは、すなわち儒家《じゅか》・墨家《ぼっか》・道家《どうか》・名家《めいか》・法家《ほうか》・陰陽家《いんようか》・農家《のうか》・縦横家《じゅうおうか》・雑家《ざっか》のことをいう。

ただし、これはあくまで漢代の命名で、戦国時代にはこのような呼び名はなかった。よって、法治の利便を説いた李斯《りし》と韓非《かんぴ》が儒学の系譜に連なる荀子《じゅんし》の弟子であるなど、誰それは何家と明確に分類するのが難しい例も少なくない。

第四章
秦の始皇帝の時代

◉始皇帝統一時代の中国

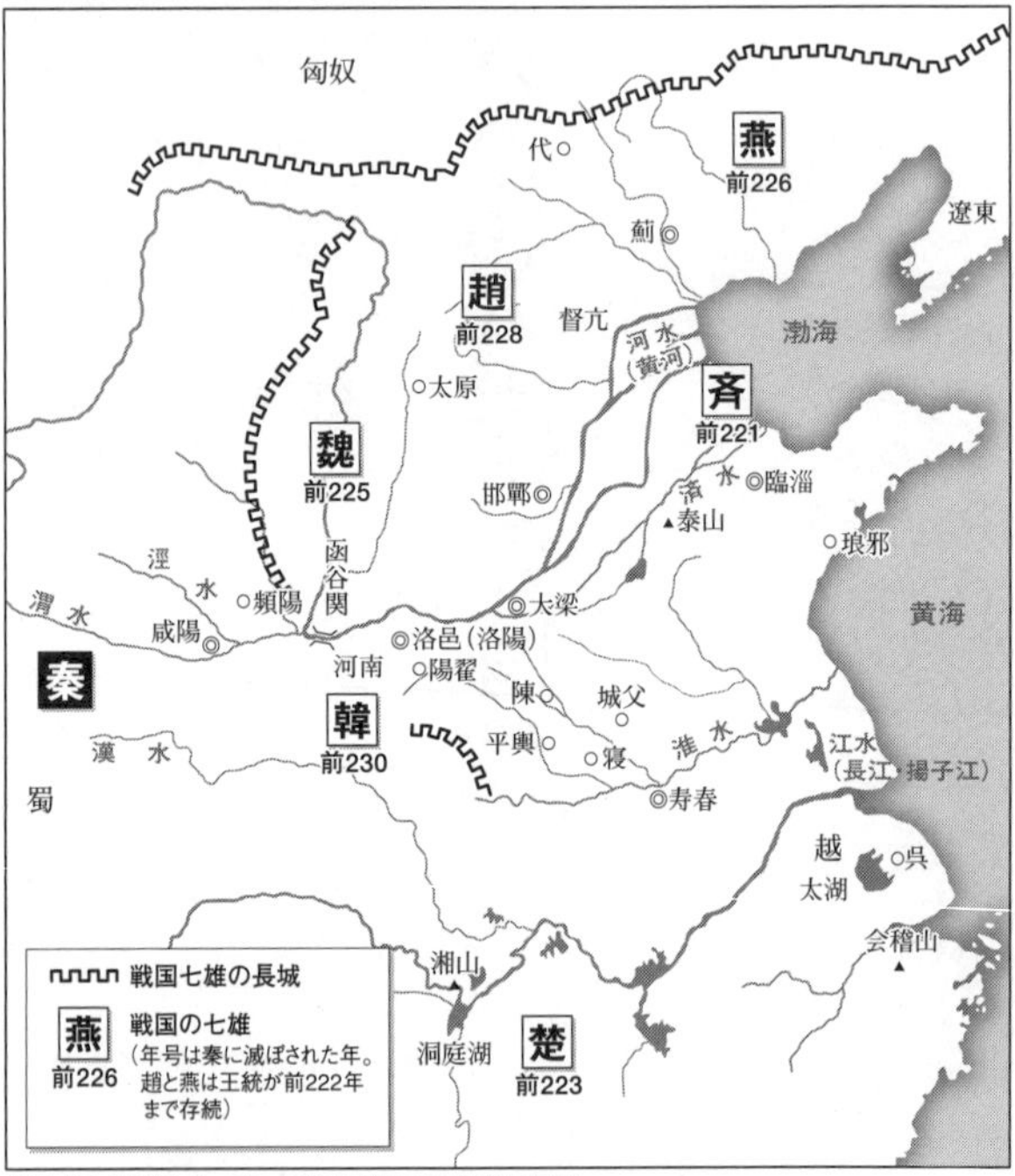

参照：『歴史群像シリーズ78 争覇 春秋戦国』（学習研究社）

I　呂不韋の陰謀

――政を秦王にした黒幕

呂不韋の先見の明

秦《しん》王政《せい》について語るには、まず呂《りょ》不韋《ふい》について触れておかなければならない。呂不韋は陽翟《ようてき》の大商人だった。

ときに秦では昭《しょう》王の四十年に太子が死去し、二年後、次男の安国君《あんこくくん》が新たな太子に立てられた。安国君には二十人以上の男子がいた。しかし、もっとも寵愛《ちょうあい》があつく、側室から正室に繰り上げされた華陽《かよう》夫人には子がなかった。

安国君の男子のなかほどに子楚《しそ》という者がいた。母親の夏姫《かき》があまり愛されなかったことから、子楚は人質として趙《ちょう》に預けられていた。秦がたびたび趙に攻撃をしかけるものだから、趙では子楚を冷遇していた。秦からの仕送りも少なかったことから、子楚は苦しい生活を余儀なくされた。

呂不韋は趙の都の邯鄲《かんたん》に出かけ、子楚の存在を知ると、思わず、「奇貨《きか》おくべし」とつぶやいた。それからすぐに目通りして、「わたしはあなた様の門を大きくしてさしあげられます」と言った。子楚が、からかわれているものと思い、笑って応じると、呂不韋は重ねて言った。

「あなた様はまだご存じではないですが、わたしの門はあなた様のおかげで大きくなるのです」

子楚は呂不韋の含意《がんい》を悟って、彼を奥座敷へ案内した。

呂不韋が言うのはこういうことである。昭王はもう老齢で、安国君を太子に立てたものの、安国君がもっとも寵愛する華陽夫人には子がない。一方、このままでは子楚が安国君の世嗣《よつ》ぎに選ばれる可能性もなきに等しく、ついては、華陽夫人に取り入って、彼女の義理の子にしてもらえばよい。そうすれば、彼女の口利きで世嗣ぎに選ばれるにちがいない、というのである。呂不韋は工作に必要な経費はいくらでも提供するという。子楚は喜んで、呂不韋の計画に乗ることにした。

呂不韋はまず子楚に五百金を与えて、交際範囲を広めさせ、自分は五百金で珍奇な品々を買いそろえ、西へ向かった。秦へ着くと、華陽夫人の姉を通じて、それらを彼女に献上した。そのとき、子楚を褒《ほ》めあげるのを忘れなかった。

華陽夫人が非常に喜んでいたと知ると、呂不韋は華陽夫人の姉を通じて説得をは

秦の昭王と趙の恵文王が和議を結んだ秦趙会盟台（河南省三門峡市澠池県）

じめた。その際、特に強調したのが、「容色をもって人に仕える者は、容色が衰えれば愛も緩《ゆる》む」ということだった。そうやって危機感を煽《あお》ったうえで、呂不韋はつぎのようなことを述べた。公子のなかで誰かを選び、義理の母子の関係を結んでおいたほうがよい。そうすれば、王が亡くなってからも、その子が次なる王になって自分を尊び、尽くしてくれる。そして、公子のなかで、子楚ほどすぐれた者はいない。子楚は華陽夫人を実の母のように慕っていると。

　華陽夫人はなるほどと思い、安国君に向かい、子楚のことを褒めあげたうえ、泣きながらかきくどいた。どうか子楚を世嗣ぎにしてくださいと。すると安国君は承諾して、子楚に手厚い贈り物をするとともに、呂不韋に子楚の守り役になるよう要請した。これより、子楚の名は諸侯のあいだで広く知られるようになった。

故事成語25▼奇貨《きか》おくべし

呂不韋《りょふい》が子楚《しそ》に目をつけたときに言った言葉に由来。「この値打ち物は押さえておかねばならない」という意味から転じて、「珍しい財物は蓄えておいて、高い値段になるのを待つのが良い」といった意味あいで使われる。

政の出生の秘密

呂不韋《りょふい》は邯鄲《かんたん》の女のなかでも容姿と舞踊にすぐれた者を家に入れていたが、そのなかの一人が呂不韋の子をはらんだ。ときあたかも、子楚《しそ》が彼女を見染め、もらいうけたいと言ってきた。呂不韋は腹が立ったが、ここで断れば、すべての計画が台無しになりかねない。そこで身ごもっていることを内緒にしたまま、彼女を子楚に献上することにした。月満ちて、彼女は男の子を産んだ。これが政《せい》である。子楚は

秦王政の父、伝・荘襄王の墓（陝西省西安市）

彼女を正式に夫人にした。

昭《しょう》王の五十年、秦《しん》は軍を出して邯鄲を包囲した。このため趙《ちょう》は人質である子楚を殺そうとした。呂不韋は監視の役人たちを買収して、子楚を逃がし、無事、秦の陣営まで送り届けた。

昭王の五十六年、昭王が没して、太子の安国君《あんこくくん》が即位し、華陽《かよう》夫人は后《きさき》、子楚は太子となった。太子の妻子を殺害するわけにも、とどめおくわけにもいかないので、趙は子楚の夫人と政に護衛をつけて秦へ帰らせた。

安国君は在位三日にして没し、孝文《こうぶん》王とおくりなされた。代わって太子の子楚が即位した。これが荘襄《そうじょう》王である。荘襄王の元年、王は呂不韋《りょふい》を丞相《じょうしょう》にとりたてたうえ、文信侯《ぶんしんこう》に封じ、洛陽《らくよう》十万戸の所領を与えた。呂不韋の家の下僕《げぼく》は一万人に達した。

荘襄王は在位三年にして没し、太子の政が王位についた。政は呂不韋を尊んで相国《しょうこく》(宰相《さいしょう》)とし、仲父《ちゅうほ》と呼ぶことにした。政はまだ十三歳と幼かったので、母太后《たいこう》はおりをみては呂不韋と不義を重ねた。

当時、魏《ぎ》には信陵君《しんりょうくん》、楚《そ》には春申君《しゅんしんくん》、趙には平原君《へいげんくん》、斉《せい》には孟嘗君《もうしょうくん》がいて、それぞれ食客《しょっかく》を集めることが好きで、競いあっていた。呂不韋もこれに負けじと、多くの食客を集め、その数は三千人に達した。当時は諸侯のもとに身を寄せる弁舌の士が多く、荀子《じゅんし》など、その著書が天下にあまねく広がっていた。そこで呂不韋も、自分のところの食客たちにそれぞれ文章をおこさせ、「八覧《はちらん》」「六論《りくろん》」「十《じゅう》二紀《にき》」の計二十余万字からなる書を編纂《へんさん》した。天地、万物、古今の事柄すべてを網羅したと称し、『呂氏春秋《りょししゅんじゅう》』と名づけた。咸陽《かんよう》の市場の門に並べて、その上に千金をつりさげ、諸国の学のある者を招き寄せ、「これらの書物の内容について一字でも増やしたり削ったりできる者には千金を与えよう」と触《ふ》れを出した。

呂不韋の失脚

秦《しん》王政《せい》が立派に成長したのとは対称的に、母太后《たいこう》の淫行《いんこう》は収まらない。呂不韋《りょふい》は災いが身に及ぶことを恐れ、自分の代わりをつとめる男を探しだした。嫪毐《ろうあい》という巨根の持ち主である。呂不韋は嫪毐を偽《にせ》の宦官《かんがん》に仕立て、太后のそばに仕えさせた。太后は嫪毐と私通し、はなはだ寵愛《ちょうあい》した。やがて嫪毐の子を身ごもると、事の発覚することを恐れ、占いで祟《たた》りを避けるようお告げがあったと偽《いつわ》って、雍《よう》の離宮に移った。嫪毐の下僕《げぼく》は数千人に達し、官職を求めて嫪毐の舎人《しゃじん》となる者も千余人に及んだ。

秦王政の九年、嫪毐と太后の関係を密告する者があった。調べたところ、事実であり、呂不韋もからんでいることがわかった。政は嫪毐の三族を皆殺しにし、太后の産んだ二人の子も殺した。嫪毐の舎人はすべて財産没収のうえ、蜀《しょく》へ流罪《るざい》とした。

政は呂不韋も殺そうとしたが、先王に仕えた功績が大きく、また彼のためにとりなす者も多かったことから、極刑を下すのはやめにした。

秦王政の十年十月、政は呂不韋を相国《しょうこく》の地位から解任したうえ、洛陽《らくよう》の領地へ追放した。しかし、それから一年たっても、呂不韋のもとには諸侯の客や使者の来訪が絶えなかった。政は、このままにしておけばいずれは反乱をおこすのではないかと恐れ、呂不韋に書簡を送った。それには、「あなたは秦に何の功績があって河《か》南《なん》に封じられ、十万戸も与えられているのか。わが秦とどんな血のつながりがあるというのか。なぜ仲父《ちゆうほ》と号しているのか。一族とともに蜀《しよく》へ移住するよう」と記されていた。

呂不韋はしだいに権勢を削られ、しまいには死刑にされるのではないかと恐れ、毒を飲んで自害した。

故事成語26▼一字千金

呂不韋《りよふい》は『呂氏春秋《りよししゆんじゆう》』を咸陽《かんよう》の市場の門に並べて、その上に千金をつりさげ、諸国の学のある者を招き寄せ、一字でも増やしたり削ったりできる者には千金を与えよう、と触《ふ》れを出した。この故事から、すぐれた文章のことを「一字千金」と言うようになった。

II　李斯・韓非・尉繚――絶対者を育てた者たち

人間の賢と愚も鼠と同じ

秦《しん》王政《せい》は前項で述べたような環境のもとに育ったわけだが、その性格を知るうえで、次の三人について触れておいたほうがよかろう。その三人とは李斯《りし》と韓非《かんぴ》と尉《うつ》繚《りょう》である。

李斯は楚《そ》の上蔡《じょうさい》の出身である。若い頃、郡の小役人をつとめたことがあった。役所の便所に鼠《ねずみ》がいて、汚物を食らい、人間や犬の近くではいつもびくびくしている。しかし、蔵の中にいるときは、穀物を好きなだけ食らい、大きな屋根の下に住んで、人間や犬を恐れることもない。これを見た李斯はため息をついて言った。

「人間の賢と愚も、喩《たと》えれば鼠のようなものだ。そのいる場所によって決まるものなのだ」

それから李斯は荀子《じゅんし》について帝王の術を学んだ。学業を終えると、李斯は誰に仕えればよいか考えた。楚王は仕えるに値せず、東方の六国《りっこく》はどこも弱体しており、功を立てる余地が見出せない。ならば西へ行って秦に仕えるしかない。そう決意するや、李斯は荀子に別れを告げ、秦に出かけた。

ときに秦では荘襄王《そうじょうおう》が亡くなったばかりだった。李斯はとりあえず呂不韋《りょふい》の舎人《しゃじん》となり、やがて呂不韋の推薦《すいせん》を得て、政の近侍《きんじ》となった。李斯はこれを機会に、政に献策《けんさく》をした。六国の合従《がっしょう》を破り、各個撃破すべきであると。

政は李斯を長史《ちょうし》に任命し、その計画を実施させた。すなわち、密使を派遣して、買収できる者は買収し、誘いをはねつけた者は暗殺して、相手の国力が弱まったところを見計らって攻撃をしかけるということを繰り返したのである。この作戦がうまくいったことから、政は李斯を客卿《かくけい》に取り立てた。

よそ者は邪魔者か

ときに韓《かん》から鄭国《ていこく》という者がきて、大がかりな灌漑《かんがい》工事をおこしたが、まもなくして、それが秦《しん》の国力を疲弊《ひへい》させるための謀略《ぼうりゃく》であることが発覚した。この事件をきっかけに、王族のあいだから、他国出身の役人をすべて追放する、逐客令《ちくかくれい》を出すべきとの意見が強く出された。もちろん、追放者の名簿には李斯《りし》の名前も記されていた。そこで李斯はつぎのように進言した。

「昔、わが秦の穆《ぼく》公は由余《ゆうよ》を西方の戎《じゅう》から引き抜き、百里奚《ひゃくりけい》を宛《えん》の地で手に入れ、蹇叔《けんしゅく》を宋《そう》より迎え、丕豹《ひひょう》・公孫支《こうそんし》を晋《しん》から求めて臣とし、その結果、他国を二十余も併合し、西戎《せいじゅう》の地の覇者《はしゃ》となりました。孝《こう》公は衛《えい》の商鞅《しょうおう》の変法《へんぽう》を採用して富強を図った結果、諸侯が服従し、今に至るまで秦はよく治まり強大なのです。恵《けい》王は魏《ぎ》出身である張儀《ちょうぎ》の計略を採用して、六国《りっこく》の合従《がっしょう》を解体させ、六国を秦に仕えるよう仕向けました。昭《しょう》王は范雎《はんしょ》を得て、秦の王室を強化しました。この四人の君主の成功は、いずれも他国の客人たちの働きによるものであります。ですから、客人がどうして秦の不利益になりましょう。いま賓客《ひんきゃく》を締め出しては、諸侯を利することになります。これでは敵兵に武器を貸し与え、盗人に食糧《しょくりょう》をやるのと同じであります」

政は李斯の進言をもっともとし、逐客令を撤廃し、李斯を原職に復帰させた。こののち李斯はさらに出世して、廷尉《ていい》にまで進んだ。

嫉妬の恐ろしさ

韓非《かんぴ》は韓の国の公子である。刑名法術《けいめいほうじゅつ》の学を好んだが、その帰するところは黄《こう》帝と老子《ろうし》の教えだった。生まれつき吃音症《きつおんしょう》で、話をすることは苦手だったが、著書はすぐれていた。李斯《りし》と同じく荀子《じゅんし》に師事したが、李斯は韓非に劣ると自認していた。

韓非は韓の領土がだんだんに削り取られていくのを見て、しばしば意見書を提出して諫《いさ》めたが、王はとりあげなかった。

韓非は廉直《れんちょく》の士が邪《よこしま》な臣から排撃《はいげき》されている現状を悲しみ、万感の思いを込めて、『孤憤《こふん》』『五蠹《ごと》』『内外儲《ないがいちょ》』『説林《ぜいりん》』『説難《ぜいなん》』など計十数万字の諸篇を著わした。

これらの書物を書き写し、秦《しん》に伝えた人がいた。秦王政《せい》はそのうちの『孤憤』と『五蠹』を読んで、「ああ、わしはこの者に会って交わることができれば、死んでも怨《うら》みはしない」と言った。李斯が、「これは韓非の著わしたものでございます」と言ったところ、政は軍を派遣して、韓を激しく攻めさせた。韓の王は最初から韓非を重んじていなかったので、秦から要求されると、すんなり韓非を引き渡した。政は非常に喜んだが、韓非を信頼して、重用するまでには至らなかった。

李斯は、いずれ韓非が用いられれば、自分の居場所がなくなると不安になった。そこで政につぎのように吹き込んだ。

「韓非は韓の国の公子です。韓非は結局、韓のために考え、画策をするに違いありません。ですから、彼を用いるのもよくなく、かといって韓へ帰すのもよくありません。災いの種を除くためにも、法を曲げて、死刑にするのが一番かと存じます」

政はなるほどと思い、韓非を投獄した。李斯は人をやり、毒薬を与えた。韓非は政に釈明したく思ったが、謁見は許されなかった。政が後悔して、赦免《しやめん》の使者を遣《つか》わしたときには、韓非はすでに死んでいた。

「虎狼のような心あり」

尉繚《うつりよう》は魏《ぎ》の出身である。尉繚は秦王政《しんせい》につぎのように進言した。

「秦の強きをもってすれば、諸侯は郡県の長のようなものですが、もし諸侯が合従《がつしよう》するとなれば油断できません。かの知伯《ちはく》や呉王夫差《ごふさ》、斉《せい》の湣王《びん》が滅んだのも、このためです。願わくは、大王には財物を惜しむことなく、諸侯の豪臣に賄賂《わいろ》を贈り、合従の謀《はかりごと》を妨害されますように。わずか三十万金足らずで、すべての諸侯にゆきわたるはずです」

政はこの計略を取り上げるとともに、尉繚を自分と対等の礼をもって待遇し、衣服や飲食も同じようにした。

しかし、尉繚はそれを素直に喜ばなかった。彼は内心では次のように思っていた。

「秦王は、鼻が高く目が長く、クマタカのように胸が突き出て、うなるような声を発し、その人となりは残忍で虎狼《ころう》のような心をもっている。困っているときは人にへりくだるが、得意なときは人を食ったように軽んじる。わたしは一介《いっかい》の布衣《ふい》［官位のない人。平民］の身だが、秦王は常にみずからわたしにへりくだっている。もしも秦王に天下の志を得させたら、天下の者はみな秦《しん》王の虜《とりこ》になるだろう。長くともにいることのできない人物だ」

尉繚は逃走を図ろうとしたが、政によって阻《はば》まれた。尉繚は秦の尉《い》に任じられ、その政策が用いられることになった。実施にあたったのは李斯《りし》だった。

故事成語27▼逆鱗《げきりん》に触れる

逆鱗《げきりん》とは龍の喉《のど》の下にある鱗《うろこ》のこと。これに触れる者は必ず殺されるといわれていた。ここから、人の激しい怒りにあうことを「逆鱗に触れる」と言うようになった。出典は韓非《かんび》の著作を集めた『韓非子《かんびし》』。

III　秦王の暗殺計画

――荊軻に託された最後の秘策

起死回生の策

秦《しん》王の十七年、韓《かん》王の安《あん》を虜《とりこ》とし、その領土をことごとく併合した。この年、華《か》陽太后《ようたいこう》が没した。

秦王の十九年、趙《ちょう》王を捕虜《ほりょ》とし、邯鄲《かんたん》を攻略した。趙の公子、嘉《か》が代《だい》に逃《のが》れ、自立して代王となった。政《せい》は邯鄲に赴《おもむ》き、かつて母の家と仇怨《きゅうえん》のあった諸々の者を捕らえて、みな生き埋めにした。この年、政の母太后が没した。

秦王の二十年、燕《えん》の太子の丹《たん》が秦軍の侵攻を恐れて、刺客《しかく》を差し向けた。刺客の名を荊軻《けいか》という。

丹は人質として秦にいたことがある。そのときの扱いが悪かったこともあり、秦をひどく憎んでいた。それだけに、秦軍の矛先《ほこさき》が東へ伸びるにともない、人一倍強く、起死回生の策を模索した。守り役の鞠武《きくぶ》に相談したところ、鞠武は田光《でんこう》という処士《しょし》を紹介した。そこで、辞を低くして田光に相談したところ、田光が紹介したのが、荊軻だった。

荊軻は衛《えい》の生まれ。読書と撃剣を好み、それをもって衛の元君《げんくん》に仕えようとしたが、採用されなかった。

衛の国土が秦軍に蹂躙《じゅうりん》されると、荊軻は諸国流浪《るろう》の旅にでた。楡次《ゆじ》に立ち寄ったとき、蓋聶《こうじょう》という男と剣について議論をたたかわせたところ、蓋聶が怒って荊軻を睨《にら》みつけた。すると荊軻は黙ってその場をあとにした。「もう一度呼び出しては」という者がいたが、蓋聶は言った。

「わしはあいつを睨みつけてやった。試しに行ってみろ。やつはきっと立ち去っているはずだ」

そこで宿に人をやって捜させたところ、荊軻はすでに楡次を立ち去ったあとだった。

つぎに荊軻は邯鄲にやってきた。魯勾践《ろこうせん》という者とすごろく博打《ばくち》をやっていたところ、盤の道争いでひと悶着《もんちゃく》おこった。魯勾践が怒ってどなりつけると、荊軻は黙ってその場をあとにし、二度と戻らなかった。

荊軻は燕の都に来てから、犬の解体人や筑《ちく》（琴に似た楽器）の名手、高漸離《こうぜんり》と親交を結んだ。毎日のようにいっしょに酒を飲み、興が高まってくると、町の真ん中で、高漸離が筑をうちならし、荊軻がそれに合わせてうたった。さらに興が高まると、いっしょに泣きだし、そばに人がいようがいまいがおかまいなしだった。

しかし、荊軻は一日中飲んだくれていたわけではなく、しらふのときは沈着冷静で、賢人、豪傑、名望家と交わりを結ぶことにつとめた。そのなかでも田光は特別な存在であり、田光は荊軻が非凡な人間であることを見抜いていた。

地図に隠された匕首

荊軻《けいか》に託された使命は秦《しん》王政《せい》の暗殺である。政を油断させ、近づくために二つの手土産が用意された。ひとつは燕《えん》の督亢《とくこう》という土地の地図、もう一つは秦から亡命してきた樊於期《はんおき》の首である。樊於期は荊軻から事情を説明されると、快《こころよ》く首を提供してくれた。

武器には、徐夫人《じょふじん》の匕首《あいくち》に毒を塗った、かすり傷だけでも相手を殺すことができる、鋭利な刃物が用意された。残る問題は、相方だったが、荊軻が希望する人物は遠方にいて、到着が遅れていた。荊軻はあくまで待ちたかったが、丹《たん》がせかせるので、やむなく丹が推薦《すいせん》した秦舞陽《しんぶよう》という男を連れていくことにした。少年時代から何人も殺《あや》めてきたという殺人の常習者だった。

秦の王宮に入ると、荊軻は樊於期の首をいれた箱を、秦舞陽は地図を納めた箱を捧げ、政の前へと進み出た。玉座の近くまでくると、秦舞陽は顔色が変わり、全身がぶるぶると震えて歩けなくなってしまった。居並ぶ臣下が怪しんだ。荊軻は咄嗟《とっさ》の機転を働かせ、ふりむいて秦舞陽のさまを笑い、前に出て謝罪した。

「この者は北方の辺境出身の田舎者、大王様に拝謁《はいえつ》するのははじめてなので、緊張のあまり震えております。どうか寛大なお心で、使者の役目を果たさせてください」

そこで秦王政は、荊軻に、「地図をこれへもて」と命じた。荊軻が巻物状になった地図をさしだす。政がそれを広げていくと、最後に匕首があらわれた。荊軻は左手で政の袖をつかみ、右手で匕首を握って、「えいっ」と突き刺す。だが、わずかに届かない。政が驚いて身を引き、立ち上がると、袖が千切れた。政は剣を抜こうとしたが、慌てていたのと、剣が長すぎるのとで、抜くことができない。政は鞘《さや》を持ったまま、柱のあいだを逃げまわった。

群臣はみな動顚《どうてん》して、どうしていいかわからないでいた。秦の法では、臣下が御殿の上にあがるときは寸鉄の武器も持ってはならない。郎中《ろうちゅう》たちは武器を持ってはいるが、王からお召しがないかぎり、上にあがることはできない決まりだった。事態は急を告げ、外にいる兵士たちを呼んでいる場合ではない。ゆえに荊軻はひたすら政を追いかけつづけた。

　殿上の臣下のなかには、素手で殴りかかる者がいたが、荊軻の敵ではなかった。荊軻はいまにも政に追いつきそうになった。そのとき侍医の夏無且《かむしょ》が薬の袋を荊軻めがけて投げつけた。荊軻が一瞬それに気をとられた隙《すき》に、政は距離をあける。ここで側近の一人が呼び掛けた。

易水のほとりにたつ荊軻塔
（河北省易県）

「王様、剣を背負いなさいませ」

　政は剣を背中にまわし、ようやく鞘から抜くと、荊軻に一刀を浴びせ、左太ももを切り裂いた。動きの不自由になった荊軻は、匕首をぐっと引き、狙《ねら》いを定めて投げつけた。しかし、匕首は政にはあたらず、銅の柱に突き刺さった。政はなおも荊軻に斬《き》りつけ、八カ所の傷を負わせた。荊軻は失敗に終わったと悟り、柱によりかかり、笑いながら言った。

「事がならなかったのは、おまえを生きたまま捕らえて約束を引き出し、太子様に報告しようとしたからだ」

政は左右の者に命じて、荊軻にとどめを刺させた。

この事件は政をいたく怒らせた。政は前線の軍を増強して、燕《えん》の国を火のように攻め立てさせた。そのため十カ月後には、燕の都は陥落した。燕の王は遼東《りょうとう》へ逃《のが》れ、そこから丹の首を送って謝罪したが、政は許さず、攻撃の手を緩《ゆる》めなかった。

故事成語28▼傍若無人《ぼうじゃくぶじん》

荊軻《けいか》は親友と酒を飲んでは、町中であろうがどこであろうが、そばに人がいないかのように騒ぎ、楽しんだ。この故事から、あたりかまわず勝手にふるまうことを、「傍若無人《ぼうじゃくぶじん》」と言うようになった。

IV　皇帝への道 ――政、中国を初めて統一する

敵の油断をさそう

秦王政《しんおうせい》の二十二年、秦は魏《ぎ》を併合した。ついで政は、楚《そ》を滅ぼそうと考えた。ここでようやく、漫画『キングダム』の主人公の登場である。若い将軍、李信《りしん》に、「いかほどの兵があれば十分か」と尋ねたところ、李信は、「二十万人でけっこうでございます」と答えた。政は老将の王翦《おうせん》にも同じことを尋ねた。すると王翦は、「六十万人なくてはかないますまい」と答えた。政は、「王将軍、そちも年をとられたな。何を恐れるのか。李将軍は勇壮果敢だ。言う言葉もよい」と言って、李信と蒙恬《もうてん》に二十万人の兵を授け、楚の討伐に向かわせた。王翦は自分の意見が採用されなかったので、病気と称して頻陽《ひんよう》に引き込んだ。

王翦が予測したとおり、楚にはまだ相当の抵抗力が残っていた。そのため李信は敵中深く攻め入ったところで反撃にあい、敗走につぐ敗走を重ねた。

急を告げる使者がくるにおよび、政は自分の過ちを悟った。政はみずから頻陽まで足を運び、頭を下げて、王翦に出馬を要請した。王翦は最初に言ったように、六十万人の兵を率いるのを条件に出馬を承知した。

出陣にあたり、王翦はよい田畑屋敷をたくさん賜《たまわ》りたいと要求した。政は快くそれを了承した。進軍中、王翦は五度もそのことを確認する使者を送った。あまりに度を過ぎたねだりかたでは諫《いさ》める者があったが、王翦はその理由をこう説明した。

「王様は気性が激しく、容易に人を信じない。このたび秦の兵をこぞって動員して、わし一人に預けておる。わしが物欲を示して、恩賞目当てであることを強調しておかなかったら、王様がわたしに謀反《むほん》の疑いをかけたとき、どう申し開きをすればよいのか」

かくして王翦は李信に代わって楚に侵攻した。しかし、王翦は戦いを急がない。着任するや、防壁を堅くして守るばかりで、出撃しようとしなかった。楚の軍がどんなに挑発しても、まるでとりあわない。それでいて、兵士には毎日入浴をさせ、うまい物を飲み食いさせ、自分も彼らといっしょに食事をした。しばらくして、王翦は人をやって調べさせた。すると、兵士らは石投げや跳躍をして遊んでいるという。それを聞いた王翦は満足げにうなずいた。

「これで使えるようになったぞ」

楚軍は、秦軍が一向に戦いに応じないので、東へ軍を後退させた。王翦はすかさず追撃を開始して、楚の軍をさんざんに打ち破り、将軍の項燕《こうえん》を討ち取った。王翦は勢いに乗じて楚の城や町をつぎつぎと攻略し、王の負芻《ふすう》を虜《とりこ》にし、ついには楚の全土を併合して、秦の郡・県を置いた。王翦はさらに勢いに乗じて越《えつ》の国も併合した。

このように、『史記』で描かれる王翦は『キングダム』でのそれと大きく性格を異にし、『史記』上の王翦はむしろ『キングダム』上の蒙驁《もうごう》に近い。

始皇帝の誕生

秦王《しん》政《せい》の二十五年、秦は代《だい》と燕《えん》を併合した。

二十六年、秦は斉《せい》を併合し、ついに天下統一を成し遂げた。政は重臣たちに言った。

「わしは一介《いっかい》の眇々《びょうびょう》の身をもって、軍をおこし、乱を鎮めることができた。これは祖宗《そそう》の神霊によるもので、六国《りっこく》の王はみな罪に伏し、天下が大いに定まった。い

秦・始皇帝までの道のり

紀元前 246　政（のちの始皇帝）即位。翌年改元

241（6）　龐煖、楚・趙・燕・魏の精兵を率いて秦を攻める

238（9）　『呂氏春秋』完成

嫪毐、反乱するも失敗（★**嫪毐**　政の母太后の愛人）

237（10）　政、「逐客令」を出すも李斯の言によりやめる

呂不韋、嫪毐の乱に連座して罷免

235（12）　呂不韋自殺

233（14）　韓を攻める。韓非子、秦に赴くも李斯の言により殺される

230（17）　韓を攻める ⟶ 韓滅亡

228（19）　趙を攻める ⟶ 公子嘉、代で自立し代王となる

母太后没する

227（20）　燕の太子丹、政暗殺を謀り荊軻を差し向けるが失敗

燕を攻める ⟶ 燕王、太子丹の首を差し出し遼東へ逃れる

225（22）　魏を攻める ⟶ 魏滅亡

223（24）　楚を攻める ⟶ 楚滅亡

222（25）　代・燕を攻める ⟶ 趙滅亡　燕滅亡

221（26）　斉を攻める ⟶ 王建、共の城に遷される ⟶ 斉滅亡

秦の中国統一＝始皇帝の誕生

参照:『歴史群像シリーズ78 争覇 春秋戦国』(学習研究社)

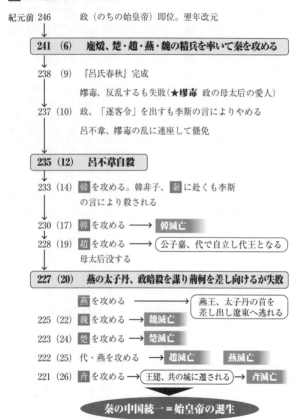

ま、成功を後世に伝えるためにも、王の称号を改めなければならない。話し合って、帝号を定めるようにせよ」

そこで丞相《じょうしょう》の王綰《おうわん》、御史大夫《ぎょしたいふ》［三公の一つ。副丞相の立場にあり、御史府を統轄］の馮《ふう》劫《きょう》、廷尉《ていい》の李斯《りし》らが話し合って、次のように上奏した。

「古《いにしえ》には、天皇《てんこう》があり地皇《ちこう》があり、泰皇《たいこう》があって、泰皇が最も貴《たっと》いとされました。そこでわたくしらは、あえて尊号をたてまつり、王を泰皇、その命を制《せい》、令を詔《しょう》、天子の自称を朕《ちん》としてはどうかと申し合わせた次第です」

すると政は言った。

「泰皇の泰を去り、上古《じょうこ》の帝位の号をとって皇帝と号し、その他はみなの言うとおりにしよう」

また政はつぎのように言った。

「朕は太古には号があっておくりながなく、中古には号があって、おくりなは死んだのち、生前のおこないによってつけたと聞いている。このようなやり方は、子が親のおこないを、臣下が君主のおこないを議論することで、はなはだいわれがなく、朕のとらぬところである。これより、おくりなの決まりをなくして、朕を始皇《しこう》帝《てい》とし、その後は二世三世と数え、万世に至るまで、これを限りなく伝えよ」

国家の形をつくる

始皇帝《しこうてい》は木《もく》・火《か》・土《ど》・金《ごん》・水《すい》の五徳が相次いでめぐるという説（五行説）を採用し、周《しゅう》は火徳《かとく》を得ていたから、周に代わった秦《しん》は、火徳に打ち勝つ水徳《すいとく》に従わなければならないとした。水徳では色は黒を尊び、数字は六を基本とすることから、衣服や旗などはみな黒色とし、冠《かんむり》の長さは六寸、輿《こし》は六尺、一歩《ぶ》は六尺、車を引く馬の数は六頭とした。

王綰《おうわん》が遠方の地に公子を配置する封建制の採用を進言したとき、始皇帝は群臣にそのことについて議論するよう命じた。すると、ほとんどの者がこれを上策としたなか、ただ李斯《りし》だけが反対意見を述べた。

「周の武《ぶ》王が各地の王に封じた子弟や同族は、非常にたくさんおりました。しかし、後代には一族としてのつながりが疎遠《そえん》になって、互いに仇敵《きゅうてき》のごとく攻撃しあいました。いま天下は陛下の神のごときお力によって統一され、みな郡と県とに行政区分されるようになりました。諸皇子や功臣には、国家の租税でもって恩賞を賜《たまわ》れば十分で、それであれば統制も容易です。天下に異見をもつ者がいないことこそが安定の良策です。遠方の地に王を立て、諸侯を置くのは良策ではありませ

万里の長城。始皇帝は匈奴を防ぐため、長城をつなげた

ん」

すると始皇帝は断を下してこう言った。

「天下がやっと安定したのに、また諸侯の国を立てるのは、戦いの原因を残すようなものである。それでいて、天下の安定を求めるのは、実にむずかしい。ゆえに、王を置かないとする廷尉《ていい》の意見がよい」

そこで始皇帝は、天下を区分して三十六郡とし、郡ごとに守《しゅ》、尉《い》、監《かん》の三官を配置した。また民の名を改めて黔首《けんしゅ》と呼び、飲酒を賜った。天下の武器を供出させ、それを溶かして鐘・太鼓の台や銅製の人形をつくり、宮廷に置いた。枡《ます》・秤《はかり》・物差の度量衡《どりょうこう》、車幅・文字の書体を統一した。

版図《はんと》は、東は海と朝鮮に至り、西は臨洮《りんとう》・羌中《きようちゆう》に至り、南は北戸《ほくこ》に至り、北は黄河《こうが》に拠って長城《ちようじよう》を築き、陰山《いんざん》から遼東《りようとう》に至った。天下の富豪十二万戸を咸陽《かんよう》に強制移住させ、もろもろの廟《びよう》や章台宮《しようだいきゆう》、上林苑《じようりんえん》などはみな渭水《いすい》の南にあった。

秦は諸侯を破るごとに、その宮室とそっくりの建物を咸陽の北阪《ほくはん》の上につくり、それらは南の渭水に面していた。雍《よう》門から以東、涇水《けいすい》・渭水に至る間、宮殿や複道、回廊があいめぐり、どこも諸侯から得た美人や楽器で満たされていた。

V　絶対者の君臨——人間を超えようとした男

始皇帝、刺客と盗賊に襲われる

二十七年、始皇帝《しこうてい》は隴西《ろうせい》・北地《ほくち》を巡遊した。

二十八年、始皇帝は東方を巡遊し、泰山《たいざん》と梁父山《りょうほざん》で封禅《ほうぜん》の儀式をおこなった。ついで琅邪台《ろうやだい》に頌徳碑《しょうとくひ》を建てた。すると斉人《せいじん》の徐市《じょふつ》という者が参上して、つぎのような進言をおこなった。

「海の沖合に蓬萊《ほうらい》・方丈《ほうじょう》・瀛州《えいしゅう》という三つの神山があり、仙人が住んでおります。斎戒《さいかい》して童男童女を連れ、仙人を探したいと思います」

そこで始皇帝は、童男童女数千人を徐市に与え、仙人探しに行かせた。

始皇帝は彭城《ほうじょう》を通過したとき、斎戒して祈り、周《しゅう》の鼎《かなえ》を泗水《しすい》から引き上げようと、千人もの者を潜らせたが、見つけることができなかった。それから始皇帝は、南郡《なんぐん》から武関《ぶかん》を通って咸陽《かんよう》に帰った。

二十九年、始皇帝は東方を巡遊したが、陽武《ようぶ》の博浪沙《はくろうさ》というところで、刺客《しかく》に襲われた。この事件の主犯は張良《ちょうりょう》という男だった。

張良は韓《かん》の人で、祖父も父も韓の国で要職にあった。韓が秦に滅ぼされたとき、張良はまだ幼少で、官職についていなかった。家には三百人もの奴僕《ぬぼく》がいた。張良は弟が死んでも埋葬《まいそう》もせず、家財すべてを投げ売り、その資金をもとに刺客を探し、秦王を殺して、韓の国の復讐《ふくしゅう》をしようと考えた。

張良は淮陽《わいよう》に行って礼を学んだことがあった。東に出かけ倉海君《そうかいくん》に会い、そのつてで力自慢の士を手にいれた。また彼の武器として、重さ百二十斤《きん》の鉄槌《てっつい》をつくらせた。

始皇帝が東方巡遊にきたとき、いよいよ暗殺を実行することにした。襲撃地点は博浪沙。鉄槌をぶつけて、車ごと破壊する計画だった。しかし、鉄槌があたったのは、始皇帝が乗ったのとは別の車だった。

始皇帝は激怒し、十日間にわたり付近を大捜索させたが、ついに張良を捕らえることはできなかった。その後、始皇帝は、之罘山《しふざん》、琅邪を経由して、上党《じょうとう》から都に帰った。

三十年のある夜、始皇帝はお忍びで、武士四人を伴い、咸陽の市街を歩いた。蘭池のほとりで盗賊に襲われたが、武士たちが奮戦して、始皇帝に怪我はなかった。それから二十日間、関中で大捜索がおこなわれた。

李斯による焚書のすすめ

三十二年、始皇帝《しこうてい》は碣石山《けつせきさん》に出かけ、燕人《えん》の盧生《ろせい》に仙人の羨門高《せんもんこう》を探させた。ついで韓終《かんしゅう》、侯公《こうこう》、石生《せきせい》らに命じて、仙人の不死の薬を探させた。

始皇帝は北辺をめぐり、上郡《じょうぐん》から都に帰った。そこへ盧生が、鬼神のお告げという、予言の書を手土産にやってきた。そこには、「秦《しん》を滅ぼす者は胡《こ》なり」と記されていた。そこで始皇帝は、将軍の蒙恬《もうてん》に命じ三十万の兵を率いて、北方の胡(東胡《とうこ》・林胡《りんこ》・楼煩《ろうはん》)を討伐させた。

三十三年に、南方に桂林《けいりん》・象郡《しょうぐん》・南海《なんかい》の三郡を置いた。また西北方の匈奴《きょうど》を駆逐《く》《ちく》した。楡中《ゆちゅう》から黄河《こうが》以東の地を陰山《いんざん》とし、そこに四十四県を置き、黄河のほとりに砦《とりで》を築いた。

三十四年、斉《せい》出身の博士、淳于越《じゅんうえつ》が封建制を採用するよう進言した。これに対し丞相《じょうしょう》の李斯《りし》は次のように言って反対した。

「前代には、諸侯が並立して争い、遊説《ゆうぜい》の学者たちを優遇して招き寄せました。いまでは天下はすでに定まり、法令も皇帝お一人から出ております。黔首《けんしゅ》（人民）は家にいて農工につとめ、士人は官職について法令を学ぶだけでよいのです。ところが、いま学者たちは法令を手本とせず、古代の典籍を学んで当世を非難し、黔首を惑わせ混乱に陥らせております。彼らは法令がしかれたと聞くと、めいめい自分の学識にもとづいてこれを議論しております。宮廷に入っては公然と口外せずに心中で非難し、宮廷を出ると市中で議論し、多くの門下生を従えて誹謗《ひぼう》ばかりしております。そこで、わたくしはつぎのような処置をとるようお願いしたいのであります。史官の手になる秦の歴史記録以外はみな焼いてしまい、博士官が職務上保管しているもの以外で、この世に『詩経《しきょう》』『書経《しょきょう》』および諸子百家《しょしひゃっか》の語録などの書物を所蔵している者があれば、みな郡の守《しゅ》・尉《い》のもとに出頭して差し出させ、あわせて焼いてしまうこと。『詩経』『書経』のことを論じあう者がいれば、棄市《きし》の刑〔殺したあと、死体を市場にさらす刑〕に処すること。古代を基準にいまを非難する者には、一族皆殺しの族刑に処すること。命令が出て三十日以内に焼かない者は、入《い》れ墨《ずみ》をし徒刑囚《とけいしゅう》とすること。残してよいものは、医薬・卜筮《ぼくぜい》・農業の書物だけにすること。もし法令を学びたい者がいれば、官吏《かんり》を師とすること。以上であります」

始皇帝はこの李斯の意見を裁可した。

天下の見せしめ

三十五年、始皇帝は道路を整備させ、九原《きゅうげん》から雲陽《うんよう》に至る道を開通させた。このとき始皇帝《しこうてい》は思った。

「咸陽《かんよう》は人が多いのに、宮廷が小さい。周《しゅう》の文王《ぶん》は豊《ほう》に、武王《ぶ》は鎬《こう》に都した。豊と鎬のあいだこそ、帝王の都にふさわしいのではないか」

そこで朝宮を渭水《いすい》の南の上林苑《じょうりんえん》に営むことにした。こうしてまず前殿の工事がはじめられたが、それは東西五百歩《ぶ》［秦代の一歩は1・35メートル］、南北五十丈《じょう》、二階建てで、上には一万人が座れるという広大なものだった。完成してから名前がつけられることになっていたが、世人は土地の名から、それを阿房宮《あぼうきゅう》と呼んだ。ときに宮刑や徒刑の囚人が七十万あったが、彼らは分けて、阿房宮と驪山《りざん》の陵墓《りょうぼ》づくりにあたらせられた。

盧生《ろせい》はいまだ仙人を見つけられずにいた。その理由を盧生はつぎのように説明した。これは悪気が邪魔をしているからにちがいない。悪気を取り去るには、君主の居場所を人に知られないようにする必要があると。

それからというもの、始皇帝は自分の居場所を臣下に知られないようつとめた。

あるとき、始皇帝は高みから李斯《りし》の行列を見て、お供の車や馬が多いのに不快感をあらわにした。宦官《かんがん》のなかに、これを李斯に告げる者があったので、李斯はお供の数を減らすようになった。すると始皇帝は、「これは宦官のなかにわしの言葉を漏らす者があるからだ」と怒って調べさせたが、誰も白状する者がなかった。そこで始皇帝は、当時かたわらにいた宦官全員を捕らえ、皆殺しにした。

このような状況をみて、侯生《こうせい》と盧生はひそかに語りあった。

「始皇帝の人となりは、天性傲慢《ごうまん》無情で、非常にわがままだ。諸侯から身を興して天下をあわせ、意を得てほしいままにし、歴史上、自分よりすぐれた者はいないと自惚《うぬぼ》れている。だから獄吏《ごくり》が信任を得ているんだ。博士は七十人もいるが、数がいるだけで、特別何も任されていない。丞相《じょうしょう》や諸大臣もみな皇帝の決裁した命令を奉じて実行するのみで、上に意見をすることはない。主上は刑殺をもって民を脅《おど》すのを楽しみとし、天下の者は罪を恐れ、禄《ろく》を惜しんで、あえて忠を尽くす者はいない。このため主上はみずからの過ちを知ることなく日々驕《おご》り、臣下は恐れてひれ伏し、ただ自分が罰せられないことだけを願っている。秦の法では、方士《ほうし》［方術をおこなう者のこと］は霊験《れいげん》［不思議で測り知れない力のあらわれ］がないとわかれば即座に殺される。しかも天の星の気をみる者は三百人もいるというのに、みなりっぱな士でありながら、怒りを買うのを恐れるあまりへつらうばかりで、誰もその過ちを直言する者がいない」

二人は示し合わせて、逃げだしてしまった。

それを知るや、始皇帝は激怒した。怒りの矛先《ほこさき》は咸陽《かんよう》にいる学者たちに向けられた。始皇帝は、「妖言《ようげん》をもって黔首《けんしゅ》を惑わしている者がいる」として、学者たちを厳しく取り調べさせた。彼らは互いに罪のなすりあいをするばかりだったので、始皇帝は禁令を犯した者四百六十余人をみな穴埋めにし、天下への見せしめとした。これより法の適用が厳しくなり、辺境に流される者が急増した。

始皇帝の長子の扶蘇《ふそ》が諫言《かんげん》をした。

「天下は平定されたばかりで、遠方の黔首はまだ帰服せず、学者はみな孔子《こうし》の教えを奉じています。いま主上は法を重んじて彼らを罰せられておりますが、わたくしは、これでは天下が乱れるのではないかと思います。どうかご明察をお願いいたします」

始皇帝は怒って、扶蘇を北方上の上郡《じょうぐん》にやり、蒙恬《もうてん》に監督をさせた。

琅邪の大海を望む場所に立つ始皇帝と徐市の像（山東省諸城市）

始皇帝、死す

三十六年、隕石《いんせき》が東郡《とうぐん》に落ちた。黔首《けんしゅ》のなかに、その石に、「始皇帝が死んで地が分かれる」と刻んだ者がいた。始皇帝は御史《ぎょし》［天子の書記官］をやって調べさせたが、誰も白状する者がいない。そこで近在に住んでいる者を皆殺しにし、石は焼いて溶かしてしまった。

同年秋、関東から都へ向かう使者が、夜、華陰《かいん》の平舒《へいじょ》道にさしかかったところ、璧《へき》（玉）を持った男に呼び止められた。男は、「わしに代わって璧を滈池《こうち》の水神に送ってほしい」と言い、さらに、「来年、祖龍《そりゅう》が死ぬだろう」と言い足した。使者が理由を尋ねようとしたときに

兵馬俑。始皇帝陵の陪葬坑である

は、璧だけを残して、男はもう消えていた。使者が璧を献上して事の次第を報告すると、始皇帝はしばらく黙然としていたが、ややあって、「山鬼はその年のことがわかるだけ」と口にした。使者が退席すると、始皇帝は、「祖龍とは先祖のことであろう」とつぶやいた。御府《ぎょふ》［天子の宝物庫の管理官］に璧を調べさせたところ、八年前の巡遊中、長江を渡るときに沈めたものであるとわかった。

三十七年十月、始皇帝はまた巡遊にでた。左丞相《さじょうしょう》の李斯《りし》がお供をした。始皇帝から特にかわいがられていた末子の胡《こ》亥《がい》もお供を願って許された。

十一月、始皇帝は九疑山《きゅうぎさん》で虞舜《ぐしゅん》の祀《まつ》りをおこなったのち、長江《ちょうこう》を渡り、会《かい》稽山《けいざん》に行った。そこに秦《しん》の徳を称える碑を建てたのち、北上して琅邪《ろうや》に行った。ときに方士《ほうし》の徐市《じょふつ》は、海上に神薬を求めて数年になるが、経費がかさむばかりで、成果をあげられないでいた。それで罰せられるのを恐れて、適当なことを言ってごまかした。

「蓬莱《ほうらい》に行けば神薬は得られるはずなのですが、いつも大鮫《おおざめ》に邪魔されて、島へ行くことができません。上手な射手をつけていただければ、なんとかなると思うのですが」

始皇帝は、自分が海神と戦う夢をみたばかりであったことから、この話を真に受けた。そこで徐市の言うとおりに、射手を手配してやった。

その後、始皇帝は平原津《へいげんしん》というところで病気になった。症状は重く、もはや助かる見込みがないと悟るや、始皇帝は長子の扶蘇《ふそ》あての璽書《じしょ》をつくった。それには「棺《ひつぎ》を咸陽《かんよう》に迎えて葬式を主宰せよ」と記されていた。詔書《しょうしょ》は封をされ、宦官《かんがん》の趙《ちょう》高《こう》に渡された。七月丙寅《へいいん》の日、始皇帝は沙丘《さきゅう》の平台《へいだい》で死去した。

趙高は始皇帝から信任され、玉璽《ぎょくじ》の管理を任されていた。しかし、彼は野心の強い人物だった。扶蘇あての璽書がまだ手元にあるのをいいことに、胡亥・李斯と語らい、とんでもない陰謀《いんぼう》をめぐらした。始皇帝の死を秘密にしたまま詔書を偽造し、扶蘇を自害させ、胡亥に後を継がせるという策である。李斯ははじめ反対したが、趙高から、扶蘇が後を継げば蒙恬《もうてん》が重用され、李斯は下風に立たされる、それでもよいのかと言われると心が揺らぎ、結局、趙高の共犯者になることになった。陰謀は計画どおりにすすんだ。扶蘇の後見役で、『キングダム』でも準主役扱いの蒙恬も投獄のうえ、あっけない最期を遂げた。趙高らは咸陽に帰りついてはじめて喪《も》を発表した。胡亥が後を継いで、二世皇帝となった。九月、始皇帝を驪山《りざん》に葬《ほうむ》った。

阿房宮の造営

始皇帝《しこうてい》は秦《しん》王に即位した当初から陵墓《りょうぼ》の造営をはじめていた。天下統一後は、徒罪の者七十余万人を動員して、工事を加速させた。地下三層の水脈まで掘り下げ、銅をもって下をふさぎ、そこに外棺を入れた。墓の中の宮殿には百官《ひゃっかん》の座席をつくり、珍奇な物を宮中から運んで満たし、工匠に機弩矢をつくらせ、盗掘して近づく者があれば、ひとりでに発射する仕掛けになっていた。また水銀で百川・江河・大海をつくり、機械で水銀の水を注ぎ送った。上は天文をそなえ、下は地理をそなえ、人魚の油をもって灯《ともしび》とし、長く消えないようにした。二世皇帝は、「先帝

阿房宮の復元模型（咸陽博物館）

の後宮で、子供のない者を宮殿から出すのはよくない」と言って、全員殉死《じゅんし》させた。棺《ひつぎ》を埋めると、「工匠は内部の秘密を知りすぎています」と意見するものがあったので、封印をする際、全員を生き埋めにした。陵墓の上には草木を植えて、山のように見せかけた。

二世皇帝の元年、皇帝は二十一歳だった。趙高《ちょうこう》を郎中令《ろうちゅうれい》〔宮中のいっさいを管理する官〕として政務をまかせた。

二世皇帝はひそかに趙高に相談をした。

「大臣はわしに心服せず、官吏《かんり》はなお力をもち、諸公子の動向も心配だ。何か対策はないものか」

するど趙高は、法の適用を厳しくする

よう進言した。二世皇帝はなるほどと思い、大臣や諸公子、蒙毅《もうき》（蒙恬の弟）をはじめ、少しでも不穏な素振りをみせた者をつぎつぎと処刑していった。

四月、二世皇帝は阿房宮《あぼうきゅう》の工事を本格化させた。これにあたらせるため、全国から労働者が徴発された。また防衛のために五万人の精鋭部隊が組織され、彼らや彼らが使う馬のための食糧《しょくりょう》を、郡県に命じて徴発させた。それを運ぶ際の食糧も自弁とした。さらに咸陽《かんよう》から三百里以内の農民は、自分のつくった穀物を食べることを禁じられるなど、法の適用は厳しくなるばかりだった。

七月、陳勝《ちんしょう》・呉広《ごこう》の乱がおきた。

同年、李斯《りし》が失脚して投獄された。

故事成語29▼泰山《たいざん》は土壌《どじょう》を譲らず

秦《しん》に逐客令《ちくかくれい》がでたとき、李斯《りし》は反対して言った。

「泰山《たいざん》は土壌《どじょう》を譲らず、ゆえによくその大をなす。河海は細流を選ばず、ゆえによくその深をなす」

この言葉から、度量を広くして異質な者を多く受け入れることを「泰山は土壌を譲らず」と言うようになった。

故事成語30▼断じて行えば鬼神もこれを避く

趙高《ちょうこう》が胡亥《こがい》を陰謀に引き入れるのに使った言葉。

故事成語31▼鹿を馬となす

趙高《ちょうこう》は重臣たちの心中を探ろうと、二世皇帝の前で、鹿をさして馬だと言った。

この故事から、馬鹿という言葉が生まれたという説がある。

『史記』Q&A【第四章】

■始皇帝は誰の子か

始皇帝《しこうてい》の父親について、『史記《しき》』には矛盾が見られる。始皇本紀には荘襄王《そうじょうおう》の子とあるのに、呂不韋《りょふい》列伝には、女は身ごもっていることを隠して荘襄王の手に渡されたとあるのだ。これだと父親は呂不韋ということになる。

さらに、呂不韋列伝にはもう一つおかしな記述がある。女が出産したのは、荘襄王に渡されてから十二カ月後とあるのだ。妊娠期間がまる一年というのは、いくらなんでも長すぎる。これはいったいどう解釈すればいいのか。

呂不韋の関係者たちが、始皇帝をおとしめるため故意に流したでたらめか、偉人に特異な出生はつきものとの考えから、数字が操作された。こう考えるのが一番合理的な解釈だろうか。

■徐市は日本に来ていたのか

佐賀県佐賀市や和歌山県新宮市、静岡県富士吉田市など、日本には徐市《じょふつ》（徐福）の渡来伝説を伝えるところが数多く存在する。果たして、徐市は本当に日本に来ていたのだろうか。

その可能性は否定できないが、それを証明することも不可能である。古代の豪族、秦《はた》氏は始皇帝の子孫と称していたが、実際の故郷は朝鮮半島とされる。であるから、むしろ戦乱や圧政を逃《のが》れた難民が日本に漂着した可能性のほうが高い。その子孫が、『史記《しき》』の記述に着目して、徐福伝説をつくりだしたのではなかろうか。

■なぜ兵馬俑に言及していないのか

司馬遷は始皇帝陵の内部について詳細に記している。それなのに、なぜ兵馬俑《よう》についてひとことも触れていないのか。

これは大いなる謎である。兵馬俑の製作が隠密にすすめられたとでもいうのだろうか。

これまでの研究によれば、兵馬俑の製作には六十八人の棟梁が携わっていたことがわかっている。ある研究者は、各棟梁に五人ずつの職人がつけば、一年から二年の間に八千体を完成させることが可能という試算をしている。たとえそのとおりだとしても、八千体もの兵馬俑を製作するには相当広い作業場が必要だったはずである。そうした作業工程が一切史料に残らなかったのは、やはり不可解としか言いようがない。

兵馬俑

第五章

項羽・劉邦の時代

●秦末の反乱と項羽軍と劉邦軍の関中への進路

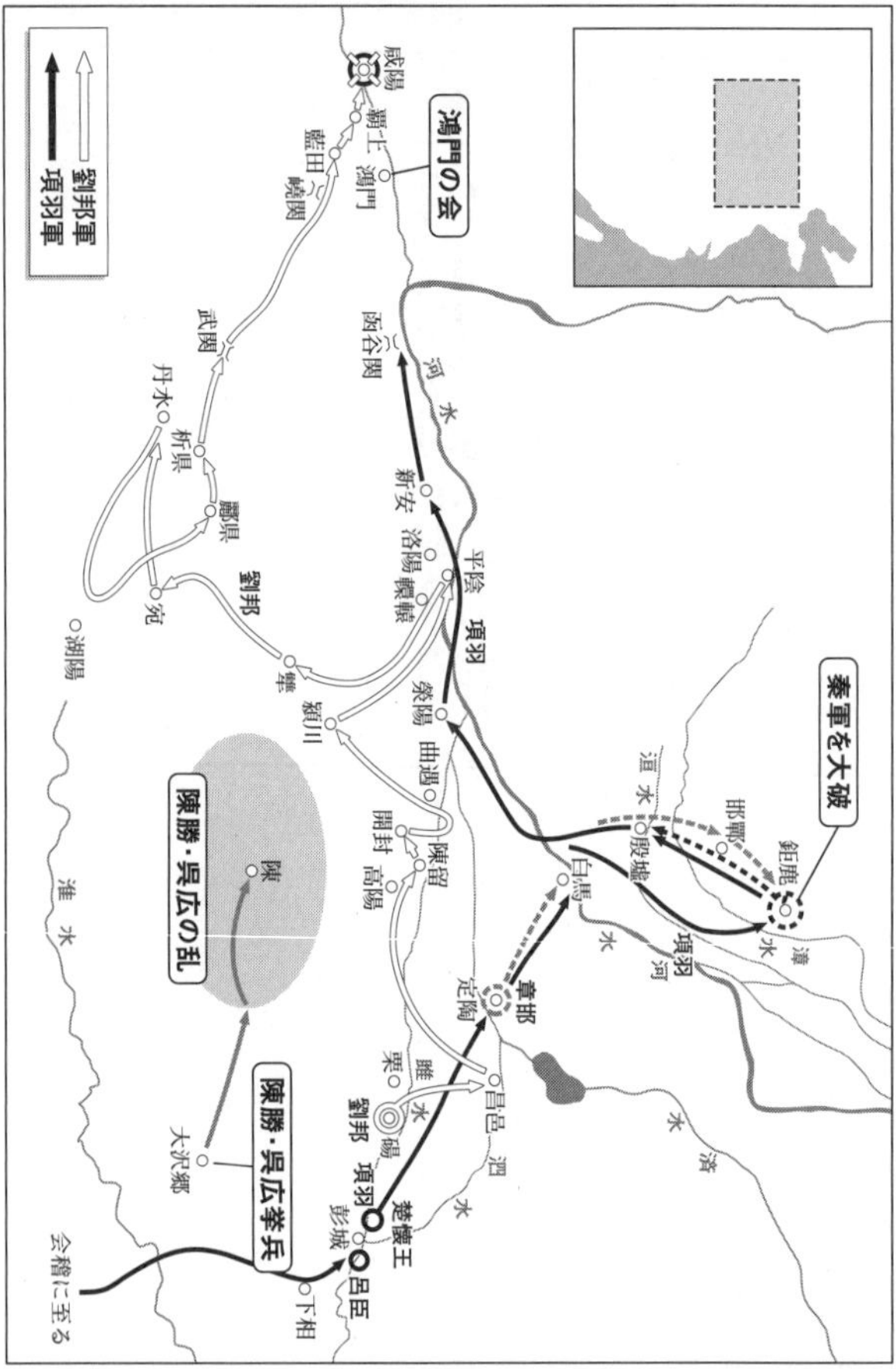

参照:『史記4』(和田武司+山谷弘之・訳/徳間書店)

I　陳勝と呉広——秦を弱体化させた内乱

同じ死ぬなら大きいことをやろう

陳勝《ちんしょう》は陽城《ようじょう》、呉広《ごこう》は陽夏《ようか》の出身である。

陳勝は若い頃、人の田を耕す作男になったことがある。あるとき彼は仕事の手を休めて、いっしょに働いている仲間に言った。

「たとえ富貴の身になっても、お互い忘れないようにしような」

仲間は笑いながら、「おまえは作男のくせに、何が富貴の身だい」と返した。するると陳勝は大きくため息をつきながら言った。

「燕雀《えんじゃく》いずくんぞ鴻鵠《こうこく》の志を知らんや」

秦《しん》の二世皇帝の七月、課税免除の貧民までが徴発され、北方の漁陽《ぎょよう》の守備にあてられることになった。陳勝と呉広もともに順番としてこれに組み入れられ、屯長《とんちょう》になっていた。

途中、大雨にあい、道路が不通になったことから一行は大沢郷《だいたくきょう》で足止めをくらった。これでは期日に間に合いそうにない。秦の法では、期日に遅れれば全員が死刑となっている。そこで陳勝と呉広は相談した。

「いま逃亡しても死ぬことに変わりはない。ひと旗あげても死ぬことになる。同じ死ぬなら、大きいことをやって死んだらどうか」

陳勝は言った。

「天下は秦に苦しめられて久しい。聞くところによると、二世皇帝は末子で、本来、帝位につくはずではなかった。帝位につくはずだったのは扶蘇《ふそ》だ。扶蘇は始皇帝をたびたび諫《いさ》めたので、疎《うと》んじられ、辺境にやられるはめになった、とのことだ。いままた、罪がないのに二世皇帝が扶蘇を殺したと聞く。世間の人びとは、扶蘇の賢明さについては話に聞いているものの、彼の死についてはまだ知らない。また、項燕《こうえん》は楚《そ》の将軍として数々の功績があり、士卒を大切にした。楚の人びとは彼に心を寄せ、死んだと思っている者もいれば、逃亡したと思っている者もいる。いま、われわれがこの衆を率いて、公子の扶蘇と項燕だと自称し、天下に名乗りをあげれば、応ずる者が多いにちがいない」

呉広はそのとおりだと思って、占い師のところへ行き、占ってもらった。占い師は彼らの意図を察して言った。

「あなたのすることはすべて成功するでしょう。鬼神を利用することですね」

陳勝と呉広は喜んで、具体策を話し合い、「これは、まず人びとを驚かせよということにちがいない」との結論に達した。そこで布きれに赤い文字で、「陳勝王」と書き、それを網にかかった魚の腹の中に入れておいた。兵卒がそれを煮て食べたところ、腹の中から書きものが出てきたので、みな訝《いぶか》しんだ。ついで陳勝は呉広を近くの祠《ほこら》に潜伏させ、夜、篝火《かがりび》をともし、狐の鳴き声をまねて、「大楚《たいそ》が興《おこ》る。陳勝が王だ」と叫ばせた。兵卒たちはみな驚き、一晩中ぶるぶると震えていた。あくる日、兵卒の誰もが昨夜のことを口にし、誰もが陳勝を指さし、彼に視線をやった。


故事成語32▼燕雀《えんじゃく》いずくんぞ鴻鵠《こうこく》の志を知らんや

陳勝の言葉に由来。小さな人間には、大きな人間の意志がわかるはずはないという意味。

家系や血統は関係ない

呉広《ごこう》は日頃から面倒見がよかったので、兵卒の多くは彼のためによく働いた。引率の尉《い》が酒に酔ったのを見て、呉広はわざと逃亡を公言した。尉を怒らせて、自分を辱《はずかし》めるよう仕向け、そうすることでみなの怒りをかきたてようとしたのである。果たして、尉は呉広を鞭打《むちう》った。そのとき、尉の剣が落ちたので、呉広は立ち上がり、それをひろって尉を斬《き》り殺した。そこへ陳勝《ちんしょう》が加勢して、残りの二人の尉も斬り殺した。

かくして陳勝と呉広は兵卒を集めて、つぎのように言った。

「おまえたちは全員、雨のせいで期日に間に合わず、このままだと死刑だ。たとえ許されても、辺境の守備につく者は十人のうち六、七人は死ぬのが定め。そもそも一人前の男子たる者、死ぬと決まったならば、大いに名をあげるのみ。王侯将相《おうこうしょうしょう》いずくんぞ種あらんや」

すると一同は「謹んで命令に従います」と答えた。

そこで陳勝と呉広は公子の扶蘇《ふそ》と楚《そ》の将軍の項燕《こうえん》だと詐称《さしょう》した。これは人びとの意向に従ったままでだった。彼らは敵味方を区別するため、右肩を肌脱《はだぬ》ぎし、大楚《たいそ》と称した。祭壇をつくって誓いをたて、尉の首を捧げた。陳勝はみずから将軍となり、呉広は都尉《とい》となった。

反乱軍は連戦連勝を収め、陳《ちん》に近づいた頃には、戦車六、七百乗《じょう》、騎《き》兵一千余騎、兵卒数万にもなっていた。陳を占領すると、土地の長老や豪傑たちのすすめに従い、陳勝は王位につき、国号を張楚《ちょうそ》とした。

その後も反乱軍は勝利を重ね、陳勝は秦《しん》の都を攻撃するべく、陳の賢者である周文《しゅうぶん》に将軍の印を与え、西方へ進撃させた。反乱軍に合流する勢力があとを絶たず、函谷関《かんこくかん》に達したときには、戦車一千乗、兵卒は数十万人になっていた。

一方、秦では驪山《りざん》の労役に駆り出されていた徒刑者や奴隷《どれい》の子弟をその束縛《そくばく》から解放し、新たな軍を急造した。指揮官には少府《しょうふ》の章邯《しょうかん》が任じられた。章邯率いる秦軍は周文を完膚《かんぷ》なきまでに打ち破った。章邯は勢いに乗じて、各地の反乱勢力をつぎつぎと撃破していった。

呉広は仲間割れで殺された。陳勝も王と称してから半年後に殺された。

故事成語33 ▼王侯《おうこう》将相《しょうしょう》いずくんぞ種あらんや

陳勝《ちんしょう》の言葉に由来。王侯や将軍・大臣となるのは、家系や血統によらず、どんな

陳勝・呉広が挙兵した大沢郷に残る渉故台（安徽省宿州市）

人でも努力や運によって栄達できるという意味。

II　項羽と劉邦――名門の出と農民の出

天のお告げ

陳勝《ちんしょう》・呉広《ごこう》の乱が勢力を広げるにともない、各地で群雄《ぐんゆう》が蜂起《ほうき》した。そのなかで大勢力に成長したのが項羽《こうう》と劉邦《りゅうほう》だった。

項羽は下相《かそう》の出身。挙兵したときは二十四歳だった。項氏は代々、楚《そ》の将軍となり、その恩賞として項《こう》の地に封じられた。ゆえに項氏を名乗るようになった。項羽は叔父の項梁《こうりょう》に育てられたが、項梁は王翦《おうせん》に殺された楚の将軍、項燕《こうえん》の子だった。

項羽は幼い頃、文字を習ったが覚えられず、やめて剣術を習った。しかし、これもものにならなかった。項梁が怒ると、項羽はこう言い返した。

「文字は姓名が書ければ十分で、剣術は一人の敵を相手にできるだけで、習うほどの値打ちがありません。わたしは万人を敵とする術《すべ》を習いたいのです」

そこで項梁が兵法を教えたところ、項羽は大いに喜んだ。けれども、そのあらましを知ると、それ以上には学ぼうとしなかった。

その後、項梁が殺人事件を犯したことから、報復を避けるため一族そろって呉《ご》へ移住した。項梁は呉の名士たちから歓迎され、労役や葬式があったりするごとに、いつも元締めをまかされた。

始皇帝《しこうてい》が巡遊して呉を通ったとき、項羽と項梁はそれをおのが目でみた。そのとき項羽が、「彼に取って代わりたいものだ」と言ったので、項梁は慌てて項羽の口をふさぎ、「みだりなことを言うものではない。一家皆殺しだぞ」と注意を与えた。そうは言いながら、項梁は項羽を頼もしくも感じていた。項羽は身の丈八尺《しゃく》余り、力はよく鼎《かなえ》を持ち上げ、才気は人にすぐれていたことから、呉の子弟はみな彼に一目を置いた。

秦《しん》の二世皇帝の元年七月、陳勝・呉広の乱がおきた。九月、会稽《かいけい》の守《しゅ》の殷通《いんとう》が項梁に誘いをかけてきた。

「江北《こうほく》の各地で反乱がおきている。秦が滅びるときがきたという天のお告げであろう。『先んずれば人を制し、後《おく》るれば人に制せられる』という言葉があるが、わしは兵をおこして、そなたと桓楚《かんそ》を将軍にしたいと思う」

すると項梁は、項羽なら桓楚の居場所を知っていると嘘を言い、項羽を呼び入れ

項羽の故郷、項王故里（江蘇省宿遷市）

るようすすめた。殷通が承諾して、項羽が中へ入る。項梁が目くばせすると同時に、項羽は剣を抜いて殷通の首を斬《き》りおとした。たちまち役所の中は上を下への大騒ぎになるが、項羽が数十人を討ち殺したところ、一同みな恐れてひれ伏し、もはや誰も抵抗する者はなかった。それから項梁は、顔なじみの豪傑や官吏《かんり》たちを集め、大事をおこす理由をさとし、とうとう挙兵に踏み切った。近隣の諸県に呼びかけたところ、たちまち八千人の精《せい》兵《へい》を得ることができた。

　項梁と項羽は戦いごとに勝利を収め、兵を増やしていった。襄城《じょうじょう》は激しく抵抗したので、そこを陥落させたとき、項羽は敵兵を全員穴に入れて殺した。

陳勝《ちんしょう》死亡の噂が届き、項梁と項羽が今後の作戦について話し合っていたとき、范増《はんぞう》という七十歳の処士《しょし》が来て進言した。

「陳勝が敗れたのは当然のことです。そもそも秦が六国《りっこく》に攻勢をしかけていたとき、もっとも消極的な姿勢だったのは楚《そ》なのに、秦は楚の懐《かい》王を捕らえて国へ帰しませんでした。楚の秦を怨《うら》む心はここから起こったもので、楚人が懐王を憐《あわ》れむ心は今もつづいています。ゆえに楚の南《なん》公は、『たとえ三戸になったとしても、秦を滅ぼすのは必ず楚人であろう』と言ったのです。それなのに陳勝は、楚王の子孫を立てずにみずから王位についてしまいました。だから、勢いがつづかなかったのです。いま、江東《こうとう》から兵をおこされ、各地の諸将が争って君に従っている。これは、君の家が代々、楚の将軍であり、楚王の子孫を立てるにちがいないと期待しているからです」

項梁は范増の進言をもっともと思い、楚の懐王の孫で、民間で羊飼いをしていた心《しん》という者を見つけ出し、擁立《ようりつ》して楚の懐《かい》王と名のらせた。民の望むところに従ったのである。

故事成語34 ▼先んずれば人を制す

会稽《かいけい》の守《しゅ》、殷通《いんとう》は項梁《こうりょう》を呼んで、「反乱は長江の西北一帯に広がった。いまや秦《しん》は天に見放されたのだ。この機会を逃《のが》す手はない。『先んずれば人を制し、後《おく》るれば人に制せられる』という」ともちかけた。当時の諺《ことわざ》だったのだろう。

「あなたの相は天下をとる奇相だ」

劉邦《りゅうほう》は沛《はい》の豊邑《ほうゆう》の中陽里《ちゅうようり》の出身。彼の出生については、神秘的な話が伝わっている。女が大きな沢の堤で休んでいると、神に出会った夢をみた。このとき天地が真っ暗闇になり、はげしく雷が落ちたので、夫の劉氏が駆けつけてみると、蛟龍《こうりょう》が女の上にいるのが見えた。女はやがて身ごもり、男の子を産んだ。これが劉邦である。

劉邦は生まれつき鼻が高く、輪郭《りんかく》は龍のようで、美しいひげをはやし、左足には七十二のほくろがあった。寛仁《かんじん》で人を愛し、施しを喜んで、小さなことにはこだわらなかった。太っ腹で、家事には携わらなかった。壮年になって役人の見習いとなり、泗水《しすい》の亭長《ていちょう》［亭のことを司る役人。10里ごとに亭が置かれた］となったが、役所の者たちを見下し、眼中にないかのようにふるまった。

劉邦は酒と色を好み、いつも王媼《おうおう》と武負《ぶふ》の酒家に出かけ、かけで酒を飲み、酔ってはその場に臥せった。王媼と武負は、劉邦の上にいつも龍がいるのを見て、不思議に思った。劉邦が飲みにくると必ず売上が二倍になるものだから、王媼と武負は毎年の年末、借金を帳消しにしてやるのが常だった。

劉邦は労役で咸陽《かんよう》に行ったとき、たまたま始皇帝《しこうてい》の行列を目撃した。このとき、思わずため息を漏《も》らしながら、「ああ、大丈夫《だいじょうぶ》(男)と生まれたからには、あのようになりたいものだ」と言った。

ときに単父《ぜんほ》の呂《りょ》公という人が、仇《かたき》を避けるため、沛に逃《のが》れてきた。沛の県令《けんれい》と懇《こん》意《い》だったからである。沛の豪傑や官吏《かんり》は、県令のところに大事な客があると聞くと、みな進物を持って挨拶《あいさつ》にきた。県の主吏《しゅり》をつとめる蕭何《しょうか》が受付係をつとめ、会場を整理するため、「進上が千銭以下の者は堂の下に座っていただきましょう」と案内していた。

そこへ劉邦がやってきた。一銭も持ち合わせていなかったが、彼は、「進上一万銭」と大ぼらを吹いた。名刺が奥へ通されると、呂公は大いに驚き、席を立って戸口で劉邦を迎えた。呂公は人相見を得意としていたが、劉邦の相貌《そうぼう》を見ると、すこぶる丁重に奥へ導きいれ、上座に座らせようとした。蕭何が、「あの男は大ほら吹きで、あまり実行したためしがありません」と言ったが、呂公は気にもかけず、劉邦もまた平然と上座を占め、少しも臆《おく》する様子を見せなかった。

酒宴がたけなわのとき、呂公は目くばせをして、劉邦を固く引きとめた。他の客が帰ったあと、呂公は劉邦に言った。

「わたしは若い頃から人相を見るのが好きで、たくさんの人を見てきましたが、あなたの人相に及ぶ人はいませんでした。どうかご自愛ください。わたしには娘がおりますが、どうか掃除のはしためにでもしてくださらぬか」

劉邦の故郷、沛県の歌風台に立つ劉邦の像（江蘇省沛県）

劉邦が帰ったのち、呂公の妻が怒って夫に食ってかかった。

「あなたは日頃、娘は非凡であるといい、貴人に嫁がせようとしていた。仲の良い沛の県令から求婚されても断ったのに、なんで劉邦なんぞにやろうとされるのですか」

呂公は、「これは女子供のわかることではない」と言って、本当に娘を劉邦にやってしまった。彼女はのちの呂后《りょこう》である。彼女が恵帝《けい》と魯元《ろげん》公主を産んだ。

呂夫人が二人の子供といっしょに畑仕事をしていたとき、一人の老父が通りかかり、飲み物を所望した。呂夫人が食事を与えると、老父は呂夫人を見て、「奥さん、あなたは天下をとる貴相をもっておられる」と言った。ついで二人の子を見せると、まず息子を見て、「あなたが貴《たっと》くなるのは、この子によってです」と言い、娘を見ると、これまた貴相だと言った。

老父が立ち去ってすぐ、劉邦が帰ってきた。いまの話を伝えると、劉邦は追いかけていき、老父に自分の相も見てくれと頼んだ。

老父が、「さきの奥さんや子供さんの貴相はあなたに似ているが、あなたの相は口では言うことができないほど貴い」と言うと、劉邦は、「もしあなたの言われるようだったら、ご恩は決して忘れません」と礼を言った。

「東南の方に天子の気がある」

劉邦《りゅうほう》は亭長《ていちょう》という仕事柄、労役につく労働者を率いて驪山《りざん》へ行くことになった。労働者の死亡率が非常に高かったことから、途中、脱走する者が後を絶たなかった。劉邦は、これでは驪山に着く頃には一人もいなくなってしまうと考え、やけをおこした。豊邑《ほうゆう》の西沢に着いた夜、わざと深酒をし、労働者たちを解放して、「おまえらはどこでも好きなところへ行くがいい。わしもここから逃げるから」と言い放ったのである。

労働者のなかで、劉邦についていきたいと願う者が十余人いた。夜中の沼沢《しょうたく》地を行くので、劉邦はそのなかの一人を先に行かせて、様子を見させた。するとその者が、「前のほうに大蛇がいて、道をふさいでいます。引き返したほうがよくありませんか」と報告した。劉邦は酔いながら、「壮士《そうし》が行くのだ、何を恐れるものか」と言って一人で先へ進み、剣を抜いて大蛇を真っ二つに斬《き》った。それから数里行って、劉邦は酔い潰《つぶ》れ、道に伏してしまった。あとの者たちが遅れて大蛇のところにさしかかると、一人の老婆が泣き伏していた。泣いている理由を尋ねたところ、「わが子が殺されたからです」との返事。「なぜ殺されたのか」と尋ねたところ、老婆はこう答えた。

「わたしの子は白帝《はくてい》の子で、蛇の姿に化けていました。いま赤帝《せきてい》の子がそれを斬り殺したのです」

みなは老婆が出鱈目《でたらめ》を口走っていると思い、殴りかかろうとしたが、ふと見ると、もう老婆の姿は消えていた。この事件があってから、みなは劉邦を畏敬《いけい》するようになった。

ところで、秦《しん》の始皇帝《しこうてい》は、「東南の方に天子の気がある」と口にし、それを鎮めるためにたびたび巡遊をおこなっていた。二世皇帝の時代になってからも、秦は東南を警戒していたことから、劉邦は自分が殺されるのではないかと恐れ、芒《ぼう》と碭《とう》のあいだにある山沢に身を隠した。

ところが、劉邦がどこに隠れていようと、呂夫人は簡単に見つけ出し、頻繁《ひんぱん》に訪ねてきた。劉邦が不思議に思って尋ねると、呂夫人はこう答えた。

「あなたのいるところは、いつも上空に雲気があるから、それを頼りに見つけられるのですよ」

この噂を聞いて、劉邦につき従おうとする沛の子弟が少なくなかった。

二世皇帝の元年秋、陳勝《ちんしょう》・呉広《ごこう》の乱に呼応して蜂起《ほうき》する者が相次いだ。沛の県《けん》令《れい》は身の危険を感じ、自分も反旗を翻《ひるがえ》そうと考え、主吏《しゅり》の蕭何《しょうか》と獄吏《ごくり》の曹参《そうしん》に相談をした。すると二人は言った。

「あなたが立っても、沛の子弟は言うことを聞かないでしょう。それより、沛の人間で、外に逃げている者を呼んだほうがよく、そうすれば数百人は集められます。その力をもってすれば、沛の子弟も命令を聞かないわけにはいかないでしょう」

そこで劉邦と親しい家畜解体人の樊噲《はんかい》を呼びにいかせたところ、劉邦はすぐさま数百人の手下を引き連れてやってきた。県令は樊噲を使いにやってすぐ後悔し、秦に背《そむ》くのをやめにした。城門を閉めて、蕭何と曹参を殺そうとしたので、二人は城壁を越えて逃げ出し、劉邦に合流した。劉邦が城内に矢文をし、呼応を呼びかけたところ、城内の父老《ふろう》たちは子弟を率いて県令を殺し、城門を開いて劉邦を迎えた。劉邦は何度も辞退したが、みなが何度も勧めるので、ついにはやむなく、沛公（沛の県令）になることを承知した。

故事成語35▼一敗、地に塗《まみ》れる

沛《はい》の父老《ふろう》が劉邦《りゅうほう》を反乱の指導者に立てようとしたとき、劉邦は、「天下麻のごとく乱れ、各地に諸侯が蜂起《ほうき》したいま、指導者が役立たずでは、一敗地に塗《まみ》れる（斬《き》られて内臓が引き出され泥まみれになる）のがおちだ」と言って辞退した。この故事から、見るかげもなく敗北することを「一敗、地に塗れる」と言うようになった。

III 先陣争い ——劉邦、秦軍を破り、漢中を制す

項羽、宋義を殺して兵権を奪う

項梁《こうりよう》が楚《そ》の懐《かい》王を擁立《ようりつ》すると、劉邦《りゅうほう》もこれに合流した。このほか、魏《ぎ》、趙《ちょう》、斉《せい》などがそれぞれ自立した。

項羽《こうう》は雍丘《ようきゅう》を攻めて、李由《りゆう》（李斯《りし》の子）を斬《き》り殺した。項梁はこの勝利に驕《おご》る気配が強く、宋義《そうぎ》（もと楚の令尹《れいいん》）に諫《いさ》められても耳を貸そうとしなかった。それからまもなく、項梁は定陶《ていとう》で章邯《しょうかん》に敗れ、戦死した。これを知った懐王は秦《しん》軍を恐れて、盱眙《くい》から彭城《ほうじょう》へ移った。懐王は軍を再編成しようと、宋義を上将軍、項羽を次将、范増《はんぞう》を末将として、趙へ救援に行かせた。

安陽《あんよう》まで行きながら、宋義は四十六日間も軍をとどめ、前進しようとしなかった。項羽は、「趙軍は秦軍に包囲されている。早く黄河《こうが》を渡り、趙軍と内外呼応して戦えば、必ず勝利できる」と主張したが、宋義は、「わが方は秦軍の疲れに乗じ

項羽が閲兵をおこなった戯馬台（江蘇省徐州市）

るのが得策だ。鎧《よろい》をつけ武器をとって戦うことでは、わしはそなたに及ばないが、座って策略をめぐらすことでは、そなたはわしに及ばない」と言って、項羽の意見を却下した。

やがて項羽は宋義を殺して兵権を奪った。懐王はこれを追認して、項羽を上将軍とした。

鉅鹿《きょろく》から救援要請を受けると、項羽は軍を率いて黄河を渡った。渡り終えると、船をみな沈めるとともに、鍋や釜を壊して、三日分の食糧《しょくりょう》だけを携帯させ、決死の戦いを挑《いど》む覚悟を示した。将兵がこれに感じて奮戦したことから、項羽の軍は章邯の軍と九度戦い、ことごとく勝利を収めることができた。項羽の軍の兵士が一人で十人の敵に打ち勝つのを見て、諸侯の将軍はみな項羽を恐れて、従うようになった。

これよりさき、懐王は、「まっさきに函谷関《かんこくかん》を破り、関中《かんちゅう》を平定した者を関中の王にしよう」と約束していた。章邯が連戦連勝を収めていたときだったので、諸侯はみな尻ごみをした。そうしたなか、項羽と劉邦だけが西に向かうことを願った。

項羽が叔父の仇《かたき》である章邯と正面からぶつかる道を選んだのに対し、劉邦は比較的敵の少ない道を通った。高陽《こうよう》という町を通ったとき、劉邦は酈食其《れきいき》という儒者《じゅしゃ》と知り合った。

劉邦、儒者の献策を受ける

酈食其《れきいき》は陳留《ちんりゅう》県高陽《こうよう》の人。学問を好んだが、家がひどく貧しかったことから、町の出入り口の門番となった。しかし、県の重役たちも彼だけは労役に使おうとはせず、県の者は彼のことを「狂生」と呼んでいた。

陳勝《ちんしょう》、項梁《こうりょう》らが蜂起《ほうき》してから、多くの反乱指導者が高陽を通過した。酈食其はその都度、探りをいれてみたが、どの将軍も自分の遠大な策を受け入れる度量はないとみて、静かに時期のくるのを待つことにした。

その後、劉邦《りゅうほう》が陳留の郊外まで進撃してきたと知ると、酈食其は劉邦配下の騎兵で、同郷の若者から、劉邦について情報を仕入れた。劉邦に見込みがあると考えた酈食其は、その騎兵に仲介を頼んだ。「わたしの村に酈食其という者がいて、年齢は六十を超え、身の丈は八尺《しゃく》、人からは『狂生』と呼ばれていますが、当人は気違いではない、と申しております」と伝えてくれと。騎兵が、「沛公《はい》は儒者《じゅしゃ》が好きではありません。お客に儒者の帽子をかぶった人がくると、沛公はいつでもその帽子をむしりとって、その中へ小便をひっかけられます。人と話すときも、いつも大声で儒者の悪口を言われます。あなたが儒者の立場で献策《けんさく》しても耳を貸してはもらえないでしょう」と忠告したが、酈食其は、「口添えをしてさえくれればいい」と言った。

騎兵の口添えにより、酈食其は劉邦に会うことになった。酈食其が宿舎の奥へ入っていくと、劉邦はふんぞりかえって、二人の娘に足を洗わせており、そのままの姿で酈食其を引見しようとした。酈食其は平伏《へいふく》の礼をとらず、両手を組み合わせて会釈《えしゃく》しただけで、劉邦に言った。

「あなたは秦を援助して諸侯を攻撃するおつもりですか。それとも諸侯をひきつれ秦を滅ぼすおつもりですか」

劉邦は怒って怒鳴りつけるが、酈食其は平然と答えた。

「兵を集め、正義の軍をおこして無道なる秦を討とうというお方が、足を投げ出したまま年長者に会ってよいものでしょうか」

すると劉邦は足を洗うのをやめて、衣服を整えると、酈食其を上座につけて非礼をあやまった。そこで酈食其は過去のさまざまな例を引き合いにだしながら、現在の情勢について得々と解説した。劉邦が「いまとるべき方策はどんなものがよいであろうか」と尋ねると、酈食其は答えて言った。

「陳留というところは天下の要衝《ようしょう》、四通八達〔道がどの方面にも通じていること〕の要《かなめ》の土地です。そのうえ、この町には多くの穀物が蓄えられています。わたくしは陳留の令《れい》と懇意にしております。使者にたててくだされば、必ず降伏させてみせます。もし承知しなければ、攻撃をはじめてください。わたくしが内部で事をおこします」

劉邦はこの策に従い、やすやすと陳留を手に入れることができた。

張良と陳恢の進言に従う

劉邦《りゅうほう》は西進をつづけた。宛《えん》の町は守りが堅いので、見捨てて先へ進もうとしたが、張良《ちょうりょう》が諫《いさ》めて言った。

「沛《はい》公は急いで函谷関《かんこくかん》に向かおうとされていますが、秦《しん》の兵はなお多く、険要の地によって防いでおります。いま宛を下さなければ、背後から襲われましょう。前にも敵がいるのですから、これは危険なやり方です」

劉邦はこの進言に従い、宛を攻めることにした。宛の守《しゅ》は弱気になって自害しようとしたが、側近の陳恢《ちんかい》がそれを止めて言った。自分が劉邦に会って話をつけてくると。陳恢はつぎのように述べたてた。

「宛は大きな郡の都で、城市が数十もあり、民も財貨も多く、役人も人民も自分から降伏すれば、秦の法により、あとで必ず殺されるものと思っています。だから、みな必死になって戦うでしょう。そうなれば、あなたがたもいたずらに時間を費やし、多くの死傷者を出すことになります。また宛をやりすごして先へ進めば、後ろから追撃されるでしょう。あなた様のために考えますに、宛の守の降伏を許すかわりに、封じて宛の城を守らせる。そして麾《き》下《か》の兵卒はとりあげ、いっしょに西へ連れて行くにこしたことはありません。そうすれば、これから先の諸城も、噂を聞けば、争って門を開き、あなたをお待ちするはずです。通行を妨げることはありません」

劉邦はこの策に従い、宛の守を殷侯《いん》にするとともに、陳恢を千戸に封じた。

張良の人生を変えた不思議な老人

ところで、右に名の出た張良《ちょうりょう》とは、博浪沙《はくろうさ》で始皇帝《しこうてい》暗殺を企てた張良と同一人物である。お尋ね者となったことから、張良は姓名をかえ、下邳《かひ》に隠れ住んだ。

ある日、下邳の橋の上を散歩していると、一人の粗末ななりをした老人と出会った。老人はわざと自分の履物《はきもの》を橋の下に落とすと、張良のほうを見て言った。

「若造、下におりて履物をとってこい」

張良は内心の怒りを抑えて、履物をとってきた。すると老人は、今度は「はかせろ」と言う。張良は膝をついてはかせてやった。すると老人は笑いながら去っていった。張良はしばらくその後姿を見送っていたが、老人は一里《り》ばかり行くと引き返してきて、張良に言った。

「若造、おまえには教える価値がある。五日後の夜明けに、ここで会おう」

張良は不思議に思いながらも承知した。

五日後の夜明け、張良が橋に行ってみると、老人は先に来ていて、怒っていた。

「老人と約束しながら、遅れるとは何事だ、帰れ。五日後、出直してこい」

張良が老人と出会った下邳（江蘇省徐州市）

五日後の鶏が鳴く頃、張良が橋に行ってみると、老人はまた先に来ていて、同じ言葉を繰り返した。五日後、張良は夜半に出かけていって、夜の明けるのを待った。しばらくすると老人がやってきた。老人は喜んで、「こうあるべきなのだ」と言い、さらに一篇の書物を取り出して、こう言った。

「これを読めば王者の師となれるだろう。あと十年すれば世に出られる。十三年すれば、わしと再会するだろう。済北《せいほく》の穀城山《こくじょうさん》の麓《ふもと》にある黄色い石、それがわしじゃ」

老人はそれだけ言うと、どこへともなく去っていった。夜が明けてから、その書物を見てみると、それは太公望《たいこうぼう》が著わした兵法書だった。張良はそれを暗誦《あんしょう》できるほどにまで熟読した。

それから世に出るまでのあいだに、張良は人殺しをして追われていた項伯《こうはく》をかくまったことがある。

陳勝《ちんしょう》・呉広《ごこう》の乱がおこると、張良もまた若者百余人を集めて兵をあげ、やがて劉邦《りゅうほう》のもとに身を投じた。

劉邦、関中を手に入れる

劉邦《りゅうほう》が迫ると、秦《しん》の宰相《さいしょう》の趙高《ちょうこう》が和睦を申し出てきた。関中《かんちゅう》の地を分け、二人で王になろうというのである。劉邦はこれを相手にせず、張良《ちょうりょう》の策に従い、酈食其《れきいき》と陸賈《りくか》を秦《しん》の将軍のもとに派遣して、利益をえさに降伏を勧告した。降伏を拒否する者には武力を行使して、武関《ぶかん》を突破。藍田《らんでん》でも勝利を収めた。劉邦は士卒に略奪を禁じたので、秦の民衆は大いにこれを歓迎した。これを見て、秦の軍は戦意を喪失《そうしつ》し、つぎつぎと撃滅されていった。

十月、劉邦はついに諸侯に先駆けて覇上《はじょう》に到達した。二世皇帝はすでに趙高によって殺害され、趙高も子嬰《しえい》（扶蘇《ふそ》の子）によって殺害されていた。秦王の子嬰はおとなしく劉邦に降伏した。諸将のなかには、秦王を殺すべしと言う者もあったが、劉邦は、「懐《かい》王がわしを遣《つか》わされたのは、わしが寛容な心の持ち主だからだ。そのうえ、すでに降伏している者を殺すのは不吉である」と言って、子嬰を軟禁するにとどめた。

劉邦は秦の宮殿を目の当たりにすると、そこを自分の住まいにしたいと思った。樊噲《はんかい》が諫《いさ》めたけれども、劉邦は聞き入れなかった。そこで張良が説得にあたった。

「いまやっと秦に入ったところで、すぐさま快楽に身を任せるとは、それこそ夏《か》の桀《けつ》王となんら変わりがありません。忠言は耳に逆らってもおこないに利益があり、毒薬は口に苦くても病には利益があるものです。どうか沛《はい》公には、樊噲の言葉を聞き入れますように」

そこで劉邦は覇上に軍を返した。

十一月、劉邦は諸県の父老《ふろう》、豪傑たちを集めて慰労《いろう》し、「法はただ三章だけにする」と約束した。人を殺した者は死刑にし、人に怪我をさせ、人の物を盗んだ者はそれ相当の罪にするという、非常に簡潔なものだった。秦の人びとは大いに喜び、劉邦が関中王にならないことを心配した。そこである人が進言した。

「関中の富は天下に十倍し、地形は険要で天下を制するに足ります。いまもし項羽《こうう》が攻めてきたら、あなたはここを保てないでしょう。急いで兵をやって函谷関《かんこくかん》を守らせ、諸侯の軍を入れないようにし、そのあいだに少しでも関中の兵を徴収して兵の数を増やすがよいかと思います」

劉邦はこの進言に従った。

故事成語36▼立錐《りっすい》の余地もない

酈食其《れきいき》が劉邦《りゅうほう》に説いた、「いまや秦《しん》は六国《りっこく》の子孫を滅ぼし、錐《すい》を立てるほどのわずかな領地さえなくさせました」という言葉に由来する。

故事成語37▼忠言耳に逆らい、良薬口に苦し

咸陽《かんよう》へ一番乗りを果たした劉邦《りゅうほう》に対し、張良《ちょうりょう》は、「忠言耳に逆らえども、おこないに利あり」と言って諫《いさ》めた。この故事から、右の格言が生まれた。

Ⅳ　鴻門の会――項羽は西楚の覇王となり、劉邦は漢王となる

范増、項羽に警告す

劉邦《りゆうほう》が西へ快進撃をつづけていた頃、項羽《こうう》は棘原《きよくげん》で章邯《しようかん》と激闘を展開していた。形勢は秦《しん》軍に不利で、章邯はしばしば退却を余儀なくされた。ときに咸陽《かんよう》に使いに出した長史《ちようし》の司馬欣《しばきん》の情報から、咸陽では宰相《さいしよう》の趙高《ちようこう》が権力を握っており、勝敗に関係なく、章邯は苦しい立場に追い込まれることが明らかになった。ここに至り、章邯は項羽と降伏の話し合いをすることを決心した。

項羽が側近を集めて、「兵糧《ひようろう》が少ないから、降伏を受け入れようと思う」と伝えたところ、みな賛成したので、項羽は洹水《えんすい》の南、殷墟《いんきよ》の上で章邯の降伏を受け入れた。

しかし、士卒のなかには、かつて労役を経験して、秦に怨《うら》みを抱いている者が少なくなかった。そのため勝者であることに乗じて、秦の士卒に嫌がらせをする事件

が後を絶たなかった。それもあって、秦の士卒たちはひそかに次のように語り合った。

「章将軍らは、われわれには嘘を言って敵に降伏した。これからうまく函谷関《かんこくかん》に入り、秦を破れればよいが、もしそれができなかったら、諸侯はわれわれを虜《とりこ》にして東へ引き上げるだろう。そうなればきっと、秦はわれわれの父母や妻子を皆殺しにするにちがいない」

この話を盗み聞きして、項羽に告げる者があった。そこで項羽は諸将と相談のうえで、章邯と司馬欣と都尉《とい》の董翳《とうえい》を除き、夜襲をして、秦の兵卒二十余万人を新安《しんあん》城の南で穴埋めにしてしまった。

十二月、項羽が諸侯を率いて函谷関に至ると、関門は固く閉ざされていた。項羽は大いに憤《いきどお》り、力ずくで函谷関を突破して、戯《ぎ》の地に至った。そこで劉邦の左司馬の曹無傷《そうむしょう》が来て、「沛《はい》公は関中《かんちゅう》王になろうとして、子嬰《しえい》を宰相《さいしょう》とし、秦の珍宝を一人占めにしました」と嘘の密告をした。項羽は激怒して、翌日を期して劉邦を討伐することを宣言した。このとき項羽の軍四十万は新豊《しんぽう》の鴻門《こうもん》に陣をしき、劉邦の軍十万は覇上《はじょう》にいた。范増《はんぞう》もつぎのように言って項羽を煽《あお》った。

「沛公は山東《さんとう》にいたときには財貨を貪《むさぼ》り、美女を好んだのに、いま関中に入るや、財物は取らず、婦女も近づけようとしない。これはただごとではありません。わたしが望気のできる人をやって、沛公の身体からのぼる精気を望ませたところ、みな龍の形で、五色の色をしていました。これは天子になる精気です。早く討って禍根《かこん》を絶たなくてはなりません」

劉邦、危機を脱する

項羽《こうう》の叔父の項伯《こうはく》は、張良《ちょうりょう》に助けてもらった恩があった。ゆえに甥《おい》の計画を知ると、急ぎ馬を走らせ、張良を訪ねた。事情を聞いた張良は自分だけ逃げるようなことはせず、すぐさま項伯を劉邦《りゅうほう》に引き合わせた。劉邦は婚姻《こんいん》［親戚になること］の約束をしたうえで、つぎのように弁解をした。

「わたしは関に入って以来、少しも財物に手を触れず、蔵を封印して、将軍の来られるのを待っていたのです。関を守らせたのは、盗賊の出入りと非常に備えるためで、日夜将軍の来られるのを望んでおりました。どうして背《そむ》いたりいたしましょう」

すると項伯は劉邦に、「明朝早くにみずから来て、将軍に詫《わ》びられるがいい」と言って帰っていった。陣に戻るとすぐに項羽と会い、劉邦のために口添えをしてやった。

あくる朝、劉邦は百余騎《き》を従えて鴻門《こうもん》を訪れ、項羽と会見した。劉邦が改めて弁解すると、項羽は、「それは君の左司馬の曹無傷が言ったことだ。それがなければ、どうして疑ったりしよう」と言って、劉邦に着席をすすめ、いっしょに酒を飲んだ。

項羽と項伯は東面して上座につき、范増《はんぞう》は南面して次座についた。劉邦は北面して三座にすわり、張良は西面して下座に侍《はべ》った。范増は項羽に劉邦の暗殺を決行するよう何度も合図を送ったが、項羽は応じなかった。そこで范増は外に出て、項荘《こうそう》(項羽の従弟)を呼び、隙《すき》を見て劉邦を殺害するよう命じた。

やがて宴席に項荘が入ってきて、余興に剣舞をお見せしようと言い、剣を抜いて舞いはじめた。項伯はその意図を察して、自分も剣舞に加わり、常に身をもって劉邦をかばった。そのため項荘は劉邦を刺すことができなかった。

このとき張良が外に出て、樊噲《はんかい》を呼んだ。事情を聞いた樊噲はすぐさま盾をひっさげて陣内に押し入り、衛兵たちを突き倒して、宴席に乱入した。項羽が誰何《すいか》すると、張良が代わりに答えた。すると項羽は、「壮士《そうし》である」と言って、樊噲に酒と肉を与えた。樊噲が豪快にそれを平らげると、項羽は、「壮士よ、まだ飲むか」と声をかけた。これに対し、樊噲は、もちろんと答えるとともに、劉邦にはまったく悪意のないことを整然と述べ立てた。これに対し項羽は、うまく返答をすることができず、「まあ座れ」と言うのみだった。

宴が再開された。しばらくして劉邦が厠《かわや》に立った。樊噲はそのまま逃げ帰るようすすめた。あとのことは張良がうまくやるというので、劉邦は樊噲ら数名を従えたのみで、こっそり陣を抜け出し、さきに自陣に逃げ帰った。

劉邦が帰りついたであろう時刻を見計らって、張良は項羽に告げた。劉邦は酒の酔いに耐えられず、先に帰ったと。これを聞いて、范増はいたく悔《くや》しがったが、すべては後の祭りだった。

故事成語38▼豎子《じゅし》ともに謀《はか》るに足らず

鴻門《こうもん》の会で、劉邦《りゅうほう》に逃げられたと知ったとき、范増《はんぞう》が言った言葉に由来。「豎子《じゅし》」とは小僧っ子の意で、小僧っ子は天下の大計は達成できないという意味から転じて、考えの浅い者とは、重大なことについて相談しても仕方がないという意味で使われる。

韓信は国士無双の逸材

劉邦《りゅうほう》は無事に帰りつくと、すぐさま曹無傷《そうむしょう》を殺した。

数日後、項羽《こうう》は兵を率いて咸陽《かんよう》に入り、子嬰《しえい》を殺したうえ、秦《しん》の諸宮殿を焼き払った。火は三カ月にわたって消えなかったという。項羽は略奪の限りを尽くし、財宝と婦女を収めて東へ帰った。ある者が、関中《かんちゅう》を拠点にしてはとすすめたが、項羽は、「富貴になって故郷に帰らないのは、錦を着て夜行くようなものだ。誰にも知ってもらえない」と言って、聞き入れなかった。

項羽は懐《かい》王を尊んで義《ぎ》帝とするかたわら、諸将を立てて侯や王にした。劉邦をどうするかは問題だったが、ここは范増《はんぞう》の進言をとりいれ、漢中《かんちゅう》の王（漢王）とした。漢中も関中の一部とする強引な拡大解釈だった。実際の関中には章邯《しょうかん》ら秦の降将たちを封じた。

項羽自身は西楚《せいそ》の覇王《はおう》となり、九郡の王として彭城《ほうじょう》を都とした。しばらくして、人を義帝のもとにやり、「昔の帝王は地方千里で、必ず川の上流地方にいたものである」という理由で、義帝に長沙《ちょうさ》の郴《ちん》県に移るようすすめ、現地に赴《おもむ》く途中で暗殺した。

蕭何が逃走した韓信に追いついた地（陝西省留垻県）

諸侯はそれぞれ封国に向かった。劉邦も漢中に向かったが、張良《ちょうりょう》の進言に従い、桟橋を焼き払い、戻る意思のない姿勢を示した。そんな劉邦を見て、脱走する将兵が後を絶たなかった。そのなかに韓信《かんしん》という男がいた。

韓信は淮陰《わいいん》の出身である。若い頃は貧乏で、いつも人のやっかいになり、食いしのいでいた。南昌《なんしょう》の亭長《ていちょう》の世話になっていたこともあるが、数カ月もたつと嫌がられ、食事を出してもらえなくなったので、絶交してそこを立ち去った。

仕方なく、淮陰の城壁の下で釣りをしていたとき、老婆たちが綿打ちをしていた。そのなかの一人が見かねて、綿打ちが終わるまでの数十日間、韓信に食事を分けてくれた。韓信は、「おれは将来必ずお礼をするからな」と言ったが、老婆は冗談としか受けとめなかった。

淮陰の家畜解体人で、韓信を見下している者がいた。男は、「おまえは大きな図体で、剣をぶらさげるのは好きだが、度胸なんてもんはないだろう」と言って、大勢の前でなおも恥をかかせようとした。

「悔《くや》しかったら、その剣で刺してみな。それができないなら、俺の股《また》の下をくぐれ」

すると韓信は男をしげしげと見つめたすえ、頭を下げて股の下をくぐった。それを見た者はみな笑い転げ、韓信は臆病者だと思った。

やがて韓信は項梁《こうりょう》の軍に加わり、項梁の死後は、項羽《こうう》のもとで郎中《ろうちゅう》となった。その後、たびたび項羽に献策《けんさく》をしたが、一度として取り上げられたことはなかった。そのため韓信は項羽を見限り、劉邦のもとに身を寄せた。

韓信はひょんなことから夏侯嬰《かこうえい》の目にとまり、やがて彼の推薦《すいせん》で劉邦の丞相《じょうしょう》の蕭何《しょうか》と懇意《こんい》になる。蕭何からその才能を認めてもらえたが、なかなか劉邦への目通りがかなわない。しびれを切らした韓信は、劉邦にも見切りをつけ、劉邦が漢中入りする際に脱走を図ろうとした。

それを知って、蕭何があとを追った。これを誤って、「蕭何が逃亡した」という者があり、劉邦は激怒した。しばらくして、蕭何が戻ってくると、劉邦は怒鳴りつけて理由を問うた。逃亡した者を追いかけたのですと答えると、劉邦はまたも怒鳴った。逃げた将は何十人といる。それをかまわないでおいて、なぜ韓信だけ追いかけるのかと。すると蕭何は言った。

「将を手に入れるのはたやすいことです。しかし、韓信は国士《こくし》無双《むそう》の逸材《いつざい》です。王が漢中の王で満足するならば、韓信は不要でしょうが、天下を争う決意であれば、韓信の存在は欠かせません」

これを聞いて劉邦は韓信を重用することに決めた。将軍にするだけでは軽すぎるというので、大将軍に抜擢《ばってき》することにしたのである。信任の度合いを示すため、特別な高い台が築かれ、厳かな任命式がおこなわれた。

式典が終わったあと、劉邦は膝を交えて韓信と語りあった。韓信は項羽の短所と劉邦の長所を数え上げるとともに、今後の具体的な戦略を解き明かし、大いに劉邦を喜ばせた。

故事成語39▼国士無双《こくしむそう》

簫何《しょうか》が韓信《かんしん》の才能を示すのに用いた言葉に由来。天下にまたとない逸材《いつざい》という意味。

故事成語40▼匹夫《ひっぷ》の勇、婦人の仁

韓信《かんしん》が項羽《こうう》を評して言った言葉。匹夫《ひっぷ》の勇は、道理をわきまえない男が血気にはやってがむしゃらに行動するような、浅はかな勇気の意。

V　楚漢の決戦　――四面楚歌となった項羽

斉と趙の反乱

項羽《こうう》による論功行賞に不満を抱く者は少なくなかった。そのため一年もたたないうちに斉《せい》と趙《ちょう》で反乱がおこった。ときを同じくして、劉邦《りゅうほう》も行動をおこした。韓《かん》信《しん》の策に従い、旧道を通り、ひそかに北へ軍をすすめたのである。劉邦は陳倉《ちんそう》で章邯《しょうかん》を破り、雍《よう》の地を平定。ついで隴西《ろうせい》・北地《ほくち》・上郡《じょうぐん》などを平定したのち、東へ軍を進めた。劉邦は一方で項羽に書簡を送り、自分の目的は関中《かんちゅう》だけであることを強調した。項羽はそれを信用して、斉と趙の平定に力を注ぎ、西方は顧《かえり》みなかった。このとき項羽は九江王《きゅうこう》の黥布《げいふ》に援軍を要請したが、黥布は病と称して出陣せず、部将にただ数千人の兵をつけてよこしただけだった。

漢王の二年、劉邦は韓信を先陣として快進撃をつづけていた。二月には秦《しん》の社《しゃ》稷壇《しょくだん》［土地の神と穀物の神の祭祀をおこなう祭壇］を壊し、改めて漢の社稷壇を築いた。三月、新城《しんじょう》郷の老人から、義《ぎ》帝の最期について詳細な報告を受けた。そこで劉邦は義帝のために喪《も》を発し、謹慎すること三日、使者を諸侯のもとに派遣して、義帝の仇討《かたきう》ちをおこなうことを宣言した。

四月、劉邦は項羽が斉で転戦している隙《すき》をつき、五十六万もの大軍を率いて、ついに彭城《ほうじょう》に入った。大軍といっても、そこは形勢を見て、にわかに集まった烏合《うごう》の衆《しゅう》である。入城するやいなやたちまち無秩序になり、それぞれ城内の財宝や美女の略奪に走り、毎日のように宴を開いて騒いだ。

一方、彭城落城の知らせを受けるや、項羽は斉の戦場を部将にまかせ、自身は精《せい》兵《へい》三万人を率いて、取って返した。浮かれ騒いでいた漢軍は防戦どころではなく、数では圧倒的にまさりながら敗北を重ねた。楚《そ》軍に追いつかれ、劉邦危うしという場面もあったが、そのときにわかに西北から大風がおこり、砂塵《さじん》をまきあげ、あたりを真っ暗にした。劉邦はそのあいだに数十騎《き》とともに逃げ出すことができた。

その後も楚軍は執拗《しつよう》に追撃をつづけた。劉邦は車に乗っていたのだが、車を軽くして速度をあげようと、三度も自分の子供たちを投げ捨てた。そのたびに夏侯嬰《かこうえい》がひろいあげたので事なきを得た。劉邦は滎陽《けいよう》まで逃《のが》れてきて、ようやく人心地つくことができた。関中で留守を守っていた蕭何《しょうか》が、新たな兵をかり集めてきてくれたので、漢軍は態勢を立て直し、追ってきた楚軍を撃退した。六月、劉邦は呂《りょ》夫人の産んだ男子を立てて太子とし、この子に櫟陽《れきよう》を守らせた。こののち劉邦は廃丘《はいきゅう》を水攻めにして落とし、章邯を自害に追い込んだ。

反間の計で楚軍弱まる

漢《かん》王の三年、劉邦《りゅうほう》は韓信《かんしん》と張耳《ちょうじ》に命じて、趙《ちょう》を討たせるいっぽう、自身は滎陽《けいよう》で楚《そ》軍と対峙《たいじ》した。楚軍にしばしば糧道《りょうどう》を絶たれ、食糧《しょくりょう》不足が深刻になったことから、劉邦は滎陽以東を楚にさき、以西を漢の領土とするかたちで和睦を結ぼうと考えた。項羽《こうう》はこれを受け入れようとしたが、范増《はんぞう》が反対したことから、和睦はならなかった。

ここは計略を使い、楚軍の勢いを削ぐしかない。そう考えた劉邦は陳平《ちんぺい》の献策《けんさく》に従い、反間《はんかん》の計《けい》を試みることにした。そのために劉邦は陳平に黄金四万斤《きん》を与えた。

陳平は多額の金をばらまいて楚軍の内部につぎのような噂を広めさせた。

「将軍の鍾離昧《しょうりばつ》らは、功績が多いにもかかわらず領地を与えられて王になることはできまい。ゆえに漢と手を組んで項氏を滅ぼし、土地を分けて王になろうとして

項羽と劉邦が対峙した鴻溝の跡、漢覇二王城（河南省滎陽市）

いる」

するとと項羽は鍾離昧らを疑い、あまり信用しなくなった。

陳平は范増についても噂を広めさせた。さらに項羽の使者がやってきたとき、手の込んだ計略をしかけた。はじめ、最高級のご馳走を用意しかけて、使者の顔を見た途端、「亜父《あほ》殿（范増のこと）のお使いと思ったのに、これは項羽の使者であったか」と言い、ご馳走をさげて、粗末な食事にとりかえた。楚の使者が帰ってこのことを報告すると、項羽は范増を大いに疑うようになった。范増は滎陽を急襲するよう進言したが、項羽は何か裏があるのではと疑い、聞き入れなかった。范増は自分が疑われていると知ると、腹を立てて言った。

「天下の事はほぼ定まりました。わが君、あとはご自身でなさりませ。わたくしは隠居させていただきます」

項羽はこれを許した。范増は彭城《ほうじょう》に向かったが、そこにたどり着く前に、背中にできた腫《は》れものが悪化して、息を引き取ってしまった。

楚軍の力はだいぶ弱まったが、それでも漢軍が劣勢であることに変わりはなかった。いよいよ食糧が底をついたとき、部将の紀信《きしん》が進言をした。

「事態は急です。わたくしが王に代わり、漢王と称して欺《あざむ》きますから、王はひそかに囲みを抜け出られますように」

そこで劉邦は夜になるのを待って、女子と兵二千人を東門から出し、「城中の食糧が尽きたので、漢王は降伏することにした」と呼ばわらせた。その一団は、黄色の絹で蔽《おお》いをした車を警護するようにしており、車の中には紀信がいた。楚軍がそれに気を取られているあいだに、劉邦は数十騎《き》の者と西門から脱出して、成皐《せいこう》に逃《のが》れた。紀信は替え玉であることがばれると焼き殺された。

故事成語41▼背水《はいすい》の陣

韓信《かんしん》は趙《ちょう》を攻めるに際し、兵法の常識に反して、川を背に陣をしいた。そのせいで、味方は必死になって戦い、勝利を収めた。この故事から、失敗の許されない状況で全力をあげて事にあたることを、「背水《はいすい》の陣をしく」とか「背水の陣で臨む」と言うようになった。

韓信を王に取り立てる

漢《かん》王の四年、項羽《こうう》が軍を進め成皋《せいこう》を囲んだ。劉邦《りゅうほう》は夏侯嬰《かこうえい》と二人きりで修武《しゅうぶ》に赴《おもむ》き、韓信《かんしん》から兵をとりあげると共に、韓信には改めて斉《せい》を攻略するよう命じた。漢軍は成皋を失ったものの、鞏《きょう》で楚《そ》軍の侵攻をくいとめた。その間に彭越《ほうえつ》が東阿《とうあ》で背《そむ》き、楚軍の背後を脅《おびや》かした。そこで項羽は大司馬の曹咎《そうきゅう》らに、「成皋を死守せよ。漢軍が戦いを挑んできたら、自重して決して打って出るな。漢軍を釘付けにすればそれでよいのだ。わしは彭越を殺して、十五日後に必ず戻ってくる」と言い残して、東へ向かった。

曹咎は最初のうちは項羽の言いつけを守っていた。しかし、漢軍から五日も六日

拝将壇（陝西省漢中市）。劉邦が韓信を大将軍に任じた地

もつづけて侮辱《ぶじょく》されると、ついに我慢しきれず、門を開いて襲撃した。漢軍はこれをさんざんに破って大勝利を収め、敗れた曹咎は自害した。同じ頃、韓信が斉を平定した。

曹咎の敗北を知ると、項羽はすぐさま引き返してきた。楚漢両軍は広武山《こうぶさん》の谷間を隔《へだ》てて対峙《たいじ》した。劉邦は項羽が犯した十の罪悪を数え上げ、非難した。これに対し項羽は劉邦の父親を人質に降伏を迫った。しかし、劉邦は動じることなく、こう言って返した。

「わしはおまえといっしょに懐《かい》王の臣下となり、兄弟の約束を結んだ。だから、わしの父はおまえの父でもある。それでも父を煮殺すというのなら、わしにもその羹《あつもの》［魚鳥の肉や野菜を入れた熱い吸い物］を一杯分けてくれないか」

項羽は激怒したが、項伯《こうはく》に諭《さと》され、父親を殺すのをやめた。

それから項羽は一対一で勝負を決しようではないかともちかけたが、劉邦はこれにも応じない。そこで項羽が矢を射させたところ、劉邦の胸に当たった。しかし劉邦は、「指にあたりおった」と嘘をついた。傷は意外に深かったが、張良《ちょうりょう》が無理にでもというので、劉邦は痛みをこらえながら軍をねぎらい、兵卒たちを安堵《あんど》させた。

ときに東方では、韓信が項羽の部将、龍且《りゅうしょ》を敗死させた。韓信はその報告がてら、劉邦につぎのように言ってきた。

「斉人は嘘偽《いつわ》りが多く、よく心変わりしまして、裏切りを繰り返してきました。南は楚と境を接していますから、仮の王を立てなければ、とてもではありませんが落ち着きません。統治を安定させるためにも、わたくしを仮の王にしてくださりますようお願いいたします」

これを聞いて、劉邦は激怒した。すると、張良と陳平《ちんぺい》がそっと足を踏んで、耳元で囁《ささや》いた。

「漢はいま不利に立たされています。この機会に韓信を王に取り立て、大いに優遇してやるにかぎります。でないと、取り返しのつかないことになりますぞ」

劉邦ははっと気づき、使いの者に言った。

「壮士《そうし》が諸侯を平定した以上、まことの王となるのがふさわしい。仮の王などでいいことがあろうか」

劉邦は張良を韓信のもとに派遣して、正式に斉王の位を与えた。

一方、龍且の敗死を知った項羽は、武渉《ぶしょう》という者を使いとして、韓信に和睦を申し入れてきた。天下を三分しようというのである。しかし、韓信はこれを拒絶した。

斉の蒯通《かいつう》という人も、韓信に対して自立するようすすめたが、韓信は劉邦には取り立ててくれた恩があるとして、聞き入れなかった。

故事成語42▼雌雄《しゆう》を決する

項羽《こうう》は広武山《こうぶさん》で劉邦《りゅうほう》と対峙《たいじ》したとき、「願わくは、漢《かん》王と二人単身で戦い、どちらか雌雄を決して、いたずらに天下の民を苦しめないようにしようではないか」と呼びかけた。この故事から、二つのものの優劣を決めることを、「雌雄を決する」と言うようになった。

故事成語43▼将に将たり
韓信《かんしん》が劉邦《りゅうほう》と雑談したおり、劉邦を評して言った言葉。

天下分け目の垓下

ときに漢《かん》軍は兵糧《ひょうろう》が豊富にあったが、楚《そ》軍は兵糧が不足しているうえに、兵の疲労が極限に達していた。そこで漢軍から、「盟約を結んで天下を二分し、鴻溝《こうこう》以西を漢の領土、鴻溝以東を楚の領土とする」という申し入れがなされるや、項羽《こうう》はこれに同意して、劉邦《りゅうほう》の父母や妻子を解放した。

盟約がなると、項羽は東への帰途についた。劉邦も西へ帰ろうとしたが、このとき張良《ちょうりょう》と陳平《ちんぺい》が進言した。

「漢は天下の大半を保有し、諸侯もみな漢に味方しています。それに対し、楚は兵が疲れ、食糧も尽き果てています。これは天が楚を滅ぼそうとしているのです。敵の飢《う》えに乗じて天下を取るのが上策です。いま討たなければ、虎を養って禍根《かこん》を残すことになりましょう」

劉邦は二人の策に従った。

回 漢楚の戦い

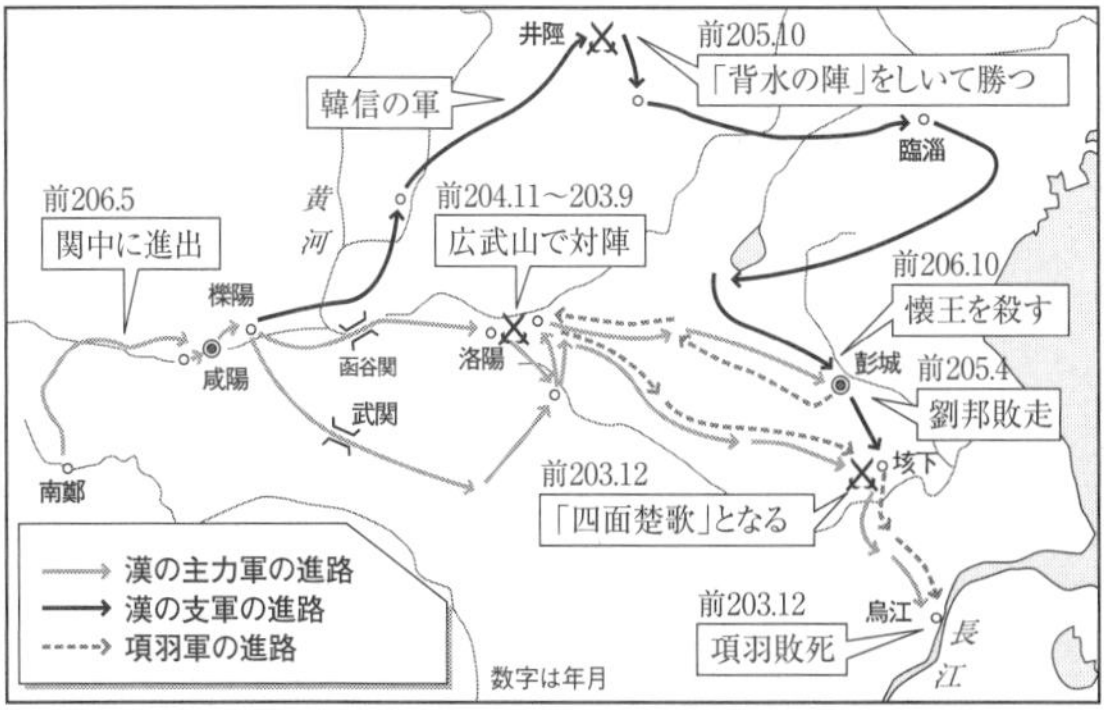

参照:『すぐわかる中国の歴史』(宇都木 章・監修+小田切 英・執筆／東京美術)

天下分け目の会戦がおこなわれた垓下古戦場（安徽省霊壁県）

漢王の五年、劉邦は諸侯と期日を約して、ともに楚を討とうとした。ところが、韓信《かんしん》にも彭越《ほうえつ》にも動く様子がない。そこで張良に相談したところ、張良は言った。

「楚軍が敗れようとしているのに、韓信と彭越にはまだ与えられる領地が決まっておりません。動かないのは無理からぬことです。漢王には、陳《ちん》から以東の海に至るまでの地すべてを韓信に与え、睢陽《すいよう》から以北の穀城《こくじょう》に至るまでの地を彭越に与えますよう。そうすれば、二人は必ず動きます」

劉邦は「よしわかった」と言って、韓信と彭越のもとに使いを走らせた。使者がくると、韓信と彭越はすぐさま軍を動かした。かくして垓下《がいか》において天下分け目の会戦がおこなわれ、戦いは漢軍の大勝利に終わった。

夜、楚軍は漢軍によって完全に包囲された。すると漢軍の陣営から楚の歌が聞こえてきたので、項羽は、「漢はもはや楚の地をみな平定したのか。なんと楚人の多いことか」と驚いて言った。

項羽は寝付けず、帳《とばり》の中で酒を飲んだ。項羽につきしたがう美人があり、名を虞《ぐ》といった。また愛用の駿馬《しゅんめ》があり、名を騅《すい》といった。項羽は悲憤慷慨《ひふんこうがい》して、みずから詩をつくり、うたった。

力は山を抜き　気は世を蓋《おお》う

時に利あらず　騅ゆかず
騅ゆかざるを　いかんせん
虞や虞や　なんじをいかんせん

項羽がこれを数回うたうと、虞美人がこれに唱和した。項羽の頰には涙が流れ、左右の者もみな涙にくれ、誰も顔をあげることができなかった。

故事成語44▼四面楚歌《しめんそか》
周囲がみな敵で、孤立無援なことをいう。垓下《がいか》の戦いで敗れたのちの、楚《そ》軍の置かれた状況に由来する。

項羽の死

項羽《こうう》は残った部下で騎乗する者八百人を率いて、夜、囲みを破って南へ走り去った。漢《かん》軍は夜が明けてからそれに気づき、灌嬰《かんえい》に五千騎《き》をもって追撃をさせた。項羽が淮水《わいすい》を渡ったとき、なおよく従う者は百余人に減っていた。

項羽が東城《とうじょう》まで来たときには、従う者は二十八騎にすぎなかった。追撃してくる漢軍は数千人とみられた。項羽は包囲を突破できないと悟ると、従騎《じゆうき》たちにつぎのように述べた。

「わしは兵を起こしてから八年になる。みずから七十余戦を経験し、当たるところの者は破り、討つところの者は従え、いまだかつて敗《やぶ》れたことはなく、ついに天下を取った。しかし、いまついにここに追い込まれたのは、天がわしを滅ぼすのであって、戦いの罪ではない。今日はもとより死を覚悟している。願わくは、諸君のために決戦し、必ず三度勝って、諸君のために囲みを破り、天がわれを滅ぼすものであって、戦いの罪でないことを明らかにしよう」

項羽は従騎を四隊に分け、四方に向かって突撃させ、漢軍百数十人を斬《き》り殺したのち、再び合流した。従騎で討たれたのは二騎だけだった。項羽が、「どうだ」と言うと、一同、「大王の仰《おつしや》るとおりです」と答えた。

それから項羽は長江《ちようこう》の渡し場、烏江《うこう》まで逃《のが》れた。そこには烏江の亭長《ていちよう》が一隻《せき》の船を用意して待っていた。亭長は言った。

「江東《こうとう》は小さな土地ですが、なお千里四方あり、民は数十万人もおります。王となるに十分な土地です。願わくは、大王には急いで長江をお渡りください。いま船を持っているのはわたしだけで、漢軍が来ても渡ることはできません」

しかし、項羽は笑いながらこう答えた。

「天がわしを滅ぼそうとしているのに、どうしてわし一人で渡ることができよう。わしがはじめ兵をあげたとき、江東の子弟八千人を率いて渡ったのに、いま一人も帰る者がない。これではどんな面目があって、江東の人びとに会うことができよう。たとえ彼らが許してくれたとしても、わしはひとり自分の心に恥じないでいられようか」

項羽はそう言って、騅《すい》だけを乗せていってくれるよう頼んだ。

それから項羽は全員に馬を下りさせ、漢軍に最後の戦いを挑《いど》んだ。項羽ひとりだけでも数百人の漢軍を殺したが、みずからも十余カ所に傷を負った。

やがて項羽は、漢軍のなかに見知った顔を見出した。すると項羽は、「わしの頭には千金と万戸の邑《ゆう》がかけられているそうだが、わしはおまえのために恵んでやろう」と言って、みずから首をはねて、命を絶った。王翳《おうえい》という者が頭を切り取ったのち、遺体の激しい争奪戦がおこり、数十人の死傷者が出た。結局、首から下は四人の者に分けられた。

項羽が死ぬと、楚《そ》の地はすべて漢に降伏した。劉邦《りゅうほう》は項羽のために喪《も》を発し、葬式には涙を流して立ち去った。生き残った項氏の一族には危害を加えず、項伯《こうはく》を封じて射陽侯《しゃようこう》とした。

VI　高祖の治世——秩序を守り保つ方法

劉邦、皇帝となる

　正月、諸侯および将相ら一同が、劉邦《りゅうほう》を尊んで皇帝になるよう願った。劉邦は三度辞退したのち承知して、二月甲午《こうご》の日、汜水《はんすい》の北で皇帝の位についた。これが高祖《こうそ》である。

　即位するやいなや、「義《ぎ》帝が亡くなってのち、楚《そ》には君がいないが、韓信《かんしん》は楚の風俗に慣れている」として、韓信を斉《せい》王から楚王に移した。

　その後、高祖は洛陽《らくよう》の南宮で酒宴を開き、群臣に問うた。

「わしがどうして天下を得られたか、また項羽がどうして天下を失ったか、朕《ちん》に隠すことなく実情を述べてみよ」

　すると王陵《おうりょう》が言った。

「陛下は人を見下げて侮《あなど》られ、項羽《こうう》は仁慈《じんじ》で人を愛するのですが、ただ陛下は城を攻め落としたとき、功労のあった者にそこを与えるなど、利益を分けるようされました。項羽は賢者を疑い、能ある者を憎み、功労ある者を殺し、戦いに勝っても人に恩賞を与えず、土地を得ても人に分け与えない。これが天下を失った理由です」

するると高祖は、「公は一を知ってまだ二を知らない」とし、次のように語った。

「謀《はかりごと》を帷幄《いあく》の中にめぐらし、勝利を千里の外に決することでは、わしは張良《ちょうりょう》に及ばない。国家を鎮め人民を慰撫《いぶ》し、糧食《りょうしょく》を士卒に給して糧道《りょうどう》を絶たないことでは、わしは蕭何《しょうか》に及ばない。百万の軍をつらね、戦えば必ず勝利し、攻めれば必ず取ることでは、わしは韓信《かんしん》に及ばない。この三人はみな傑出した人材であるのに、わしはよくこれを使うことができた。これがわしが天下を取れた理由である。項羽はたった一人の范増《はんぞう》さえ用いることができなかった。これがわしに滅ぼされた理由である」

故事成語45▼帷幄《いあく》のうちに謀《はかりごと》をめぐらし、勝ちを千里の外に決する

劉邦《りゅうほう》が張良《ちょうりょう》を評して言った言葉。

馬上では天下は治められない

高祖《こうそ》は洛陽《らくよう》に都を置こうとも考えたが、劉敬《りゅうけい》、張良《ちょうりょう》らの進言に従い、即日西へ向かい、函谷関《かんこくかん》に入り、関中《かんちゅう》の長安《ちょうあん》に都を置いた。六月、大いに天下に大赦《たいしゃ》をおこなった。

高祖は儒者《じゅしゃ》が嫌いであった。ゆえに儒者の陸賈《りくか》はもっぱら弁舌の徒として活躍していた。しかし、高祖が天下統一を成し遂げてからは、おりにふれて『詩経《しきょう》』や『書経《しょきょう》』を引用したり、褒《ほ》め称《たた》えたりした。あるとき高祖はたまりかねてかみついた。

「わしは馬上で天下を取ったのだ。『詩経』や『書経』がなんの役に立つというのか」

これに対し、陸賈は諫《いさ》めて言った。

「馬上で天下を取っても、馬上で天下を治められるでしょうか。殷《いん》の湯《とう》王や周《しゅう》の武《ぶ》王は武力で天下を取ったものの、時代に即した方法によって天下を維持《いじ》できたのではありませんか。文と武を併用するのが、天下を長く保つ秘訣です。昔、呉《ご》王夫差《ふさ》や知伯《ちはく》は武力に頼りすぎたために滅び、秦《しん》は刑罰ばかりを重視したため、結局、滅びました。秦が天下を統一したあと、もし仁義の道を実行し、太古の聖天子を見習っていれば、どうして陛下が天下をお取りになれたでしょうか」

高祖は不機嫌な顔をしていたが、ややあって恥じ入った表情を見せ、陸賈に頼みごとをした。

「わしのために、秦が天下を失ったわけ、わしが天下を取れたわけは何か、さらに古来の諸国の興亡の事情を、書き表してくれないか」

そこで陸賈は国家の存立と滅亡の兆候のあらましを全部で十二篇の書物に著わした。一篇できあがって献上されるたびに、高祖はそれを褒め称え、側近の者たちも万歳を叫んだ。

高祖を悩ます無頼の輩たち

高祖《こうそ》は秦《しん》の厳しい儀礼や規則を全廃し、何事も簡便にした。ところが、臣下たちは朝廷で酒を飲むと、手柄自慢で口論をしたり、酔っ払って意味不明なことを怒鳴ったり、剣を抜いて柱に斬《き》りつけたりしたので、高祖はそれを苦々しく思っていた。それを見計らい、儒者《じゅしゃ》の叔孫通《しゅくそんとう》が進言した。

「そもそも儒者という者は、矢玉の雨を犯して天下を争うことは苦手ですが、できあがった秩序を守り保つことは得意としております。なにとぞ、もと魯《ろ》の国の学者たちを召し寄せ、わたくしの弟子たちともども、朝廷での儀礼を制定いたしますことをお認めくださいますようお願い申し上げます」

ここに出た叔孫通はもと秦の二世皇帝に仕えていた。そのとき正論を主張するようなことはせず、もっぱら趙高《ちょうこう》に気に入られるようつとめた。そのため彼も他の儒者も粛清《しゆくせい》をまぬがれることができた。

高祖に仕えるようになってからは、自分の弟子を推薦《すいせん》するのはまだ時期尚早として、もっぱら腕力に自慢のある者ばかりを推薦して、高祖の歓心を買った。なかなか処世術を心得た人物だったのである。

さて、叔孫通の進言に対し、高祖は、「それは難しいことではないのか」と尋ねた。すると叔孫通は答えて言った。

「五帝もそれぞれ音楽が異なり、三王もそれぞれ礼が異なりました。礼というのは時代や人情にともない、慎ましくもきらびやかにも変化するものでございます。わたくしは太古の礼を大いに取り入れ、これに秦の儀礼と組み合わせて、新しい礼をつくりあげたく思っております」

高祖はこれを許可し、「誰でもわかりやすく、わしが実行できるよう心がけるのだ」と注文をつけた。

叔孫通は魯の学者三十人と自分の弟子百余人とで、野外に縄や竹を使って工夫をこらし、一カ月あまり実習を重ねて、それなりの形を整えた。模擬練習を視察した高祖は、「これならわしでもできる」と満足の様子だった。

長楽宮《ちょうらくきゅう》の落成に合わせて、新たなる儀礼の本番がとりおこなわれた。整列の仕方から歩き方、拝謁の仕方、酒の飲み方まで、細かな規則が定められ、規則に外れた者は係員により即刻退場させられた。儀式は早朝から午前中いっぱいおこなわれたが、途中、騒いだり不平を漏《も》らす者は皆無だった。儀式が終わると、高祖は、「わしは今日はじめて、皇帝の貴さがどんなものかわかった」と述べた。高祖は褒《ほう》美《び》として叔孫通を太常《たいじょう》に任命し、金《きん》五百斤を下賜《かし》した。

混乱を極めた論功行賞

六年、高祖《こうそ》は家臣たちの論功行賞に着手し、蕭何《しょうか》の功績を第一とした。部将たちに抗議をする者が多かったが、高祖は、猟師と犬の喩《たと》え話をして、彼らを黙らせた。獣《けもの》を追いかけるのは犬の役目だが、獣の居場所をさししめすのは猟師である。漢《かん》では蕭何が猟師に、部将たちが犬にあたる。ゆえに蕭何の功績を第一とすべきと説いたのだった。

張良《ちょうりょう》は戦場で功績をあげたことは一度もないが、高祖は、「謀《はかりごと》を本営のなかでめぐらし、勝利を千里の外で決したのは、子房《しぼう》（張良の字《あざな》）の功績である」として、斉《せい》の地から三万戸の領地を与えようとした。ところが、張良が辞退して、自分は留《りゅう》の地をもらえれば十分と言ったので、張良を封じて留侯とした。

こうして重臣二十余人の論功行賞はすんだが、その他の者については、一年あまりたっても決しなかった。部将たちがよくひそひそ話をしているのを見て、高祖は張良に、いったい何を話しているのか尋ねた。すると張良は、「陛下はご存じないのですか。彼らは謀反《むほん》を計画しているのです」と言った。論功行賞の遅れが、不穏な空気を生み出していたのである。どうすればよいかという高祖の問いに、張良は、高祖が憎んでいて、群臣の誰もがそれを知っている人物にまっさきに恩賞を与えるようすすめた。そこで高祖が雍歯《ようし》という者を什方侯《じゅうほう》にとりたてたところ、群臣は、「雍歯でさえ侯となったのだ。われわれは心配をする必要はない」と言い、みな安心して従順になった。

六年十二月、韓信《かんしん》に謀反の疑いありと密告する者があった。高祖は陳平《ちんぺい》の計略に従い、雲夢《うんぼう》に巡遊に行くから、諸侯は陳《ちん》に集合するようにと触れを出した。そして、まったく警戒心を抱かずにやってきた韓信を捕らえ、楚王から淮陰侯《わいいん》に格下げした。

七年、匈奴《きようど》が山西《さんせい》に攻め込み、韓王《かん》の信《しん》がこれに呼応して謀反をおこした。高祖はこれを討伐すべく親征《しんせい》をおこなった。しかし、寒い時期であったことから、凍傷で指を失う者が十人のうち二、三人もでた。ついには山西北部の平城《へいじよう》まで達したが、高祖はそこで匈奴の罠《わな》にはまり、包囲されてしまう。高祖は計略を使い、七日後にようやく解放された。

八年、長安《ちようあん》に帰りついた高祖は、新しい宮殿（未央宮《びおうきゆう》）の壮麗さに目をみはり、蕭何を叱りつけた。

「天下統一がなされてまだまもなく、不安定な状態がつづいているというのに、こんな度を過ぎた宮殿をつくるとは、どういう了見だ」

するとと蕭何は答えて言った。

「天下がまだ定まらないからこそ、このような宮殿をつくる必要があるのです。天子は四海《しかい》［四方の海から転じて、天下、世界をあらわす］をもって家となすといいます。壮麗でなければ、威光を重くすることはできません。後世の子孫にこれ以上のものをつくれないようにしておくのです」

これを聞くと、高祖は納得して喜んだ。

太子と四人の長老

高祖《こうそ》は大変な女好きで、呂后《りよこう》のほかに何人もの妃《ひ》がいた。もっとも寵愛《ちょうあい》していたのは戚《せき》夫人で、高祖は皇太子を廃し、改めて戚夫人の産んだ趙《ちょう》王如意《にょい》を立てたいと望んだ。呂后は心配したが、どうしたらいいかわからなかった。するとある者が、「留侯《りゅう》（張良《ちょうりょう》）は策謀《さくぼう》を立てるのが上手です。知恵を出してもらってはいかがでしょう」と進言した。そこで呂后は兄の呂沢《りょたく》を使いにたて、張良に何かよい策はないものかと相談した。すると張良は言った。

「このことは言葉で説得しても無理でしょう。陛下には招きよせることのできない長老が四人おります。四人は陛下が人をばかにする方だと思い、山中に逃げかくれ、節義を保って漢の臣下になろうとしません。しかしながら、陛下はこの四人を非常に尊敬されておられます。いま后が金銀財宝を惜しまず、太子さまに謙虚《けんきょ》な御言葉で書簡をしたためていただき、座席のある車を準備し、さらに弁の立つ士を派遣して熱心に懇請《こんせい》すれば、四人に来てもらえるかもしれません。来てくれたならば客人となし、参内のおりには必ずお供をさせてください。そうすれば、后の願いはかなうでしょう」

そこで呂后は教えられたとおりの策を用い、四人の長老を招聘《しょうへい》した。

果たして、ある酒宴の席で、高祖は太子の供をしている四人に目をとめた。姓名を尋ねたところ、かねて自分が招聘したいと願っていた人物であることがわかった。四人が太子のことを褒《ほ》めあげると、高祖は彼らに言った。

「あなたがたには面倒をかけるが、どうか最後まで太子を助け、もりたててもらいたい」

太子と四人の長老が退席したのち、高祖は戚夫人に言った。

「わしは太子を代えるつもりでいたが、あの四人が補佐しているのではどうしようもない。羽翼《うよく》がすでにできあがっていては、動かしがたい」

戚夫人はいつまでもすすり泣きをつづけた。

故事成語46 ▼右に出ずる者なし

並べた場合、その右側に位置するものがいない、それよりすぐれた者がいないという意味。趙王《ちょうおう》張敖《ちょうごう》に仕えた田叔《でんしゅく》らを評した高祖の言葉に由来する。

高祖、ついに没する

十年八月、趙《ちょう》の相国《しょうこく》の陳豨《ちんき》が謀反《むほん》をおこした。九月、高祖《こうそ》は親征《しんせい》に乗り出した。十一年春、韓信《かんしん》が謀反をおこそうとしていると密告する者があった。呂后《りょこう》は蕭《しょう》何《か》の策に従い、嘘の情報を流して韓信を誘い出し、捕らえて三族皆殺しにした。夏、梁《りょう》王彭越《ほうえつ》が謀反をおこした。蜀《しょく》へ流罪《るざい》としたが、そこでまた謀反をおこそうとしたので、三族皆殺しにした。秋七月、淮南《わいなん》王黥布《げいふ》が謀反をおこした。

十二年十月、高祖は沛《はい》を訪れ、旧友や一族の者たちを招いて無礼講の宴会を楽しんだ。このとき、沛の児童百二十人を集めて、これに詩を教え、宴たけなわのとき、高祖みずから筑《ちく》を打って「大風」の語ではじまる詩をうたった。それから児童にうたわせ、みずから舞をまった。さまざまな情景が走馬灯のように頭の中を駆けめぐり、思わず涙がこぼれた。高祖は沛の父兄たちに、沛を皇帝の直轄地として、賦役《ふえき》免除の特典を与えることを約束した。また、沛の父兄たちが頼むので、高祖は豊邑《ほうゆう》にも同じ特典を与えた。この年、黥布と陳豨が敗死した。

十三年二月、燕《えん》王盧綰《ろわん》が謀反をおこしたので、樊噲《はんかい》と周勃《しゅうぼつ》に命じて討伐に行かせた。

ときに高祖は、黥布討伐の際に受けた矢傷が悪化して、重体に陥った。呂后が名医を呼んできた。その医者は治療に自信を示したが、高祖は激しく罵《ののし》り「わしは庶民の身をもって、三尺《しゃく》の剣をひっさげ天下をとった。これは天命ではないか。命は天にあるのであって、命がなければ扁鵲《へんじゃく》のごとき神医がいたとしても、どうして治せよう」と言って、治療をさせずに、礼金だけ払って医者を帰らせた。

その後、呂后が高祖に問いかけた。

「蕭何が死んだら、誰に代わらせたらよいでしょうか」

高祖が曹参《そうさん》の名をあげると、呂后はその次は誰かと問うた。高祖は答えて言った。

「王陵《おうりょう》がよかろう。しかし、王陵は少し愚直だから、陳平《ちんぺい》に補佐させるとよい。陳平は知恵にあふれているが、彼一人だけに任せるとなると心もとない。周勃は重厚すぎて軟らかみに欠ける。しかし、劉《りゅう》氏の天下を支えるのは、きっと周勃だろう。周勃を太尉《たいい》にするとよい」

呂后はその次は誰かと問うたが、高祖は、「そのあとは、もうおまえの知ったことではない」と答えた。

四月甲辰《こうしん》の日、高祖が没した。享年六十二。丁未《ていび》の日、喪《も》が発せられ、天下に大赦《たいしゃ》がおこなわれた。盧綰は直接、高祖に会って釈明する機会をうかがっていたが、高祖の死を知ると、逃げて匈奴《きようど》に亡命した。

太子が後を継いで皇帝となった。これが恵帝《けい》である。恵帝の五年、沛の離宮を高祖の原廟《げんびよう》とし、高祖から詩を教わった児童百二十人を楽人とし、のちに欠員がでれば、すぐに補うよう定めた。

故事成語47▼敗軍の将は兵を語らず

趙《ちよう》は軍師である李左車《りさしや》の進言を聞かなかったばかりに、韓信《かんしん》によって滅ぼされた。勝利ののち、韓信は李左車を厚遇して、いろいろと意見を求めた。このとき李左車は、「敗軍の将は以《もつ》て勇を言うべからず、亡国の大夫《たいふ》は以て存するを図るべからず」と言った。この故事から、「敗軍の将は兵を語らず」という言葉が生まれた。戦争で負けた将軍は、兵法について発言する資格はないという意味から転じて、失敗した者は、そのことについて意見を述べる資格はないという意味で使われる。

故事成語48▼智者も千慮《せんりよ》必ず一失《いつしつ》あり。愚者も千慮また一得あり

韓信《かんしん》から燕《えん》・斉《せい》を討つ方策を聞かれたとき、李左車《りさしや》が前置きに使った言葉。賢い人も必ず間違いがあり、愚か者もたまには正しいことを言っている。

『史記』Q&A【第五章】

■項羽の敗因は何だったのか

劉邦《りゅうほう》は負け戦を数えきれないほど経験している。それに対し、項羽《こうう》には負け戦が少ない。それなのに、なぜ滅びることになったのか。

これは劉邦自身が語っているように、人材をいかに活用したかの違いだろう。劉邦のもとには、文では張良《ちょうりょう》、蕭何《しょうか》、陳平《ちんぺい》が、武では韓信《かんしん》がいた。それに対し、項羽の陣営で知恵袋と呼べるのは范増《はんぞう》くらいだった。それなのに項羽は反間《はんかん》の計《けい》にかかり、その范増をも放逐してしまった。

諫言《かんげん》を聞き入れず、多様な人材を受け入れる度量がない。これが項羽の滅んだ最大の原因ではなかろうか。

■高祖はなぜ粛清に走ったのか

項羽を滅ぼすまで、劉邦は度量の大きいところを見せていた。ところが、いざ天下統一を果たすや、猜疑心の塊《かたまり》となり、韓信《かんしん》や彭越《ほうえつ》など異姓の諸侯王をつぎつぎと粛清《しゅくせい》していった。しまいには異姓諸侯王は、呉芮《ごぜい》が封ぜられた長沙《ちょうさ》王国しか残らなかった。

ちなみに長沙王国はそれから五代にわたり、嗣子がなく断絶されるまでつづいた。

なお、弾力性の残るミイラで有名な馬王堆は長沙国に仕えた丞相《じょうしょう》の墓である。

項王故里にある項羽像
（江蘇省宿遷市）

■張良は仙人になったのか

張良《ちょうりょう》という人物は神秘的色彩を帯びている。兵書をくれた老人にしてもそうだ。老人は、「十三年すれば、わしと再会するだろう。済北《せいほく》の穀《こく》城《じょう》山《さん》の麓《ふもと》にある黄色い石、それがわしじゃ」と言い残していた。果たして、それから十三年後、張良は済北を通り、穀城山の麓で黄色い石を見つけた。張良はそれを持ち帰り、宝物としてまつったという。

また張良は留侯に封じられてから、「もうこの世に思い残すことはない。あとは仙人の赤松子《せきしょうし》に従って遊びたいだけだ」と言って、それからは穀物をとらず、特別な呼吸法をして、身を軽くする術を学んだとある。

そして亡くなると、黄色い石といっしょに葬られた。墓は河南省蘭考県にある。

だが、地方の伝承には、張良は俗世間を捨てて仙人になったとする話がいくつかある。たとえば陝西省留坝《りゅうは》県には張良昇仙《しょうせん》の伝説があり、それを記念する、りっぱな廟も残されている。

第六章

文帝・景帝の時代

●劉氏・呂氏系図

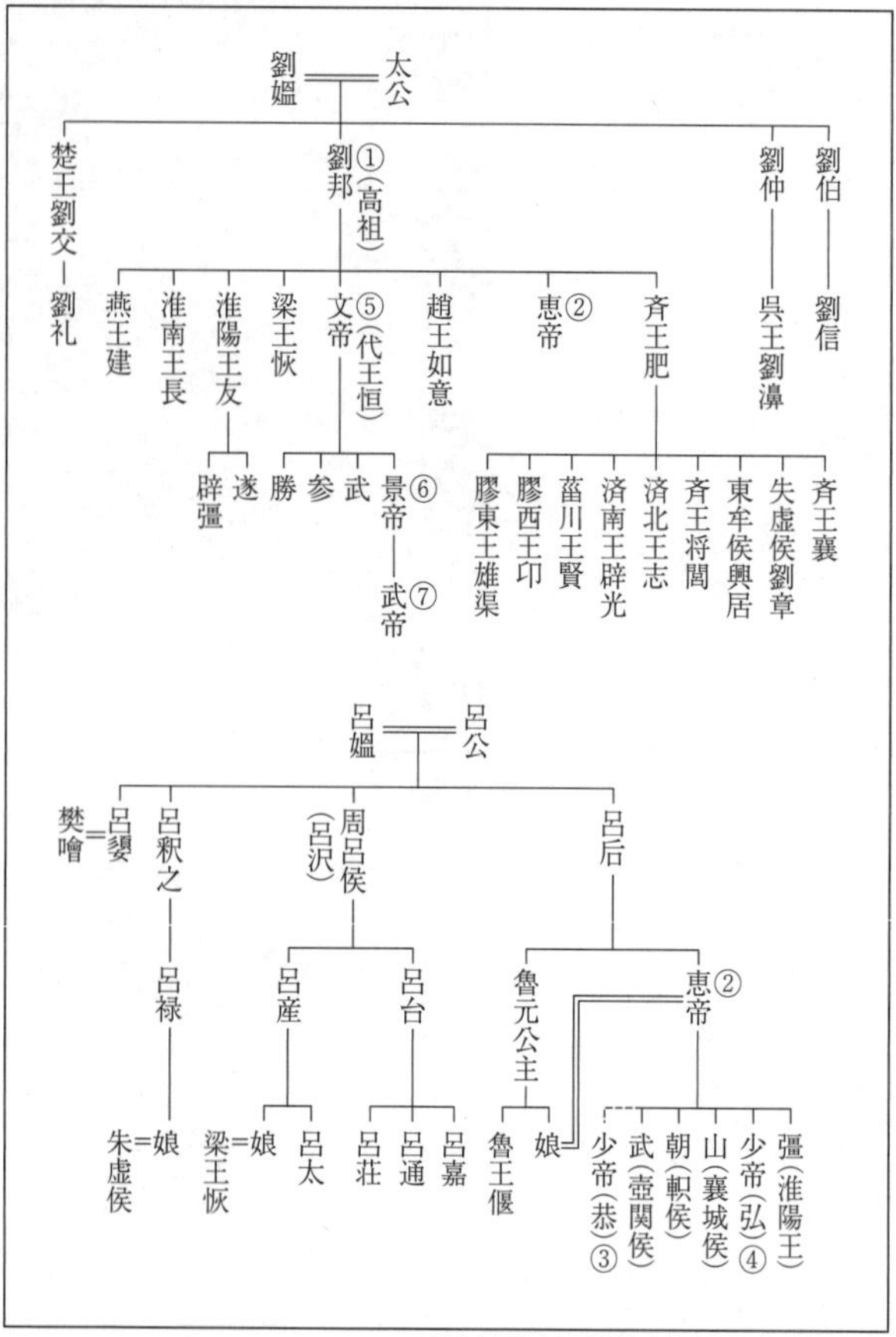

参照:『史記5』(大石智良+丹羽隼兵・訳/徳間書店)

I　女傑と呂氏一族——劉氏王朝、乗っ取りの野望

呂太后の暗躍

高祖《こうそ》には八人の男子がいた。長男の肥《ひ》は恵帝《けい》の兄で、母を異にし、斉王《せい》になっていた。その他はみな恵帝の弟である。戚《せき》夫人の子如意《によい》は趙《ちょう》王、薄《はく》夫人の子恒《こう》は代《だい》王になっていた。その他の夫人の子たち、恢《かい》は梁《りょう》王、友《ゆう》は淮陽《わいよう》王、長《ちょう》は淮南《わいなん》王、建《けん》は燕《えん》王となり、高祖の弟の交《こう》は楚《そ》王、兄の子の濞《ひ》は呉《ご》王となっていた。

呂太后《りよたいこう》は戚夫人とその子如意をひどく怨《うら》んでいたので、実権を握るやいなや、戚夫人を投獄するかたわら、如意に召喚《しょうかん》命令を出した。しかし、如意の後見人である周章《しゅうしょう》が高祖の委嘱《いしょく》を理由に、応じようとしない。そこでまず周章に召喚命令を出し、周章が長安《ちょうあん》に来るのを待って、如意に召喚命令を出した。

呂太后はすぐにも如意を殺そうとしたが、気の優しい恵帝が如意をかばって起居飲食をともにしたことから、なかなか実行できずにいた。しかし、恵帝元年の十二

月、如意を朝早く起こすのはかわいそうと、恵帝が如意を残して出かけたときを狙《ねら》って、太后は如意に酖毒《ちんどく》を盛って殺害した。趙王の位があいたので、淮陽王友を移して趙王とした。

つぎに呂太后は戚夫人の料理にとりかかった。すぐには殺さず、手足を切断し、目玉をくりぬき、耳を焼き、口をきけないようにしたうえで、狭い部屋に閉じ込め、これを人彘《ひとぶた》と名づけた。数日後、太后は恵帝をわざわざ呼んで人彘を見せた。恵帝はそれが戚夫人であると知ると大いに泣き悲しみ、人をやって太后に、「これは人間の所業ではありません。わたしは太后の子として、これでは天下を治めていくことなどできません」と言わせた。それからというもの、恵帝は酒色に耽《ふけ》り、政治をみようとはしなかった。当然のごとく、健康は蝕《むしば》まれていった。

恵帝の二年、諸王がみな長安に挨拶《あいさつ》にきた。蕭何《しょうか》が没した。

十月、恵帝と斉王がいっしょに酒を飲んだとき、恵帝は斉王が兄であることから、家族の礼に従って上座を譲った。これを見て、呂太后は怒り心頭に発した。呂太后は二つの杯に酖毒を盛り、そのうち一つを斉王の前に置かせた。斉王がその杯を取って乾杯の音頭をとろうとしたとき、恵帝が酖毒を盛ったもう一つの杯を取ってしまった。そのため呂太后は慌てて立ち上がり、恵帝の杯をたたき落とした。斉王は不審を抱き、酒を飲まず、酔ったふりをして、その場をあとにした。あとでそれが酖毒であることを知ると、果たして生きて長安を出ることができるかどうか不安になった。

このとき、側近の一人が献策《けんさく》をした。

「太后には恵帝と魯元《ろげん》公主の二人の子しかおりません。いまわが王は七十余城を持っているのに、公主が持っているのはわずか数城にすぎません。もし王が一郡を太后に献上して、公主のものとされたなら、太后もきっと喜び、王の心配も消えてなくなるでしょう」

そこで斉王は城陽《じょうよう》の郡を献上し、公主を尊んで王《おう》太后と呼んだ。すると呂太后はいたく喜び、おかげで斉王は生きて斉へ帰ることができた。

呂氏一族の専横

七年秋の戊寅《ぼいん》の日、恵《けい》帝が死去した。喪《も》が発せられ、太后《たいこう》は哭礼《こくれい》をおこなったが、涙は流さなかった。ときに張辟彊《ちょうへききょう》（張良《ちょうりょう》の子）は十五歳で侍中《じちゅう》をつとめていた。張辟彊は丞相《じょうしょう》の陳平《ちんぺい》に、太后が涙を流さなかったのはなぜかわかるか、と問いただした。陳平がわからず、反問すると、張辟彊は答えて言った。

「帝には壮年の子がいないので、太后はあなたを恐れているのです。だから、あなたが呂《りょ》氏一族を要職につけるよう進言すれば、太后も安心され、あなたがたも災いを受けなくてすむでしょう」

陳平がこの言葉どおりにすると、呂太后はいたく喜び、今度は哭礼と同時に心から涙を流した。しかし、これより呂氏一族の権力が強まることとなった。

九月辛丑《しんちゅう》の日、恵帝の葬儀がおこなわれ、太子が即位して帝となった。天下に下す号令はすべて呂太后から発せられ、呂太后はそれを「制《せい》」と称した。

呂太后は呂氏一族の者を王に立てたいと思い、右丞相《うじょうしょう》の王陵《おうりょう》に相談した。しかし、王陵は、「かつて高祖《こうそ》は白馬を殺し、その血をすすって誓い、『劉《りゅう》氏にあらざる王が出たならば、天下こぞってこれを討て』と申されました。いま呂氏一族を王にするのは高祖の誓いに背《そむ》くことになります」と言って反対した。

呂太后はこの答えを喜ばず、今度は陳平と周勃《しゅうぼつ》に相談した。すると二人は、呂太后の意にかなう答えをした。あとで王陵は陳平と周勃を責めたが、二人はこう言って反論した。

「いま朝廷で正面から正義を争うことでは、わたしはあなたに及ばないが、国家を安泰にし、劉氏の血筋を守り安定させることでは、あなたはわたしに及ばない」

これを聞くと、王陵はもう何も言わなかった。

十一月、呂太后は王陵をやめさせようと欲し、王陵を皇帝の太傅《たいふ》とした。呂太后の意図を察した王陵は病と称して職を辞し、郷里に帰った。そこで呂太后は左丞《さじょう》相《しょう》の陳平を右丞相とし、以前から寵愛《ちょうあい》していた審食其《しんいき》を左丞相とした。左丞相には政治に携わらせず、郎中令《ろうちゅうれい》のように、もっぱら宮中の監督をさせた。

元年四月、呂太后は高祖の功臣を侯に封じた。ついで呂氏一族の何人かを王や侯に封じた。

四年、呂氏一族の者四人を侯に封じた。

ところで、恵帝の皇后《こうごう》には子がなかった。そこで身ごもったふりをして、後宮の美人の子を引き取って自分の子とし、その母親を殺して、その子を太子とした。恵帝が没して、即位したのはその太子だった。

やがて成長すると、帝は自分の出生に疑問を抱き、実母の復讐《ふくしゅう》を考えるようになった。それを知った呂太后は帝を狭い一室に幽閉し、「帝は重病である」と言いふらした。

その後、呂太后は帝を廃して殺害。五月丙辰《へいしん》の日、常山《じょうざん》王義《ぎ》を立てて帝とした。軹《し》侯朝《ちょう》を常山王とし、太尉《たいい》の官職を新設して周勃をその職にあてた。

七年正月丁丑《ていちゅう》の日、趙《ちょう》王友《ゆう》が獄死した。友は呂氏一族の女を后としながら、ほかの女を寵愛した。そのため呂太后に讒言《ざんげん》され、悲惨な最期を遂げたのである。

同月己丑《きちゅう》の日、日食がおこり、日中でも暗かった。太后はこれを楽しまず、左右の者に、「これはわたしのせいである」と言った。

八年三月、呂太后が歩いていると、青い犬のようなものが呂太后の脇の下を引っ張るのが見えたが、すぐに消えてしまった。これを占ったところ、「趙王如意《にょい》の祟《たた》りである」ということであった。ほどなくして、呂太后は脇の病気にかかった。

七月になって、呂太后の容体は悪化した。最後のときが近づいたと悟った呂太后は、呂氏一族の者を要職につけ、いざというときに備えた。

呂氏一族、討たれる

辛巳《しんし》の日、呂太后《りよたいこう》が没した。呂産《りよさん》を相国《しようこく》、審食其《しんいき》を帝の太傅《たいふ》とした。呂氏一族は権力を完全に掌握するため、乱を起こそうとも考えたが、高祖《こうそ》のときからの重臣、周勃《しゆうぼつ》や灌嬰《かんえい》を恐れ、踏み切ることができなかった。

八月、斉《せい》王襄《じよう》(肥《ひ》の子)が呂氏打倒の兵をあげた。相国の呂産らは潁陰《えいいん》侯の灌嬰を討伐に行かせた。しかし、灌嬰は滎陽《けいよう》に着くと、「呂氏一族は兵を関中《かんちゅう》に擁《よう》して劉《りゅう》氏を危うくし、王朝の乗っ取りを企んでいる。いまわしが斉王を破り、帰還したとしても、これはただ呂氏を有利にするだけである」と言って、使いを斉王や諸侯にやり、協同して呂氏を討伐しようと呼びかけた。

一方、都では周勃と陳平《ちんぺい》が行動をおこした。二人は上将軍《じょうしょうぐん》の呂禄《りょろく》から深い信頼を得ている酈商《れきしょう》を脅《おど》すかたわら、呂禄を説得して、都の治安を守る北軍の兵権を周勃に譲るよう仕向けた。周勃は兵権を握ると、ただちに軍門に入り、「呂氏のために尽くしたい者は右肩を脱ぎ、劉氏のために尽くしたい者は左肩を脱げ」と命じた。すると、軍中の兵士はみな左肩を脱ぎ、劉氏に忠誠を尽くす意思を表明した。

陳平は朱虚侯《しゅきょ》の劉章《りゅうしょう》（襄の子）を呼んで、周勃の補佐をさせた。周勃は劉章に兵千余人を与え、宮中に攻め入らせた。

劉章は相国の呂産を見つけると、ただちに襲いかかった。このとき、にわかに大風が起こったので、呂産の従者は混乱して応戦する者もなく、呂産は厠《かわや》に逃げ込んだところを見つかり、殺害された。

劉章がこのことを報告すると、周勃は大いに喜び、「心配していたのは呂産だけだったが、これで天下は安定する」と言って、ついでひとを手分けして、呂氏一族の者を皆殺しにさせた。

壬戌《じんじゅつ》の日、審食其をまた丞相《じょうしょう》とした。また劉章を派遣して、斉王《せい》に兵を引き揚げさせた。灌嬰も兵をまとめて帰途に就いた。

ここで諸大臣は会議を開いて相談した。

「少帝や梁王《りょう》、淮陽王《わいよう》、常山王《じょうざん》はみな恵帝《けい》の実子ではない。呂太后が他人の子を引き取り、自分の子と偽《いつわ》って、呂氏の勢力を強くするためその地位につけたものだ。いま呂氏一族は滅んだが、呂氏が立てた帝や諸王をそのままにしておけば、成長してから報復に出るにちがいない。ゆえに、高祖の血を引く諸王のうち、もっとも賢明な者を選んで帝位につけるのがよい」

ある者が斉王を推薦《すいせん》した。ところが、外戚の専横を苦々しく思っている重臣たちは難色を示した。斉王の母方の一族は評判が悪かったからである。

つぎに淮南王《わいなん》を立てようという者もあったが、まだ年が若いうえに、外戚の評判も悪かったことから、これも却下された。

結局、みなの賛同を得られたのは、代王《だい》だった。高祖の実子で、年齢もほどよく、慈しみ深く徳が高く、母の薄《はく》夫人も善良で知られていた。かくして、代王のもとに使者が送られることとなった。

故事成語49 ▼左袒《さたん》

一方に味方すること。周勃《しゅうぼつ》が呂《りょ》氏討伐の政変をおこしたときの言葉に由来する。

II　文帝の帝国再建――帝位にあること二十三年、質素倹約につとめる

新帝による新時代

思いもかけない招聘《しょうへい》を受けて、代《だい》王は困惑した。側近たちに相談したところ、彼らの意見も分かれた。母にも相談したが、なお決心がつかなかった。そこで亀《かめ》の甲羅《こうら》を焼いて占ったところ、「天王になるであろう」という卦《け》がでた。代王はさらに慎重を期すべく、叔父の薄昭《はくしょう》を周勃《しゅうぼつ》のもとに遣《つか》わし、詳しい経緯を聞きとった。その報告を受けて、ようやく腰をあげる決心がついた。

閏《うるう》九月晦日《みそか》、代王は長安《ちょうあん》に到着し、都の代王邸に入った。ここで群臣から改めて推戴《すいたい》を受け、二度辞退したのち、帝位につくことを承諾した。これが文《ぶん》帝である。

十月、陳平《ちんぺい》を左《さ》丞相《じょうしょう》、周勃を右《う》丞相《じょうしょう》、灌嬰《かんえい》を太尉《たいい》とし、呂《りょ》氏一族に削られた斉《せい》・楚《そ》の故地は、みなもとの王たちの手に戻してやった。

あるとき文帝は周勃に、裁判の件数について尋ねた。周勃が存じませんと答えると、今度は貨幣《かへい》や穀物のことについて尋ねた。周勃にはこれにも満足な答えができず、冷や汗をかいて、恥じ入るばかりだった。そこで文帝は陳平にも同じ質問をした。すると陳平は、「それぞれ係の者がおりますので、その者にお尋ねください」と答えた。では、そなたは何を係としているのか問われると、陳平はこう答えた。

「丞相とは、上は天子を助け、陰陽二気を調和させ、春夏秋冬の四季の移り変わりに順応させ、下は鳥獣草木など万物が最もよく育つようにし、外には四方の夷《えびす》、諸侯らを慰撫《いぶ》し、内には人民をなつかせ、卿大夫《けいたいふ》それぞれの職をつとめさせるようにさせるものと存じます」

文帝はこの答えにいたく満足した。

退出後、周勃は陳平を責めた。どうして答え方を教えてくれなかったのかと。しかし陳平は、「君はしかるべき地位におりながら、その任務を知らないのか。もし陛下が、都の盗賊の数をお尋ねになったら、なんとしてでも調べて答えるつもりだったのかい」と言って嘲《あざけ》るばかりだった。このとき周勃は、自分は才能において陳平にはるかに及ばないと悟った。

十一月、周勃に次のように忠告する者があった。

「あなたは呂氏一族を滅ぼして代王を擁立《ようりつ》されたのち、威光は天下に轟《とどろ》いておられます。しかも、手あつい恩賞を受け、尊貴な地位につかれて寵愛《ちょうあい》されておられます。これが長期にわたれば、いずれ災いが身にふりかかるでしょう」

周勃はこれをもっともと思い、病気を理由にして辞職した。

十二月、文帝は連座《れんざ》の刑について議論するよう、群臣に命じた。その結果、連座の刑を廃止することに決めた。

二年正月、重臣たちの進言に従い、太子を立てた。

三月、重臣たちの進言に従い、竇《とう》氏を皇后《こうごう》に立てた。

十月、陳平が没したので、再び周勃を丞相とした。

十一月晦日と十二月の十五日に日食があった。文帝は群臣に、皇帝に過失がないかどうかよく考え、気づいたことがあれば上奏するよう命令を下した。

三年十一月、侯に封じられながら、都に留《とど》まっている者をそれぞれの国に帰らせた。これにともない、周勃は丞相の職を免じられ、灌嬰が丞相となった。五月、匈奴《きょうど》が北地《ほくち》郡に攻め入り、略奪を働いた。

六月、文帝は灌嬰を派遣して、匈奴を討たせた。匈奴が退却すると、文帝は太原《たいげん》に行幸した。これを聞いて済北《せいほく》王が反乱をおこしたが、八月には平定された。

六年、淮南王《わいなんおう》が法を犯したので、王の地位を剝奪《はくだつ》して、蜀《しょく》へ流した。

土徳と水徳

十三年五月、斉《せい》の太倉令《たいそうれい》の淳于《じゅんう》公という者が罪を犯し、投獄された。彼には男子がおらず、女の子ばかり五人いた。逮捕されたとき、彼は娘たちを罵《ののし》った。

「女の子では、大事なときに何の役にも立ちやしない」

娘の緹縈《ていえい》はいたく悲しみ、連行される父のあとを追って長安《ちょうあん》にやってきた。そして、上書して訴えた。

「なにとぞわたしを朝廷の奴隷《どれい》にして、父の罪をあがない、父に人生をやりなおす機会を与えていただきとうございます」

書状は文《ぶん》帝の手元まで届けられた。文帝はその心根を憐《あわ》れんで、以降、肉刑を廃止するよう命令を下した。肉刑とは、入《い》れ墨《ずみ》、鼻そぎ、足斬《き》りなど、身体の一部を損なう刑のことをいう。

十四年冬、匈奴《きょうど》が辺境に侵攻し、朝那《ちょうな》を守る北地都尉《とい》を殺した。そこで文帝は三人の将軍に十万の兵を与え、隴西《ろうせい》郡、北地郡、上《じょう》郡に駐屯《ちゅうとん》させた。

文帝は前線へ慰問《いもん》に赴《おもむ》き、さらにはみずから軍隊を率いて出陣しようとしたが、皇太后《こうたいごう》から諫《いさ》められ、思いとどまった。かわりに張相如《ちょうしょうじょ》を大将軍、欒布《らんふ》を将軍として出撃させ、匈奴を敗走させた。

ときに魯《ろ》の公孫臣《こうそんしん》という者が上書して、終始五徳の説について述べ、「いまは土《ど》徳《とく》のときにあたります。土徳であれば黄龍があらわれるはず。暦法、服色、制度を改めるべきです」と進言した。

そこで文帝が重臣たちに意見を求めたところ、丞相の張蒼《ちょうそう》が、今は水徳《すいとく》が明らかになりはじめたときだから、十月を年始とし、黒色を尊ぶべきで、公孫臣の意見はよろしくないと主張した。ゆえに文帝は公孫臣の進言を聞き入れなかった。

十五年、天体を観測したところ、黄龍が成紀《せいき》の星宿《せいしゅく》［古代の中国では星座を28に分けた。星宿はそのなかのひとつ］にあらわれた。そこで文帝は公孫臣を呼び寄せて博士とし、雍《よう》の地で五帝の祀《まつ》りをおこなった。

十六年、文帝は渭陽《いよう》で五帝の祀りをおこない、色は赤を尊んだ。

十七年、「人主延寿」という字の刻まれた玉杯が得られたことから、文帝は改元をして、この年を後《こう》元年とした。

「ああ、これこそまことの将軍」

後《こう》六年、冬、匈奴《きょうど》が上郡《じょう》と雲中郡《うんちゅう》に侵攻した。そこで令勉《れいべん》を車騎将軍として飛《ひ》孤《こ》に、蘇衣《そい》を将軍として句注《こうちゅう》に、張武《ちょうぶ》を北地《ほくち》郡に派遣したほか、劉礼《りゅうれい》を覇上《はじょう》に、徐厲《じょれい》を棘門《きょくもん》に、周亜夫《しゅうあふ》（周勃《しゅうぼつ》の子）を将軍として細柳《さいりゅう》に駐屯《ちゅうとん》させた。

文帝はみずから軍をねぎらうため、覇上、棘門を訪れた。この二カ所では、文帝の車がやってくると、そのまま陣中に迎え入れられた。将軍以下、主だった者たちも馬に乗って送り迎えをした。

つぎに文帝は細柳にやってきた。先駆けの者が文帝の到着を告げたが、陣中の兵卒は厳戒態勢をとかず、軍門都尉《とい》は、「将軍から『軍中にては将軍の命令にのみ従え。勅命《ちょくめい》であっても聞いてはいけない』と命じられている」と言って、先駆けの者を陣中に入れようとはしなかった。しばらくして文帝が到着したが、文帝もやはり入れてもらうことができなかった。そこで文帝は使者に節《せつ》をもたせ、周亜夫に、「わしは陣に入って軍兵をねぎらいたい」と伝えさせた。

すると周亜夫は伝令をとばして、門を開けさせた。門を守る兵や軍吏《ぐんり》は文帝の供の者たちに注意を与えた。

「将軍の規約では、軍中にて馬を馳《は》せることは許されません」

そこで文帝は手綱《たづな》をひかえ、ゆっくりと進んで本営に達した。

周亜夫は武器を手に、会釈《えしゃく》だけの略式の礼をして言った。

「甲冑《かっちゅう》をした武士は拝礼を致さないもの。軍礼をもってお目通りしたいと存じます」

文帝は感動を禁じえなかった。

慰労《いろう》を終えて、帰途についたとき、臣下たちは困惑の表情を隠さなかったが、文帝は至極ご満悦の様子で、「ああ、これこそまことの将軍だ。さきほどの覇上と棘門は子供の遊びにすぎない。この将軍であってはじめて、任務を全うできるはずだ。この将軍のいるところ、敵は侵攻することなどできるはずはない」と讃嘆してやまなかった。

文帝は代《だい》国から来て、帝位にあること二十三年、その間、率先して質素倹約につとめた。あるとき、露台をつくるよう進言する者があったが、文帝は、「それには百金が必要と聞く。百金といえば、中流家庭の十家の全財産に相当する。朕《ちん》は先帝の宮室を奉じ、常にこれを辱《はずかし》めはせぬかと恐れている。どうして露台などつくる必要があろうか」と言って、聞き入れなかった。

文帝はつねに質素な衣を着ていた。寵愛《ちょうあい》する慎《しん》夫人にも質素な衣装をすすめ、天下の模範となるようつとめた。覇陵《はりょう》（文帝の陵墓《りょうぼ》）を造営したときも、祭器はすべて瓦の器物にし、金銀銅錫を飾りとするのを許さず、また土盛りをつくらせなかった。これは人民を煩《わずら》わせないようにとの配慮である。

南越《なんえつ》王の尉佗《いだ》が自立して武《ぶ》帝と称したときも、難詰するようなことをせず、徳をもって対したので、尉佗は自主的に帝号をやめて、臣と称した。また匈奴はたびたび辺境に侵攻したが、文帝は守りを堅くするだけで、こちらから兵を出し、匈奴の地深く攻め込むようなことはしなかった。兵卒の損失を心配したからである。

諸王に不遜《ふそん》な者があり、群臣のなかには不正を働く者も多かったが、文帝は刑罰を下すことなく、手元の金を出して彼らに賜《たまわ》り、みずから過ちを悟り、悔い改める機会を与えるのが常だった。このように徳をもって民を教化することにつとめたため、国内は富み栄え、礼儀が大いに広まることとなった。

後七年六月己亥《きがい》の日、文帝は未央宮《びおうきゅう》で没した。享年四十六。

III 景帝と呉・楚七国 ——中央集権を揺るがす地方の反乱

謀反の相を見破る

文帝《ぶん》の後は子の啓《けい》が継いだ。これが景帝《けい》である。

二年八月、彗星《すいせい》が東北にあらわれた。秋、衡山《こうざん》王国に雹《ひょう》が降り、大きいものは五寸《すん》ぐらい、地下二尺《しゃく》くらいまで入り込んだものもあった。天文にも数々の異常があらわれた。

三年正月、またも天文に異常が現われた。洛陽《らくよう》の東宮の大殿と城室が火災で焼失した。呉王濞《ごび》、楚王戊《そぼう》、趙王遂《ちょうすい》、膠西王卬《こうせいこう》、済南王辟光《さいなんへきこう》、菑川王賢《しせんけん》、膠東王雄渠《こうとうゆうきょ》が反乱をおこした。首謀者は呉王濞だった。

呉王濞は高祖《こうそ》の兄、劉仲《りゅうちゅう》の子である。呉と会稽《かいけい》の民は軽はずみで向こう見ずな気質を持っているので、元気のよい王が必要との理由で、濞に三郡五十三城を統治させることになった。

ところが、いざ任命の段になって、高祖は濞の顔に謀反《むほん》の相を見てとった。そこで高祖は、決して謀反などするでないぞと、念を押したうえで印を授けた。

呉の領内は銅と塩を産した。そのおかげで人頭税をとる必要もなく、領国は富み潤《うるお》った。

文帝の時代、呉の太子が都で皇太子（のちの景帝《けい》）と双六《すごろく》で遊んでいるとき、さいころの目のことで喧嘩《けんか》になり、皇太子が呉の太子を殺害するという事件がおきた。このことから、呉王濞は朝廷を深く怨《うら》み、病気と称して都へのぼらなくなった。

呉王濞は漢《かん》の法を無視するようにもなった。犯罪を犯した者が領内に逃《のが》れてきたら、そのまま受け入れ、引き渡しを拒否した。

景帝が即位すると、皇太子の家令《かれい》であった晁錯《ちょうそ》は内史《ないし》ついで御史大夫《ぎょしたいふ》となった。晁錯はかねてより諸王の領地を削減するよう主張しており、とくに呉王濞には強い警戒心を抱いていた。そのため御史大夫になるや早速、つぎのように進言した。

「いまとなっては、領地を削っても謀反し、削らなくても謀反します。領地を削れば、謀反は前倒しでおこり、災いは少なくてすむでしょう。削らなければ、謀反の時期が遅くなり、災いも大きくなりましょう」

三年、楚王が薄太后《はくたいこう》の喪中《もちゅう》にもかかわらず、女人を近づけたことが発覚した。そこで罰として一郡を削ることが決せられた。また趙王と膠西王も罪を犯し、同じように領地を削ることが決せられた。ついで呉の二郡を削ることが決せられた。

ここにいたり、呉王濞は膠西王卬と連絡をとり、謀反をおこすことに決めた。同じく朝廷に不満をもつ、五人の王がこれに呼応することを約束した。

呉・楚両軍、敗れ去る

三年正月甲子《かっし》の日、呉《ご》王濞《び》は広陵《こうりょう》において兵をあげ、西に向かって淮水《わいすい》を渡り、そこで楚《そ》の軍と合流した。呉・楚両軍はまず梁《りょう》の攻略にとりかかった。済南《さいなん》・菑川《しせん》・膠東《こうとう》の三王の軍勢は斉《せい》の都である臨淄《りんし》を包囲した。趙《ちょう》王はひそかに匈奴《きょうど》と結んだ。

反乱の知らせを受け、景《けい》帝は太尉《たいい》の周亜夫《しゅうあふ》に三十六人の将軍を統率して、呉と楚の討伐に行かせた。曲周《きょくしゅう》侯の酈寄《れきき》は趙《ちょう》の討伐に行かせ、将軍の欒布《らんふ》には斉の救援に行かせ、大将軍の竇嬰《とうえい》には反乱軍の西進を防ぐべく、滎陽《けいよう》に駐屯《ちゅうとん》させた。

一方で景帝は、もと呉の国の丞相《じょうしょう》で、いまは無位無官の袁盎《えんおう》を呼び出し、意見を求めた。袁盎は晁錯《ちょうそ》を嫌っていた。そこで人払いをしたうえで、晁錯を処刑するよう進言した。そうすれば、反乱はおのずとやむというのである。景帝はこの進言に従い、晁錯を処刑したが、それで反乱が終息することはなかった。

周亜夫は滎陽で諸軍と合流すべく、道を急いでいた。すると途中で、大侠客の劇《げき》孟《もう》と出会ったので、周亜夫は喜んで言った。

「背《そむ》いた諸侯がとっくに劇孟を味方につけているのではと恐れていたが、劇孟はいまじっとしている。わしが滎陽を根拠地にすれば、滎陽から東には気にかかるものは何もない」

淮陽《わいよう》まで来たとき、周勃《しゅうぼつ》の食客《しょっかく》であった鄧都尉《とうとい》に出会ったので、意見を求めた。すると鄧都尉は次のように言った。

「いま呉軍の勢いははなはだ鋭く、正面からの戦闘は難しいでしょう。楚の兵は軽率ですから、長期戦は耐えられないはず。ただいま将軍のために計略をたてますに、兵を率いて東北に向かい、昌邑《しょうゆう》に砦《とりで》をつくり、梁を呉のなすがままにさせるのが一番かと存じます。呉は必ず全力をあげて梁を攻撃するでしょう。将軍は堀を深くし、塁壁《るいへき》を高くして守りを固めておき、別に軽装備の部隊を出して淮水と泗水《しすい》の合流点を押さえ、呉軍への糧道《りょうどう》を絶つことです。呉と楚が戦いに疲れ、飢《う》えに苛《さいな》まれてきたところへ、十分な力を蓄えた軍隊でもって襲いかかるのです。そうすれば勝利は間違いないでしょう」

周亜夫はこの進言に従い、作戦を指揮した。

梁《りよう》王の武《ぶ》（景帝の弟）からは毎日のように救援要請の使者がきたが、周亜夫はとりあわなかった。梁王が景帝に上書して、都から詔を持った使者がきたが、それでも周亜夫は動かなかった。呉・楚両軍が挑発してきても動かない。呉軍が砦の東南隅を攻撃してきたときは、西北の守りを強化させた。はたして、呉軍は精鋭でもって西北を急襲したが、堅い守りに跳ね返された。

やがて食糧《しよくりよう》が尽き、呉・楚両軍が撤退をはじめた。これを見て、周亜夫ははじめて攻撃命令を下した。休養十分の兵と疲れ切った兵では勝負にならない。呉・楚両軍は敗《やぶ》れさった。呉王は東越《とうえつ》に逃《のが》れたが、そこで現地人に騙《だま》し討ちにされた。反乱に与《くみ》した他の王はみな自害した。

梁王・武と袁盎の争い

梁《りよう》王の武《ぶ》は竇太后《とうたいこう》から寵愛《ちようあい》されていた。景《けい》帝も酒の席での戯《たわむ》れで、次の帝位は梁王のものと口走ったことがあった。それもあって、梁王は不遜《ふそん》な態度をとること

図 前漢初期の王国（前202年）

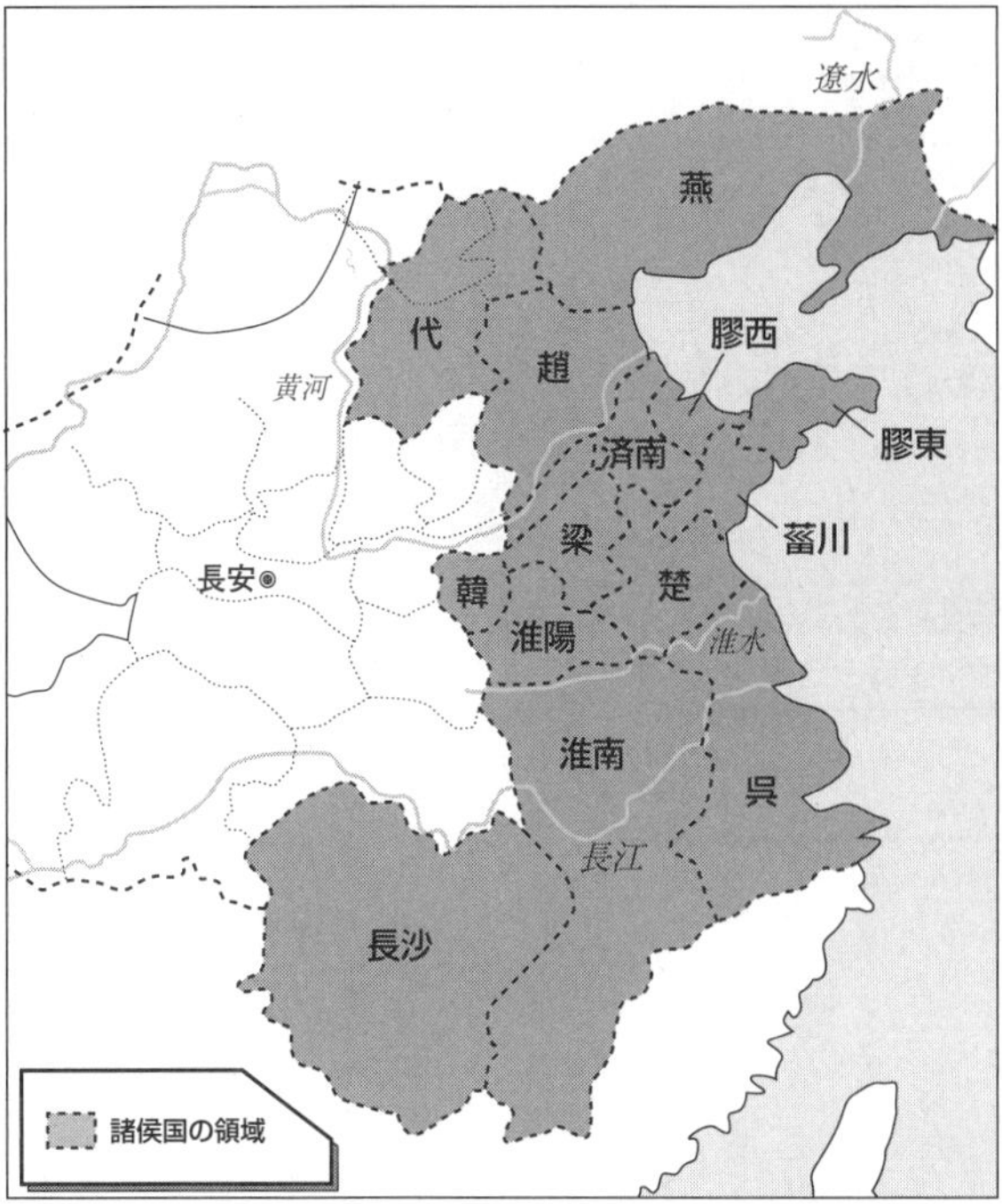

景帝が葬られた陽陵（陝西省咸陽市渭城区）。副葬品の兵馬俑は始皇帝のそれとは比較にならないミニサイズ

が多かった。

袁盎《えんおう》は梁王の野心を批判する立場を貫いた。そのため梁王は袁盎をひどく怨《うら》み、刺客《しかく》を差し向けた。

その刺客は関中《かんちゅう》に入ると、入念に情報収集をおこなった。すると、誰もかれもが袁盎を褒め、いくら褒めても褒めたりないというありさまだった。そこで刺客は袁盎に面会をもとめ、つぎのように告げた。

「わたくしは梁王さまから礼金をいただいて、あなたさまを殺しにまいりましたが、あなたさまが徳義に篤《あつ》いかただと知り、手を下す気になれません。しかし、わたしのあとにも必ず刺客はやってきましょう。くれぐれもご用心のほどを」

以来、袁盎は鬱々《うつうつ》として楽しめなかった。そこで有名な占い師のもとへ行き、占ってもらった。その帰り道、新たなる刺客の手で暗殺された。

袁盎のほかにも、袁盎の意見に与《くみ》した者十余人が暗殺された。実行犯は羊勝《ようしょう》と公孫詭《こうそんき》の二人であることはわかったが、この二人の行方が杳《よう》としてつかめなかった。

朝廷から使者が十人ほどやってきて、梁の官吏《かんり》を総動員して探したけれども、それでも見つからない。見つからないはずである。二人は梁王の後宮に匿《かくま》われていたのだから。

梁の内史［諸侯国の内政を司る官］である韓安国《かんあんこく》がそれを知って、泣きながら梁王を諫《いさ》めた。すると梁王は自分の否を認めて、二人を自害させた。

この一件により、景帝と梁王の関係がさらに悪化する恐れがあったが、内からは竇太后が説得にあたり、また梁王が直接謝罪に出向いたことから、二人のあいだのわだかまりは解消された。

後三年十月、日月の赤いこと五日に及んだ。十二月晦日《みそか》に大きな雷鳴があった。天文にさまざまな異常があらわれた。

正月甲子《かっし》の日、景帝が没した。

故事成語50 ▼糠《ぬか》をねぶりて米に及ぶ

呉《ご》王の使者が膠西《こうせい》王を陰謀《いんぼう》に加えるため言った言葉に由来。小さな要求を聞いているうちに、しまいには本体を食いつぶされるという意味で使われる。

『史記』Q&A【第六章】

■**呂后の残虐さは本当か**

高祖《こうそ》の没後、戚《せき》夫人は悲惨な運命に見舞われた。しかし、手足を切断されて、人が生きていられるものだろうか。

呂后《りょこう》が戚夫人を迫害したのは事実だろうが、その具体的な措置については疑問が残る。呂后の残虐さをあらわすための誇張である可能性が高い。

■**前漢の中央官制とは**

前漢初期の中央官制は秦《しん》時代のものを踏襲し、丞相《じょうしょう》・太尉《たいい》・御史大夫《ぎょしたいふ》の三公を最高官とした。丞相は天子を助け、万機を助理する文官の長である。それに対して太尉は武官の長、御史大夫は監察および副丞相の役目をつとめた。丞相は前一九六年には左丞相・右丞相に分かれたが、前一七八年にまた一本化された。

三公の下には奉常《ほうじょう》、宗正《そうしょう》、郎中令《ろうちゅうれい》、衛尉《えいい》、廷尉《ていい》、典客《てんかく》、治粟内史《ちぞくないし》、典属国《てんぞくこく》、少府《しょうふ》、水衡都尉《すいこうとい》、中尉《ちゅうい》、将作少府《しょうさくしょうふ》の諸卿が置かれた。廷尉は最高司法官、治粟内史は国家財政全般を司る責任者、少府は皇帝一族の財政の責任者である。

また武官では、必要に応じて大将軍という職が三公の上に置かれた。これにつぐものとして驃騎《ひょうき》将軍・衛《えい》将軍・車騎《しゃき》将軍の三職があった。

第七章

武帝の時代

●前漢時代の中国

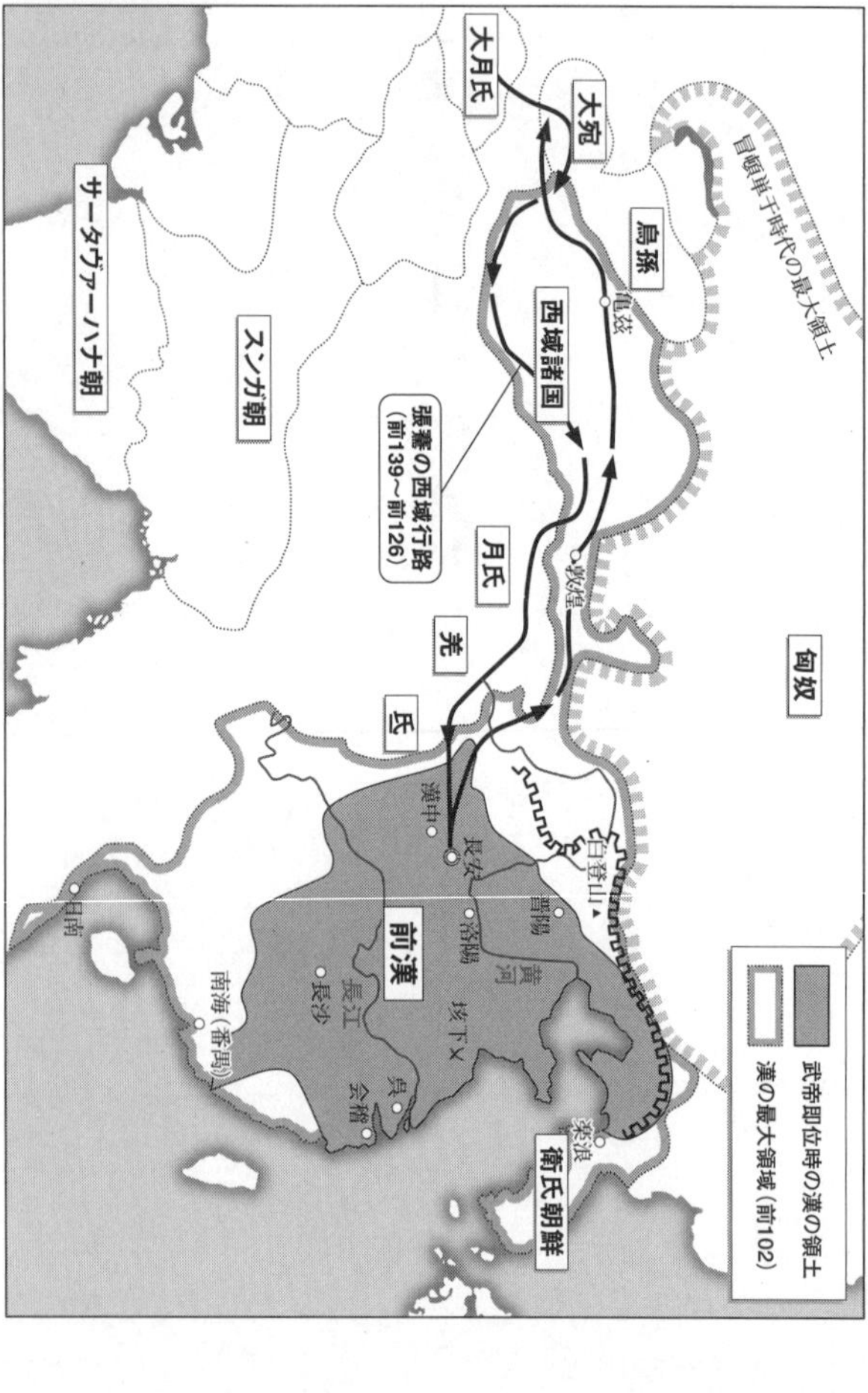
大月氏
大宛
烏孫
亀茲
冒頓単于時代の最大領土
西域諸国
張騫の西域行路
（前139〜前126）
月氏
敦煌
羌
匈奴
氐
スンガ朝
サータヴァーハナ朝
漢中
長安
白登山
晋陽
洛陽
黄河
前漢
長江
長沙
垓下
呉
会稽
南海（番禺）
日南
楽浪
衛氏朝鮮
武帝即位時の漢の領土
漢の最大領域（前102）

I　匈奴と冒頓単于

――漢をおびやかした北方民族

冒頓、単于の地位につく

そもそも匈奴《きょうど》とは、夏后氏《かこうし》の子孫である淳維《じゅんい》を祖とする。北方の未開の地に居住し、家畜を放牧させつつ転々と移動した。水と草を求めて移動し、城郭などの固定の住居はなく、耕作に従事することもない。しかし、それぞれの縄張りのようなものはあった。文字をもたず、決まりや命令は口頭でなされた。子供は羊に乗ることができる頃から弓矢を習い、まずは鳥や鼠《ねずみ》を射た。少し大きくなると、狐や兎を対象とした。弓を引く力が一人前になれば、戦争の際には騎兵となるのがふつうだった。

その習性は、平時には家畜とともに移動し、そのついでに狩りをして生活の糧《かて》とした。危機が訪れると、人びとは武器をとり、武力に訴えるのがふつうだった。その兵器には、飛び道具としては弓矢、白兵戦《はくへいせん》には刀と矛《ほこ》が用いられた。形勢が有利であれば進撃し、不利と見れば退却し、逃げるのを恥としなかった。個人的な利益だけに関心をもち、礼儀とか道義には興味を示さなかった。

族長をはじめ、みな家畜の肉を食べ、その皮革を着物とし、手織りの上衣をまとった。若者はおいしく栄養価の高いものを食べ、老人はその残り物を食べた。若さと健康が尊重され、老化と病弱は卑《いや》しまれた。父親が死ぬと、息子が残された夫人たちを妻とし、兄弟が死ねば、そのすべてをわがものとした。かれらの習俗では、実名で呼ぶことは失礼とは考えられず、姓と字《あざな》はなかった。

秦《しん》の始皇帝《しこうてい》が生きていた頃、匈奴には頭曼《とうまん》という単于《ぜんう》（王）がいた。頭曼には冒《ぼく》頓《とつ》という太子がいたが、寵愛《ちょうあい》する閼氏《あつし》（后）が末子を産むと、頭曼は冒頓を廃嫡《はいちゃく》して、末子を太子に立てたいと考えた。そこで冒頓を月氏《げっし》（西北方の遊牧民族）に人質として送り、そのうえで月氏に攻撃をしかけた。冒頓は良馬を盗んでそれに乗り、逃げ帰ることに成功した。頭曼はその勇気を称えて、冒頓に一万人の騎兵を統率させた。

しかし、冒頓の気持ちはそんなことでは収まらない。実の父親に殺されかけたのだから。これより冒頓は鏑矢《かぶらや》をつくり、部下の騎兵に射撃の訓練をさせた。その際、「鏑矢が射かけられた目標に向かって射るのだ。それをしない者は斬《き》る」と命令を下した。移動しながら鳥や獣を狙《ねら》ったが、鏑矢が射かけられた目標を射ない者がいると、そのたびに容赦《ようしゃ》なく斬り殺した。やがて冒頓は、鏑矢でもって自分の良馬を射た。側近の者で、射ることのできない者がいると、冒頓はたちどころにその者を斬り殺した。それからしばらくして、冒頓は自分の愛妻を射た。側近の者で、射ることのできない者がずいぶんいたが、冒頓はそれらの者を全員斬り殺した。それからまたしばらくして、冒頓は父の愛馬を射た。すると側近の者は全員それに矢を射かけた。このときになってようやく、冒頓は側近の部下たちが使い物になると確信することができた。

冒頓は父の頭曼に従って狩りに赴《おもむ》いたとき、鏑矢でもって頭曼を射た。側近の部下たちもみなその方向に矢を射かけ、頭曼を殺した。それから冒頓は継母や弟たち、さらには自分に従わない大臣たちをことごとく処刑した。かくして冒頓はみずから単于の地位についたのである。

東胡と匈奴の争い

当時、匈奴《きょうど》の東では東胡《とうこ》という民族が勢力をふるっていた。東胡は匈奴で政変がおきたと知ると、さっそく使者をやって、頭曼が所有していた一日に千里を走る名馬を譲ってくれないかと申し入れてきた。重臣たちに相談したところ、「千里の馬は匈奴の宝です。やってはなりません」という意見が多数を占めたが、冒頓《ぼくとつ》は、「一頭の馬くらいなんだというのだ」と言って、東胡にその馬を譲り渡した。

東胡は冒頓が自分たちを恐れていると思ったのか、つぎには、閼氏《あつし》の一人をもらいうけたいと言ってきた。重臣たちはみな怒って反対したが、冒頓は、「女ひとりくらいなんだというのだ」と言って、寵愛《ちようあい》していた閼氏を譲り渡した。

すると、東胡はいよいよつけあがり、西へ兵を向け、東胡と匈奴の中間にある無人地帯に侵入し、その地を併合したいと申し入れてきた。重臣たちに相談したところ、「あそこは捨て地です。与えても与えなくても、どちらでもかまわないと思います」という意見が多数を占めたが、冒頓は、「土地というのは国家の根本である。どうして譲ることができようか」と言って、土地の放棄を口にした者を全員斬《き》り殺した。

冒頓は国中に命令を下し、東胡に戦いを挑《いど》んだ。冒頓を軽んじ、防備を怠《おこた》っていたことから、東胡はさんざんに撃ち破られ、東胡の王も殺された。

多くの民と家畜を奪って凱旋《がいせん》したのち、冒頓は兵を西に向け、月氏《げつし》を敗走させた。ついで南へ兵を向け、楼煩《ろうはん》族と白羊《はくよう》族を併合し、燕《えん》と代《だい》の地に侵攻した。

ときに中国では漢《かん》が天下を統一したばかりで、韓王信《かんおうしん》を代の馬邑《ばゆう》に住まわせた。匈奴が大挙侵攻して馬邑を包囲すると、韓王信は匈奴に降伏した。匈奴はさらに南へ進軍し、晋陽《しんよう》のあたりまで侵攻した。

これに対し、高祖《こうそ》（劉邦《りゆうほう》）はみずから匈奴討伐の軍をおこした。冒頓は精鋭部隊を隠しておき、弱そうな囮《おとり》部隊を使って、漢軍を北へ誘い出した。高祖が追撃にはやり、騎兵と歩兵の間が大きく開くに及んで、冒頓は精鋭部隊を繰り出し、漢軍を二つに分断。高祖を白登山《はくとうさん》において包囲した。

進退窮《きわ》まった高祖は、計略を使うことにした。閼氏に手厚い贈り物をして、とりなしを請うたのである。すると閼氏は冒頓に向かって言った。

「君主同士は、互いに苦しめあわないものです。漢の領地を手に入れても、何の役に立ちましょう。そこに住むわけにもいきません。それに漢王にも神の加護がありましょう。単于さま、よくよくお考えください」

ときに冒頓は韓王信の部将、王黄《おうこう》・趙利《ちようり》と共同作戦をとる約束をしていたが、二人の軍は期日に現われなかった。そのため冒頓は、彼らが漢軍に内通しているかもしれないと不安になり、閼氏の忠告に従うことにした。かくして、冒頓が包囲の手を緩《ゆる》めたことから、高祖は包囲から七日目にようやく歩兵と合流することができた。高祖は劉敬《りゅうけい》を使者として、匈奴と講和条約を結んだ。一族の娘を公主にしたてて冒頓のもとに送り、閼氏とするとともに、綿や絹の織物、酒、米、その他の食料を毎年一定量納め、さらには兄弟の約束をとりかわすことで、冒頓はようやく侵略を控えるようになった。

繰り返される漢への侵攻

高祖《こうそ》が没すると、冒頓《ぼくとつ》は呂太后《りょたいこう》に無礼な手紙を送ってきた。呂太后は匈奴《きょうど》を討伐したく思ったが、将軍たちから、「高祖さまの賢明さと武勇をもってさえ、苦しい目にあわれたではありませんか」と言って、こぞって反対した。このため屈辱《くつじょく》をしのんで、再び匈奴と講和を結んだ。

文帝《ぶん》が即位すると、やはり講和を結んだ。それでも匈奴はたびたび侵攻をくりかえした。これに対し文帝は専守防衛に徹した。

やがて冒頓が没して、その子供が後を継ぎ、老上単于《ろうじょうぜんう》と称した。文帝は皇族の娘を公主にしたて、単于の閼氏《あつし》として嫁がせた。その際、宦官《かんがん》の中行説《ちゅうこうえつ》に守り役として同行するよう命じたが、中行説は行くことを望まなかった。そこを無理やり行かせたところ、中行説は、「あくまでわたしに行かせるならば、漢《かん》の災難になりますぞ」と捨てゼリフを残していった。果たして、現地に着くなり、中行説は単于に降伏した。単于に大いに気に入られ、それからはもっぱら匈奴のために働いた。

たとえば、漢から使者が来ると、中行説は次のようにして脅《おど》した。

「漢が匈奴に持ってくる絹や綿、米や麴《こうじ》の分量が正しく、質がよければ、それでいいのだ。不足したり、品物が悪かったりすれば、秋の収穫時を狙《ねら》って、騎兵を出しておまえたちの穀物を奪うまでだ」

事実、匈奴は中行説の進言に従い、防備の手薄なところを狙って、たびたび侵攻をおこなっていた。

老上単于が没して、子の軍臣《ぐんしん》が後を継いだ。同じ頃、漢では景《けい》帝が即位した。景帝は再び匈奴と友好関係を結び、関所で交易をおこなうかたわら、公主を嫁がせる、物資を贈るといった措置《そち》も継承した。そのため景帝の時代、ときに少人数で辺境地域に侵入して略奪を働くことはあっても、大規模な戦争はなかった。

II　名将列伝──張騫、李広、霍去病、衛青

張騫を大月氏に派遣する

このように、漢《かん》は高祖《こうそ》以来、匈奴《きょうど》に対して和親政策をとってきた。ところが、景帝《けい》のつぎの武帝《ぶ》の代になって一転、積極的に武力に打って出るようになった。そのなかで、歴史に名を残したのが張騫《ちょうけん》、李広《りこう》、衛青《えいせい》、霍去病《かくきょへい》の各人である。

張騫はもともと郎《ろう》の職にあった。ときに武帝が降伏した匈奴人に問いただしたところ、興味深い情報が得られた。

「匈奴は月氏《げっし》の王を討ち破りまして、その頭蓋骨《ずがいこつ》を酒器にしました。月氏は逃《のが》れ去ったものの、いまでも匈奴を怨《うら》んで仇討《あだう》ちをもくろみ、協力してくれる相手を求めております」

そこで武帝は月氏に使節を送ることにした。途中、匈奴の領域を通らなければならない危険な任務である。志願する者を募《つの》ったところ、これに応じたのが張騫だっ

た。

張騫は従者百人余りとともに出発した。そのなかには匈奴人の甘父《かんほ》という、弓矢を得意とする者も含まれていた。

一行は隴西《ろうせい》を出て、匈奴の領域を通過中に発見され、匈奴の虜《とりこ》となった。匈奴の単于《ぜんう》は張騫に誇らしげに言った。

「月氏はわが国の北方にある。漢がそこへ使者をやるのはどうしてか。わしが越《えつ》に使節を送りたいと思った場合、漢は黙って通してくれるかな」

張騫は妻を与えられ、彼女とのあいだに子供もできた。しかし、張騫は武帝からもらった漢の節《せつ》を持ったままなくしもせず、監視の緩《ゆる》むのを待った。

十余年ののち、ようやく機会が訪れた。張騫は従者たちとともに逃げ出し、西へ行くこと数十日にして、大宛《だいえん》に到着した。

大宛は漢との通商を望んでいたので、張騫の一行を歓迎した。張騫が来訪の目的を告げると、道案内をつけて、康居《こうきょ》まで送ってくれた。康居も一行を歓迎して、大《だい》月氏《げっし》まで送り届けてくれた。

大月氏は匈奴に王を殺されたのち、その太子を王位につけ、大夏《たいか》の地に移り住んでいた。その土地は肥沃《ひよく》で、これといった外敵もいないことから、大月氏は平和を享受《きょうじゅ》しており、いまさら匈奴に報復する気はなくなっていた。

張騫は一年あまり滞在したのち、天山《てんざん》山脈沿いに帰途につき、羌《きょう》族の領域を通過するつもりでいたが、またも匈奴に捕らわれてしまった。一年余りのち、匈奴で内乱がおきた。張騫はこれに乗じて脱走を図り、生きて十三年ぶりに漢に帰ることができた。従っていたのは妻と甘父の二人きりだった。

張騫がみずから訪れた国は四カ国だが、その周囲にある大国五、六カ国のことも伝え聞いていた。武帝は張騫の報告を聞いて、いたく喜んだ。

その後、張騫は機会をとらえて進言し、使節として烏孫《うそん》に赴《おもむ》くことになった。中郎将《ちゅうろうしょう》の肩書で、従者は三百人、一人につき二頭の馬、万の単位で数えられるほどの牛や羊を引き連れ、数千万にのぼる多額の黄金や絹織物を携えての大使節団だった。

烏孫につくと、張騫は副使たちを大宛、康居、大月氏、大夏、安息《あんそく》、身毒《しんどく》、于闐《うてん》およびその近辺の諸国に派遣した。張騫は彼らの帰りを待たず、烏孫の答礼の使者とともに、さきに帰途についた。

烏孫の使者たちは、漢の繁栄を目の当たりにして驚き、帰国してありのままを報告した。このため烏孫はますます漢を尊敬するようになった。

陽関の傍らに立つ張騫の騎馬像。陽関は玉門関と並び、西の国境検問所の役割を果たした（甘粛省敦煌市）

一年あまりして、副使たちがそれぞれ答礼の使者を伴い、帰国した。このことをきっかけに、西北の諸国は漢と交際をはじめることとなった。

張騫の死後、烏孫に匈奴の脅威《きょうい》がしのびよった。そこで烏孫は漢の援助を得るべく、使者を派遣して馬を献上し、漢の公主を娶《めと》って兄弟の国になりたいと申しこんできた。武帝が占いに関する書物を開いてみると、「神馬西北より来るべし」との予言が目に入った。烏孫が献上してきた馬を見ると、果たしてすばらしい馬だったので、「天馬《てんば》」と名づけた。さらに大宛の汗《かん》血馬《けつば》［血のような赤色の汗をかく名馬］を手に入れてみると、いっそうたくましかったので、烏孫の馬を「西極《せいきょく》」と改め、大宛の馬のほうを「天馬」と名づけることにした。

張騫の西域行をきっかけとして、漢は酒泉《しゅせん》郡を設置し、西域諸国との通交を開いた。外国に使節として赴く者は、多い者は数百人、少ない者でも百人余りでひと組となっていた。その後、しだいに道に慣れてくると人数は少なくなった。漢は一年のうちに、多い場合は十余り、少ない場合は五つ、六つの使節団を派遣したが、彼らは遠い国に行く場合は八、九年、近い国であれば、数年で帰国した。

漢は西南にも使節を派遣した。蜀《しょく》の西南に住む蛮族《ばんぞく》たちはみな震《ふる》えあがり、漢に対して官吏《かんり》の派遣と入朝《にゅうちょう》を申請してきた。そこで益《えき》州などの諸郡が設置され、漢の版図《はんと》は大幅に拡大した。ゆくゆくは大夏までつながるようにするつもりだった。そのため、新たに設置した郡から大夏に使節団を派遣したが、昆明《こんめい》で妨害をうけ、ことごとく殺害された。

そのため漢は、都周辺の罪人を兵卒として採用して補助軍とし、巴《は》・蜀の正規兵を本隊として、昆明に遠征させた。彼らは十分な戦果をあげて凱旋《がいせん》した。その後、改めて使節の派遣がおこなわれたが、またしても昆明で襲撃にあい、結局、そこを通過することができなかった。そこで西南の道はあきらめ、北方の酒泉から大夏へ行かせることにした。

故事成語51▼要領を得ず

張騫《ちょうけん》の使命は月氏《げっし》との軍事同盟にあったが、それは失敗に終わった。このことを『史記《しき》』は「ついに月氏の要領を得ること能《あた》わず」と記している。ここから、物事の最も大切なところを得られないことを「要領を得ず」と言うようになった。

故事成語52▼夜郎自大《やろうじだい》

漢の西南にある夜郎《やろう》の君主は、自国が漢《かん》と比べてどんなに小さいか知らなかった。このことから、「井の中の蛙《かわず》」と同様の意味で、「夜郎自大」も使われるようになった。

「漢の飛将軍」と呼ばれた男・李広

李広《りこう》は文《ぶん》帝、景《けい》帝、武《ぶ》帝の三代の皇帝に仕えた。文帝の時代、狩猟に随行したことがあった。そのとき、落とし穴に落ちた獣《けもの》にとびかかり、さんざん格闘を演じたあげく、とどめを刺した。これを見て文帝は言った。

「残念なことよ。そちは時勢にめぐまれなかった。もし高祖《こうそ》の時代に生まれていたなら、一万戸の諸侯になることくらい、わけなかったろうに」

景帝の時代には、その才能を発揮する機会にめぐまれた。匈奴《きようど》の侵攻をくいとめるため、上郡《じよう》に駐屯《ちゆうとん》していたときのこと、手元にわずか百数十騎《き》しかないのに、数千騎の匈奴軍と遭遇した。部下の騎兵たちはたいそう恐がり、すぐにも逃げ出そうとした。しかし、李広はそれを止めて言った。

「われわれの友軍は数十里も離れたところにいる。いま逃げ出せば、たちまち追いつかれて矢の餌食《えじき》になるだろう。われわれがここで動かずにいれば、匈奴の連中は、われわれを囮《おとり》と勘違いして、襲ってはこないにちがいない」

果たして、李広が馬の鞍《くら》をはずして余裕のあるところを見せると、匈奴は、近くに大軍が潜《ひそ》んでいるにちがいないと考え、襲おうとはしなかった。そればかりか、夜襲を恐れて、引き上げていった。

つぎの武《ぶ》帝の時代、李広は驍騎《ぎようき》将軍に任じられた。李広が右北平《うほくへい》の太守《たいしゆ》に任じられると、匈奴はかれを「漢の飛将軍」と呼んで恐れ、それから数年間、右北平に侵攻しようとはしなかった。

李広が狩猟に出かけたとき、草の中にある石を虎と見誤り、それを矢で射たこと

匈奴を踏む馬の像（陝西省興平市）

がある。命中した矢じりは石に突き刺さった。それが石であることがわかり、改めて矢を射たところ、二度と石に突き刺すことはできなかった。

李広は清廉《せいれん》な性格で、恩賞や下賜《かし》品を受けると、いつも部下たちに分け与えた。飲食は士卒と同じものをとった。一生のあいだに二千石の官についていたことが四十年余りだったが、家には財産は残らず、死ぬまで家計を気に掛けなかった。

また、李広は口べたで、口数が少なかった。なぐさみといえば、弓を射ることだけで、それは死ぬまで変わらなかった。戦場で兵を率いるときは、兵卒が食べ終わるまで、自分は食事をとらなかった。寛大で、些細《ささい》なことは気にかけなかった。そのため、部下たちは彼を愛し、命令とあらば喜んで命を捧げた。

故事成語53▼虎となしてこれを射る
李広《りこう》の虎と間違えて石を射た故事に由来。信念を持っておこなえば、どんな難事も成し遂げられるという意味で使われる。

部下に慕われた老将軍の最期

李広《りこう》は対匈奴《きょうど》戦で数々の功績をあげた。ふつうなら隠居する年齢になっても、なお出陣を願い出た。元狩《げんしゅ》四年、大将軍の衛青《えいせい》と驃騎《ひょうき》将軍の霍去病《かくきょへい》が匈奴討伐に出陣したときも、無理を言って、前将軍として従軍した。

このとき衛青は武《ぶ》帝から、「李広は年老いて運の悪い男だから、主戦場に出してはならない。おそらく当人が思うほどの戦果は得られまい」と訓令を受けていたので、李広には本隊とは別の迂回路をとるよう命令した。李広は、「わたくしの任務は前将軍でございます。それなのに、大将軍はわたくしに東の道を迂回するよう指

衛青の墓（陝西省興平市）

図なさいました。わたくしは元服したときから、匈奴と戦ってまいりました。今度こそ、単于《ぜんう》の首をとる絶好の機会なのです。わたくしは先鋒《せんぽう》をつとめまして、まっさきに単于と戦って死にとうございます」と言って、命令の撤回を願った。しかし衛青は武帝からじきじきに命令を受けていたこともあり、李広の願いを聞き入れなかった。

李広は不承不承、迂回路をすすんだ。ところが、道案内がいなかったことから道に迷い、本隊との合流に遅れてしまう。そのため本隊は勝利を得ながらも、単于を取り逃がすこととなった。

衛青は詳しい状況を武帝に報告するた

め、長史《ちょうし》［属官のひとつ。職責は不詳］を遣《つか》わして、李広から事情聴取をしようとした。しかし李広は何も答えようとしない。衛青が重ねて長史を遣わし、文書を提出するようせきたてると、李広は、「校尉《こうい》たちに罪はない。わし自身が道に迷ったのだ。わしがいまから自分で報告を差し出す」と言い、本営を出た。李広は直属の部下たちに向かって言った。

「わしは元服をしてから、匈奴と、大小合わせて七十数回も戦った。いま幸いにも大将軍に従って出陣し、単于の首をとれると思っていたが、大将軍はわしの任務をかえ、迂回路をとらせた。そのあげく道に迷い、戦機を逸《いっ》してしまった。これは天命ではあるまいか。わしはもう六十何年か生きてきた。いまさら文書を扱う小役人の相手をするのは、まっぴらごめんだ」

かくして李広は刀を抜き、みずから首をはねて死んだ。直属の部下たちはみな、声をあげて泣いた。その話が伝わると、李広を直接知っている者もそうでない者も、老いも若きも、みな彼のために涙を流した。

故事成語54▼桃李《とうり》言わざれども下自ずから蹊《みち》をなす

桃や李《すもも》の木は美しい花を咲かせ、実をつける。なにも言わなくても人が集まってきて、その下には自然に道ができあがる。同じように、徳のある人物のもとには黙っていても人が集まってくるという意味。司馬遷《しばせん》が李広《りこう》を評して言った言葉。

故事成語55▼満を持す

李広《りこう》は匈奴《きょうど》の大軍に囲まれたとき、全軍に「合図のあるまでは、攻撃するな」と命じ、弓を引き絞って、いつでも放てるようにしたまま待機させ、みずから大弓によって匈奴軍の部隊長を射落としたので、匈奴は混乱して兵を引いた。この故事から、十分な用意をして機会を待つことを、「満を持す」と言うようになった。

衛青と霍去病

衛青《えいせい》は恵まれない幼少期を送ったが、姉が武帝《ぶ》の寵愛《ちょうあい》を受けたのを機に、ようやく運命が上向く。侍中《じちゅう》にはじまり、トントン拍子に出世して、元光《げんこう》五年には車《しゃ》騎《き》将軍となった。その後、匈奴《きょうど》との戦いで戦功を重ね、ついには大将軍の地位にのぼりつめた。

霍去病《かくきょへい》は衛青の姉の子である。十八歳で武帝の侍中となったのを皮切りに、武官の道を歩んだ。衛青と同じように匈奴との戦いで戦功を重ね、ついには驃騎《ひょうき》将軍に任じられた。

霍去病が出陣する際には、常に精鋭部隊が与えられた。馬と兵器の整備もゆきとどいていた。こうした条件にくわえて、霍去病は勇猛果敢だった。みずから敵中深く侵入することがしばしばあったが、一度として窮地《きゅうち》に追い込まれたことがなかった。天運にも恵まれていたのである。

新たに大司馬《だいしば》〔武官の最高位〕の官位が設置されたとき、衛青と霍去病の二人がこれに任じられ、位階・俸禄《ほうろく》は同等とするよう定められた。これからのち、武帝の衛青に対する恩寵《おんちょう》は日一日と衰《おとろ》えていったのに対し、霍去病に対する恩寵は日一日と強まっていった。そのため衛青の旧友や取り巻き連中も、ほとんどが彼のもとを去って、霍去病のもとに走り、それによって官爵《かんしゃく》を得た。

霍去病は口数が少なく、余計な口はきかなかった。果敢な性格で、武帝から孫《そん》子《し》・呉子《ごし》の兵法を学ぶようすすめられたときも、「戦場で問題なのは、ただ戦略をどうするかです。昔の兵法など学ぶまでもありません」と答えている。生活に関しては無頓着《むとんちゃく》で、武帝が豪邸をつくってやり、見せてやろうとしても、「匈奴が滅びませぬうちは、家など考える暇《いとま》はございません」と答えている。

しかし、若くして侍中となり、その後も順調に出世したせいか、霍去病は兵卒の

霍去病の墓（陝西省興平市）

ことに注意を払わなかった。武帝は彼の部隊への補給に気を使ったが、輜重車《しちょうしゃ》［兵糧を運ぶ荷車］には米や肉が残っているのに、兵卒は飢餓《きが》状態にあるということがしばしばあった。国境の外にいて、兵卒が飢《う》えているときに、霍去病は地面をならした場所をつくらせ、そこで蹴鞠《けまり》をして遊んでいるということもあった。これに対し、衛青にはこのようなことはなく、彼は慈愛深く、謙虚《けんきょ》な性格だった。

元狩《げんしゅ》六年、霍去病が病死した。武帝はそれをいたみ、わざわざ外地から兵士を呼び戻して、長安から茂陵まで整列させ、祁連山《きれんざん》の形に似せた墳墓をつくらせた。

それから十一年後、衛青が没した。

故事成語56▼小敵《しょうてき》の堅《かた》きは大敵の禽《とりこ》なり

衛青《えいせい》の部下たちが、敗戦の責任をめぐり、議論した際に出てきた言葉。小部隊はいかに精強でも、大軍にはかなわないという意味。そもそもの出典は『孫子《そんし》』。

III　武帝の治世――漢の領土拡大に向けた戦い

大宛への侵略

さきに大宛《だいえん》の馬について触れたが、これを手に入れるのは容易ではなかった。その馬の噂を聞いて、武帝《ぶ》はどうしても欲しくなった。そこでまず、使者に千金と黄金細工の馬をもたせ、それと交換してくれるよう要請した。しかし、要請は拒絶された。そのうえ大宛の東部国境の郁成《いくせい》で使者が殺害され、財物も奪われた。

武帝が激怒したのは言うまでもない。以前、使者として大宛を訪れたことのある者が、「大宛の兵は弱いのです。もし漢の兵を三千人ほど出せば、たちどころに制圧することができるでしょう」と進言したことから、武帝は寵愛《ちょうあい》していた側室、李《り》氏の一門、李広利《りこうり》を弐師《じし》将軍に任命し、騎兵六千と郡・国のならず者数万人を徴発して、大宛討伐に行かせた。

当初の予測では楽勝のはずだった。ところが、途中で蝗《いなご》の害などに遭遇したこともあって、軍は食糧《しょくりょう》不足に陥り、郁成まで生きてたどり着けたのは数千人にすぎなかった。しかも郁成の軍と戦って敗れ、多くの死傷者を出した。これでは大宛の攻略はとうてい不可能と判断して、李広利は来た道を引き返した。往復に二年かかり、敦煌《とんこう》まで帰り着いた者は十人のうち一人か二人にすぎなかった。

報告を聞いて、武帝は激怒した。ただちに玉門関《ぎょくもんかん》をふさがせ、李広利とその部下の入国を禁止した。

そのうえで、武帝は改めて遠征軍を組織した。兵卒は六万人。そのほか自分で食糧を背負って従軍する者が多数。さらに牛十万頭、馬三万頭余り、ロバ、ラバ、ラクダも万単位という、前回の反省点をくんだうえでの軍団構成だった。

前回は、途中の城はみな門を閉ざしたものだが、今回は兵の数が多かったので、どの城も抵抗することなく、素直に門を開いて食糧を提供した。おかげで、大宛に着いたとき、漢《かん》軍はなお三万人の兵を有していた。

大宛は籠城《ろうじょう》戦をとったが、外城が破壊されるにおよび、貴族たちは相談し、国王の毋寡《ぶか》を殺し、良馬を提供することで和議に持ち込むことに決めた。漢軍としても早期の決着が望ましかったので、この和議に応じた。

漢軍は最上の馬数十頭、中くらいの馬三千頭余りを選びとった。そして、貴族の

前100年、武帝が封禅のおりに植えたとされる岱《たい》廟の漢柏
（山東省泰安市）

味蔡《まつさつ》という者を新たな王に立てた。

帰り道、漢軍は郁成《いくせい》を攻撃した。郁成の王は敗れて康居《こうきょ》に逃《のが》れたが、康居は大宛がすでに漢に敗れたと聞いていたので、王を漢軍の手に引き渡した。漢軍の将は、逃亡の恐れがあるとして、王を殺してしまった。

かくして生きて玉門関に凱旋《がいせん》した者は一万人余り、軍馬は千頭余りだった。食糧が欠乏したわけでも、戦死者が多かったわけでもなく、死者が多く出たのは将校や幕僚たちによる虐待《ぎゃくたい》が原因という。このときの功績により李広利は海西侯《かいせいこう》にとりたてられた。

その後、大宛で政変がおこり、味蔡が殺され、母寡の兄弟が王に立てられたが、人質を送ってきたことから、漢は現状を追認し、通交をつづけた。

それから漢は敦煌に酒泉都尉《しゅせんとい》［郡に置かれた武官の長］を置き、西方の塩水《えんすい》に至るまで、要所要所に物見台を設置し守備兵を置いた。侖頭《ろんとう》には数百人の屯田兵《とんでんへい》を置き、そこで食糧を生産貯蔵させ、外国に向かう使節に提供させた。

鬼神の祀り

即位の当初、武帝《ぶ》は鬼神の祀《まつ》りを大切にした。高位高官のともがらはそろって、武帝が封禅《ほうぜん》の祀りをし、暦《こよみ》や制度を改めるのを望んでいた。そこで武帝は儒学《じゅがく》に心を向け、賢良の士を招き、趙綰《ちょうわん》、王臧《おうそう》らは広く学問にすぐれているというので公卿の位につけた。過去の事例を調べ、巡狩《じゅんしゅ》、封禅、および暦や服色の改定について審議させたが、なかなか結論がまとまらなかった。そうこうするうち、竇太后《とうたいこう》が黄老《こうろう》（黄《こう》帝・老子《ろうし》）の学にのめりこみ、儒学を嫌うようになった。竇太后は人に命じてひそかに趙綰らの不正を調べさせ、その罪を追及しようとした。そのため趙綰と王臧は自害に追い込まれ、儒学にのっとった改革は白紙となった。

六年後、竇太后が没した。その翌年、武帝は公孫弘《こうそんこう》をはじめとする学者たちを召し出した。その翌年、雍《よう》で祭祀《さいし》をおこなった。

ときに李少君《りしょうくん》という者が、竈《かまど》の神を祀って福を求める術や五穀《ごこく》を食べずに仙人になる術、および不老長生の術に通じているというので、武帝の寵愛《ちょうあい》を受けた。李少君は自分の年齢や経歴を隠し、七十歳であると自称していた。人びとは彼がよく鬼神をあやつり、不老長生の術をおこなうと聞いて、かわるがわる物を贈った。そのため李少君はいつも金銭や衣食に満ち足りていた。人びとは、彼が生業に携《たずさ》わらないのに豊かなのは不思議な術のせいだと勘違いして、ますます信仰を深め、争って贈り物をした。

李少君は方術によって不思議なことを口にし、それがよくあたった。ある酒宴の席に、九十歳余りの老人がいたが、李少君はとある場所へ、その老人の父と弓の競技に出かけた話をした。老人は父についていき、その場所を知っていたので、一座の者はみな驚いた。

李少君が武帝に謁見したとき、武帝は古い銅器を見せて、いつ頃のものかと問うた。すると李少君は、「この器は斉《せい》の桓《かん》公の十年に、柏寝《はくしん》の台に陳列されていたものです」と答えた。器の刻文を調べてみると、果たして斉の桓公のものだった。一座のものは驚き、李少君は数百歳の人であると噂しあった。

李少君は諸々の不思議の術について、武帝につぎのように説明した。

「竈を祀れば鬼神を降《くだ》し、鬼神を降せば丹砂《たんしゃ》［赤い鉱石］を化して黄金にすることができます。その黄金で器をつくれば、長生きできます。長生きすれば、蓬萊《ほうらい》［東の海上にあると言われた仙人の住む島］の島に住む仙人に会うことができます。仙人に会って封禅の祀りをすれば、不死になれます。黄帝がそれです。わたくしはかつて海上に遊び、安期生《あんきせい》に会いましたが、彼はわたくしに瓜ほどの大きさの棗《なつめ》を食べさせてくれました。安期生は蓬萊の島に住む仙人で、気が向けば人に会いますが、気が向かなければ隠れます」

そこで武帝は竈の神を祀り、方士をやって蓬萊の島を探させ、また黄金づくりに精を出した。

こうして日数を重ねているうちに、李少君が病死した。ところが武帝は、死んだのではなく、昇仙《しょうせん》したのだと考えた。役人に命じて、安期生の捜索をつづけさせた。その後、燕《えん》や斉出身の、怪しげな術をあやつる連中が、かわるがわるやってきては、鬼神の神事をもって用いられようと画策した。

方術と武帝

亳《はく》の謬忌《びゅうき》という人が泰一《たいいつ》（北極星）を祀る方術について上奏した。これを受けて、武帝《ぶ》は太祝《たいしゅく》の職にある者に命じて、泰一の祠《ほこら》を長安《ちょうあん》の東南の郊外にたて、謬忌の言うやり方で祀りをおこなわせた。

その後、黄《こう》帝など諸神の祀りについて上奏する者があった。そこで武帝は、それらを泰一の祠のかたわらで祀らせた。

その後、皇帝専用の園に白い鹿があらわれたので、それを瑞祥《ずいしょう》として、その皮で貨幣をつくった。その翌年、雍《よう》の郊外で祀りをおこない、その際に、一角獣《いっかくじゅう》を捕獲した。

ときに済北《せいほく》王が泰山《たいざん》とその周辺の邑《ゆう》を献上した。また常山《じょうざん》王が罪を犯したことから、その領地を没収し、郡を置いた。このため五嶽《がく》はすべて皇帝直轄《ちょっかつ》の地となった。

その翌年、少翁《しょうおう》という斉《せい》の者が、方術をもって売り込みにきた。亡くなった王《おう》夫人と竈《かまど》の神の姿を見せると言って、帳《とばり》を隔てて望見させた。武帝は多額の報償を賜《たまわ》るとともに、彼を客礼をもって待遇した。また少翁が、「神に会いたいのでしたら、宮室も被服もすべて神のようにかたどらなければなりません」と言うので、そのとおりにした。しかし、一年たっても、何の効果もあらわれなかった。そこで少翁は文字を書き連ねた布を牛に食わせたうえで、その牛の腹の中に奇瑞《きずい》があると言った。殺して腹の中を調べると、果たして布きれがでてきた。しかし、武帝はその筆跡に見憶えがあった。尋問した結果、偽書であることが判明したので、武帝は少翁を処刑した。

その後、武帝は柏梁台《はくりょうだい》、銅柱、承露盤《しょうろばん》、僊人掌《せんにんしょう》などをつくった。少翁を処刑した翌年、武帝は病気にかかり、なかなか快復しなかった。そこで神君《しんくん》という神にうかがいをたてたところ、「天子には心配するに及ばない。少しよくなったら、わしと甘泉宮《かんせんきゅう》で会おう」という託宣《たくせん》が下った。

病気が少しよくなったところで、甘泉宮に出かけたところ、嘘のように病気が治った。そこで、天下に大赦《たいしゃ》をおこない、神君を寿宮に置いた。とはいえ、神君の姿は誰にも見えない。巫《ふ》を通じて、声を聞くことができるのみである。

仙人を求めて

それから四年後、武帝《ぶ》は雍《よう》の郊外で祀《まつ》りをおこなった。ここで武帝は后土《こうど》（地神）を祀ることを思いつき、汾陰《ふんいん》の地でその祀りをおこなった。この年、武帝ははじめて郡県をめぐり、ついに泰山《たいざん》に行った。

その春、楽成侯《がくせいい》が欒大《らんだい》という方士を推薦《すいせん》してきた。欒大は背の高い美男子で、弁もたち、安期生《あんきせい》などの仙人にも会ったことがあるという。武帝は少翁《しょうおう》を処刑したのを後悔していたこともあって、欒大を重用した。

その年の夏、汾陰の地で鼎《かなえ》が出土した。武帝はこれを丁重に扱い、甘泉宮《かんせんきゅう》に迎え入れた。

さきに蓬萊《ほうらい》探索のため海上に出ていた方士らが、「蓬萊は遠くないはずですが、島の雲気のせいで行きつけないのです」と報告してきた。そこで武帝は、雲気を望むことのできる能力者たちを派遣して、方士たちを援助させた。

その後、公孫卿《こうそんけい》という斉《せい》の者が方術をもって売り込んできたので、武帝は彼を重用した。

ときに欒大が自分の師匠を探すと言って出かけながら、海上ではなく、泰山に行った。武帝はひそかに人を遣《つか》わして、監視をさせた。すると、欒大の言っていることがすべて嘘であるとわかったので、武帝は欒大を処刑した。

その冬、公孫卿が仙人の足跡を目撃したと報告した。武帝はみずからその地へ確認に出かけた。

翌年冬、「いにしえは、まず兵を整え、軍旅を解いて、しかるのちに封禅《ほうぜん》をした」と上奏する者があった。そこで兵十余万を整えて北方の地をめぐり、帰還したところで兵を解いた。しかし、いざ封禅をするとなると、その具体的なやり方について確かな記録がなかったことから、学者によって言うことがまちまちだった。

三月、武帝はまず中嶽の太室山《たいしつざん》に登った。ついで東へ向かい、泰山に登った。そこからさらに東へ行き、海岸地帯をめぐったが、そこへ公孫卿が来て、「夜、身の丈数丈の巨人を見ました。声をかけようとしたら、姿が見えなくなりました。その足跡は非常に大きく、形は禽獣《きんじゅう》の足跡に似ていました」と報告した。群臣のなかにも、「一人の犬を連れた老人を見ました。陛下に会いたいと言うや、たちまち姿を消しました」と報告する者があった。武帝は、それは仙人にちがいないと思い、しばらく当地に逗留《とうりゅう》して、大捜索をおこなわせた。捜索に駆り出された人は千人を数えた。

四月、引き返して奉高《ほうこう》に行った。まず梁父《りょうほ》で地の神を祀り、しかるのち、ただひとり侍中《じちゅう》の奉車子侯《ほうしゃし》（霍去病《かくきょへい》の子）だけをともなって泰山に登り、封《ほう》の儀式をとりおこなった。下山してまもなく、奉車子侯は病気になり、発病からわずか一日で没した。

五月、武帝は甘泉宮に行った。

翌年春、公孫卿が、「神人《しんじん》を東萊山《とうらいさん》で目撃しましたが、陛下に会いたいと申していたようであります」と報告した。そこで武帝は東萊山に足を運んだが、足跡を見つけたのみで、神人に会うことはできなかった。

するとと公孫卿は言った。

「仙人は見ることができます。ただ、陛下が行かれるときは、いつも急だからいけないのです。いま陛下には、宮観をつくり、きちんと供え物をされたなら、神人を呼ぶことができましょう。仙人は高い建物を好むものでございます」

そこで武帝は、長安に蜚廉観《ひれんかん》と桂観《けいかん》、甘泉に益延寿観《えきえんじゅかん》をつくらせた。

翌年、朝鮮に侵攻した。この夏、旱害《かんがい》があった。公孫卿が上奏して、「黄帝《こう》のとき、封禅をおこなったところ、旱害がつづきました。それは盛り上がった土を乾かすためでした」と解説した。

三年、武帝は詔《みことのり》して、「天が旱害を下すのは、思うに盛り土を乾かすためであろう。天下に令して、雨の上を祀るようにせよ」と命令した。

翌年、武帝は雍《よう》の郊外で祀りをおこなった。その翌年、武帝は南の天柱山《てんちゅうさん》に行き、祀りをおこなった。

五年、武帝はまた泰山で祀りをおこなった。その二年後の十一月甲子《かっし》朔旦冬至《とうじ》の日、暦《こよみ》を改めた。

その後、武帝は再び海岸地帯へ赴《おもむ》き、仙人を探したが、何の成果も得られなかった。十一月乙酉《いつゆう》の日、柏梁台《はくりょうだい》で火災が起きた。

翌年夏、暦を改め、正月を年のはじめとし、色は黄色を尊び、官印はすべて五字とし、年号は太初《たいしょ》とした。この年、西方に大宛《だいえん》を討った。丁《てい》夫人や洛陽《らくよう》の虞初《ぐしょ》などが方術をもって、匈奴《きょうど》や大宛に呪《のろ》いをかけた。

太初三年、武帝は海岸地帯へ赴き、仙人を探したが、何の成果も得られなかった。

天漢《てんかん》三年、武帝は泰山にでかけ、封の祀りをおこない、それから十二年のうちに、五嶽《がく》四瀆《とく》［五嶽とは泰山、華山、嵩山、恒山、衡山の五山。四瀆とは江水（長江）、河水（黄河）、淮水、済水の四河川のこと］をくまなく巡幸した。

蓬萊の島を探しに行った方士のなかで、そこにたどりつけた者は一人もいなかった。それでも武帝は方士たちとの関係を絶たず、その後も参上して、神の祀りについて口にする方士が後を絶たなかった。

『史記』Q&A　【第七章】

■元号のはじまりとは

元号は武帝《ぶ》の時代にはじまる。前一一三年、汾陰《ふんいん》から美しい銅鼎が出土したことが報告されると、武帝はこれを天が瑞祥《ずいしょう》を下したことのあらわれであるとし、この年を元鼎《げんてい》四年とした。さらに武帝は、みずからの即位年にまでさかのぼり、一元号を六年間として建元《けんげん》、元光《げんこう》、元朔《げんさく》、元狩《げんしゅ》の年号を制定した。

■武帝は方術にはまっていたのか

武《ぶ》帝本紀《ほんぎ》を読んだ読者は、違和感をぬぐえないにちがいない。はじめから終わりまで、祭祀《さいし》に関する記述で埋め尽くされているからだ。しかも武帝本紀の内容は、「書」の封禅《ほうぜん》書とほぼ同一である。これはいったい、どういうことなのか。

司馬遷《しばせん》は武帝時代の人であるから、武帝本紀は同時代史にほかならない。ならば、いくらでも書くことはありそうなのだが。

一つの可能性として、同時代のことであるからこそ、書くことができなかったという解釈ができよう。いろいろと差しさわりがあるというので。

あるいは、暗に何かを主張しているとの説もある。方士にいれ込んだという点で、武帝は秦《しん》の始皇帝《しこうてい》と共通点を持っている。すなわち、遠まわしに、武帝を批判しているという説だ。

ならば司馬遷が武帝を批判する理由は何か。それは怨《うら》みである。司馬遷は武帝に二重の怨みを抱いていた。ひとつは父司馬談《しばだん》の怨みである。司馬談は封禅の儀に参加を許されず、それを気に病むあまり健康を害し、死に至った。いわば憤死したわけである。

もうひとつは司馬遷自身の怨みである。司馬遷は誣告《ふこく》の罪により宮刑を受けた。去勢され、宦官《かんがん》にされたのである。子孫を残す道を絶たれたわけで、当時の男子にとって、これ以上の屈辱《くつじょく》はない。ゆえに司馬遷の筆に多少なりとも怨念がこもっていたことは間違いなかろう。

■なぜ読み継がれてきたのか

中国の歴史書は『史記《しき》』だけではない。『漢書《かんじょ》』『三国志《さんごくし》』『旧唐書《くとうじょ》』など王朝ごとに歴史書が編纂されてきた。また、通史を扱ったものとしては、『十八史略《じゅうはっしりゃく》』『資治通鑑《しじつがん》』などがあげられる。そのなかにあって、なぜ『史記』は別格の存在でありつづけているのか。

それは、『史記』の筆致《ひっち》がずば抜けたものだからだろう。「私」「公」のどちらなのか、実際のところはわからないが、少なくとも、『史記』の内容には「私」色が強い。事実を客観的に伝えることよりも、読者の興味をひくことに重点が置かれている。時代や地域の壁を超えて相通ずる、人間ドラマとしてのおもしろさがある。だからこそ、長く読み継がれてきたのであろう。

主な参考文献

『史記世家』上中下　司馬遷・著／小川環樹　他・訳　岩波書店
『史記列伝』全五巻　司馬遷・著／小川環樹　他・訳　岩波書店
『史記』上中下　司馬遷・著／野口定男　他・訳　平凡社
『史記』全八巻　司馬遷・著／市川宏　他・訳　徳間書店
『史記』全八巻　司馬遷・著／小竹文夫　他・訳　筑摩書房
『史記の「正統」』平勢隆郎　講談社
『十八史略』竹内弘行　講談社
『故事成句でたどる楽しい中国史』井波律子　岩波書店
『中国史1』松丸道雄　他　山川出版社
『人間・始皇帝』鶴間和幸　岩波新書
『史記を語る』宮崎市定　岩波文庫
『司馬遷　史記の世界』武田泰淳　講談社文芸文庫

著者紹介

島崎　晋（しまざき　すすむ）

1963年、東京生まれ。立教大学文学部卒。旅行代理店、出版社勤務を経てフリーに。主な著書に『劉備玄徳の素顔』（MdN新書）、『まるわかり中国の歴史』（ＰＨＰエディターズ・グループ）、『昔々アヘンでできたクレイジィな国がありました』（講談社）、『らくらく読める三国志』（廣済堂出版）、『図解 眠れなくなるほど面白い孫子の兵法』（日本文芸社）、『ここが一番おもしろい！三国志 謎の収集』（青春出版社）などがある。

本書は、二〇〇九年四月にＰＨＰエディターズ・グループから刊行された『いっきに読める史記』を加筆・修正したものである。

写真は、二〇〇八年前後～二〇一四年に撮影。

PHP文庫　いっきに読める史記

2023年4月17日　第1版第1刷
2023年7月10日　第1版第3刷

著　者　島　崎　晋
発行者　永　田　貴　之
発行所　株式会社ＰＨＰ研究所
東京本部　〒135-8137　江東区豊洲5-6-52
ビジネス・教養出版部　☎03-3520-9617(編集)
普及部　☎03-3520-9630(販売)
京都本部　〒601-8411　京都市南区西九条北ノ内町11

PHP INTERFACE　https://www.php.co.jp/

制作協力
組　版　株式会社PHPエディターズ・グループ

印刷所
製本所　図書印刷株式会社

 ISBN978-4-569-90308-8

PHP文庫

現代活学講話選集1

十八史略(上)

激動に生きる 強さの活学

安岡正篤 著

人間研究の宝庫といわれ、中国古賢・先哲たちの智恵が凝縮されている「十八史略」。その智恵を現代に活かす方途を説いた珠玉の講話録。

PHP文庫

現代活学講話選集2

十八史略（下）

激動に生きる　強さの活学

安岡正篤　著

項羽と劉邦、曹操と劉備など、治乱興亡の中を生きた男たちの戦略・戦術とは。すべてのビジネスマンに贈る激動の社会を生き抜く智恵。

PHP文庫

真実の中国史[1840―1949]

宮脇淳子 著/岡田英弘 監修

日本人が鵜呑みにしてきた中国史は、毛沢東によって書き換えられたものだった! 注目の歴史家がウソを暴き、本当の中国史を解き明かす。